Peter Wicke

RAMMSTEIN
Provokation als Gesamtkunstwerk

Peter Wicke

RAMMSTEIN

Provokation als Gesamtkunstwerk

hannibal
www.hannibal-verlag.de

Der Autor:
Peter Wicke war bis zu seiner Emeritierung Inhaber des Lehrstuhls Theorie und Geschichte der populären Musik an der Berliner Humboldt-Universität und Direktor des dort von ihm gegründeten Forschungszentrums Populäre Musik. Er ist Autor zahlreicher Bücher und Aufsätze zu verschiedenen Aspekten der populären Musik, die in mehr als zwanzig Sprachen übersetzt wurden.

Impressum

Erstausgabe 2024

Hannibal Verlag, ein Imprint der KOCH International GmbH, A-6604 Höfen
www.hannibal-verlag.de
ISBN 978-3-85445-783-1
Auch als E-Book erhältlich mit der ISBN 978-3-85445-784-8

Cover Design: Michael Bergmeister
Grafischer Satz: Thomas Auer
Lektorat/Korrektorat: Dr. Matthias Auer
Coverfoto: © Matteo Chinellato/PA/picturedesk.com
Backcoverfoto: © Thomas Rabsch/laif/picturedesk.com
Fotos 1,4,6,7,8: © Thomas Rabsch/laif/picturedesk.com
Fotos 2, 3: © Nilsson Nils Petter/TT News Agency/picturedesk.com
Foto 5: © Francesco Castaldo/Zuma/picturedesk.com

Printed in Germany

Hinweis zur Zitierweise: Zitierte Passagen in alter Rechtschreibung sind in die neue Rechtschreibung übertragen worden. Orthografie und Interpunktion wurden im Sinne der besseren Lesbarkeit vereinheitlicht.

INHALT

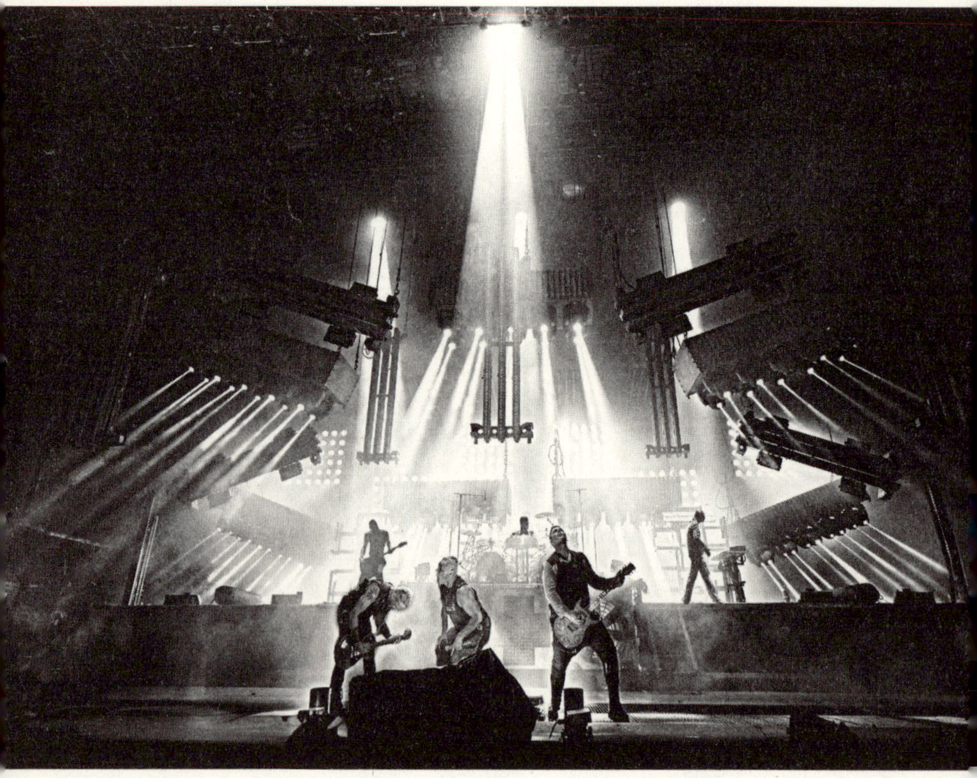

ZUM BUCH

Dieses Buch ist aus einem Text hervorgegangen, der 2018 in der Reihe *100 Seiten* des Reclam Verlags erschienen ist und dort mehrere Auflagen erlebte. Jetzt, im dreißigsten Jahr des Bestehens von RAMMSTEIN, ist es jedoch an der Zeit, der Band und ihrem Wirken, das sich in einer ebenso spektakulären wie beispiellosen Erfolgskarriere niedergeschlagen hat, eine Betrachtung zu widmen, die nicht durch ein knapp bemessenes Reihen-Konzept begrenzt ist. Ich bin dem Hannibal Verlag sehr dankbar, dass er das ermöglicht hat und so ein Buch entstehen konnte, das ein detailliertes Eingehen auf die Band, ihre Musik, ihre Songs, ihren Sound, die Videos und die spektakulären Shows erlaubt und dabei auch die Stimmen der Musiker nicht zu kurz kommen lässt.

Mit ihren doppelbödigen Songs, den alle Grenzen sprengenden Feuerorgien ihrer gigantischen Bühnenspektakel und mit der aufwendig produzierten Bilderflut ihrer Videos hat sich RAMMSTEIN einen Namen gemacht, der polarisiert und zuverlässig Empörungswellen durchs Feuilleton rauschen lässt. Das ist so noch keiner anderen Rockgruppe gelungen. Die Band ist damit mitten in die woken Kulturkämpfe der Gegenwart geraten. Sie wird von einem Teil vor allem der deutschen Medien regelmäßig mit diffamierenden Kommentaren bedacht, von ihrer in die Millionen gehenden weltweiten Fangemeinde frenetisch bejubelt, aber nur selten wird ihr mit der gebotenen Ernsthaftigkeit begegnet.

Auf den folgenden Seiten steht die Kreativität der Band im Vordergrund. Das vielschichtige künstlerische RAMMSTEIN-Universum erschließt sich, sobald man die Einsicht zulässt, dass auch Musik, wie RAMMSTEIN sie macht, mehr ist als stumpfes Gedröhn über monotonen Rhythmen, zu dem die Headbangers wie narkotisiert den Kopf kreisen lassen. Doch RAMMSTEIN ist mit den opulenten pyrotechnischen Feuershows, mit denen sich die Band in die Annalen der Popgeschichte eingeschrieben hat, nicht nur ein musikalisches Projekt. Die Musiker selbst sprechen davon, dass sie sich missverstanden fühlen würden, werde nicht das Gesamtkunstwerk gesehen, das sie verkörperten. Das ernst zu nehmen gebietet der Respekt vor der künstlerischen Leistung, auch wenn die vielleicht nicht nach jedermanns Geschmack ist. Doch wie der tschechische Schriftsteller Pavel Kosorin einmal treffend bemerkte: „Dinge, die jedermanns Geschmack treffen sollen, sind meist geschmacklos."

Peter Wicke — Mühlenbeck, Juni 2024

Wenn ihr ohne Sünde lebt
Einander brav das Händchen gebt
Wenn ihr nicht zur Sonne schielt
Wird für euch ein Lied gespielt.
– *Rammstein, Ein Lied*

AUFTAKT: HÖHEN UND TIEFEN

Es ist der 23. Juli 2005. Über die *Arènes des Nîmes*, ein Amphitheater nach dem Vorbild des römischen Kolosseums aus der zweiten Hälfte des 1. Jahrhunderts im Zentrum der südfranzösischen Stadt, hat sich Dunkelheit gelegt. Die Luft ist von der Sommerhitze des Tages noch immer schwer und stickig. Die Arena ist mit 17 000 gestylten jungen Leuten in schwarzen T-Shirts mit dem Rammstein-Logo auf der Brust bis auf den letzten Platz besetzt. Den monumentalen Bühnenaufbau verhüllt ein Vorhang, den zwei Scheinwerfer an den oberen Ecken beider Seiten der Vorderbühne tastend mit gelblichem Licht überstreichen. Aus dem Boden glimmen blaue Lichtsäulen auf, die sich in dem immer dichter wabernden künstlichen Nebel brechen. Als durch den Vorhang in regelmäßigen Abständen ein verhaltenes „*Hol weg*" zu hören ist, geht ein Aufschrei der Begeisterung durch das Publikum, fliegen Tausende Arme nach oben. In den ohrenbetäubenden Lärm bohrt sich in anschwellendem Crescendo das von Schlagzeug und Keyboard vorangetriebene stoische „*Hol weg*" des Intros von „Reise, Reise", bis der Vorhang schließlich auf den Bühnenboden fällt und zu den nun unisono einsetzenden infernalisch dröhnenden E-Gitarren die Bühne von allen Seiten explosionsartig in gleißendes Licht getaucht wird. Während der Song mit schneidenden Gitarrenriffs und brachial stampfendem Rhythmus Fahrt aufnimmt, öffnet sich ein Tor unter dem Schlagzeugpodest, und der Frontmann der Band RAMMSTEIN, Till Lindemann, marschiert im Stechschritt auf die Bühne, reißt mit beiden Händen den Kopf von der Seite nach vorn, so als sei er seinem Körper nur lose aufgesetzt, und beginnt die Seemanns-Metaphern des Songs Zeile für Zeile mit testosterongeschwängerter Stimme und unheilvoll rollendem „R" ins Publikum zu schleudern.

Die sechs bösen Buben der deutschen Rockmusik, die Gesichter fahl geschminkt, sind ihrem Ruf entsprechend in ein martialisches Outfit gekleidet: Gitarrist Paul Landers mit nacktem Oberkörper in Trachtenlederhose und Tirolerhut, Keyboarder Christian „Flake" Lorenz mit Stahlhelm und schwarz getönter UV-Brille, Leadgitarrist Richard Zven Kruspe und Bassgitarrist Oliver Riedel in militanter Lederkleidung und Schnürstiefeln, Schlagzeuger Christoph „Doom" Schneider in Netzhemd und Lederbreeches und Frontmann Till Lindemann im düsteren Gothic Look.

Mit unbeschreiblicher Intensität wird in den nächsten 100 Minuten eine hoch professionelle Show aus Musik, Feuer und Licht über das Publikum in der antiken Arena hinwegrollen, das – obwohl durchweg französischsprachig – mit nachgerade religiöser Inbrunst jedes Wort der Refrains mitsingt. Die Band, die wie stets keine Provokation auslässt, fügt sich mit ihren archaischen Bildstereotypen und den atavistischen Klangmustern nahtlos in das jahrtausendealte Ambiente ein, das ursprünglich einmal Gladiatorenkämpfen diente. Sänger Till Lindemann: „Diese Location war sehr außergewöhnlich. Das war 'ne Stierkampf-Arena oder 'ne Gladiatoren-Arena oder so, halt so ein Amphitheater. Es sieht steinalt aus, erinnert an das Colloseo in Rom – fantastisch! ... Die Akustik ist ziemlich extrem, weil, sie bleibt halt in diesem Kessel – so kam mir das jedenfalls vor. Die Leute waren extrem gut drauf, die Franzosen sowieso. Und man wundert sich über dieses Ambiente ringsum. Das war schon außergewöhnlich."[1] Und Schlagzeuger Christoph Schneider fügt hinzu: „Da waren alle die Rammstein-Fans, schwarz gekleidet und gestylt. Und das passte so gar nicht in diese idyllische Umgebung. Es war eines der tollsten Konzerte …“[2] Auch Gitarrist Paul Landers schwärmt von diesem Konzert: „Nîmes war wirklich ein Highlight. Vor allem, weil die Leute an den Seiten der Arena so hoch sitzen und dir dadurch nahe sind. Man sieht plötzlich die vielen Menschen – irgendwie wirkt das Ganze komprimiert.“[3]

Es gibt wohl kaum einen Ort, der angemessener für eine Band ist, die – Gladiatoren gleich – unbeirrbar und unerschrocken gegen den moralinsauren Zeitgeist mit seinen Ausgrenzungsreflexen und Verbotssehnsüchten zu Felde zieht. Seit jenem Konzert im Rahmen des *Festival de Nîmes*, das sich zwölf Jahre später, im Juli 2017 an drei aufeinanderfolgenden Abenden in der ausverkauften Arena der südfranzösischen Stadt wiederholte, hat die Band weit über hundert Auftritte in den größten Arenen der Welt absolviert, aber nirgendwo sonst haben die Atmosphäre des Ortes und der Spirit der Band zu einer solchen Einheit gefunden. Es war und blieb ein Höhepunkt in der nunmehr schon dreißigjährigen Karriere der Band.

Im Ausland ist Rammstein umjubelt, wie es keine andere deutsche Band je war, und das, obwohl sie ihre Songs nahezu ausnahmslos in deutscher und damit in einer für ihr Publikum dort in der Regel unverständlichen Sprache singt. Allein mit der *Reise, Reise*-Tour erreichte sie damals über eine Million Menschen in vierzehn europäischen Ländern. 1999 wurde sie mit ihrem Song „Du hast“ (1997) in den USA für die *41st Annual Grammy Awards* in der Kategorie „Best Metal Performance“ nominiert. 2001 musste in Mexiko die Armee ausrücken, um für geordnete Verhältnisse zu sorgen, nachdem sich ihre Fans im Umkreis von Hunderten Metern rings um einen Plattenladen drängten, in dem die Band Autogramme gab. Lindemann: „Ich stand mit einem Megafon auf dem Dach des Hauses und habe versucht, die Leute zu beruhigen. Überall standen Menschen. So weit der Blick reichte.“[4] Ihre Plattenverkäufe überstiegen schon 2014 die 10-Millionen-Marke und liegen inzwischen bei weit über 20 Millionen. Von der International Federation of the Phonographic Industry (IFPI) erhielt sie 2005 und 2010 den *World Music*

Award für Künstler mit den jeweils weltweit höchsten Plattenverkäufen. Ihre Videos erreichten bei YouTube schon 2019 die magische Grenze von einer Milliarde Zugriffe. Selbst ein Asteroid ist 2006 von dem französischen Weltraumforscher Jean-Claude Merlin nach ihr benannt worden. Als die europäische Raumstation ISS unter dem französischen Kommandant Thomas Pesquet die Erde umkreiste, erhielt er auf seinen Wunsch den RAMMSTEIN-Song „Zeit" von dem 2022 erschienenen gleichnamigen Album vorab an die Raumstation geschickt. RAMMSTEIN-Schlagzeuger Christoph Schneider äußerte sich dazu auf Instagram: „Er war der Erste, der sich einen unserer neuen Songs vom kommenden Album anhörte. Unser Song wurde im Weltall uraufgeführt! Das ist eine Ehre für uns."[5]

In Deutschland dagegen sind sie umstritten, auch das wie keine andere Band. RAMMSTEIN wurde 2012 gleich zweimal mit einem *Echo*, dem Preis der Deutschen Phonoindustrie, geehrt: als Künstler des Jahres in der Kategorie „New Rock/Metal/Alternative" und als „Best Live Act national". An den verunglimpfenden Kommentaren, mit denen ihr der überwiegende Teil der Presse begegnet, hat das nichts geändert. Nie zuvor landete ein Album zur selben Zeit sowohl auf Platz 1 der Charts als auch auf dem Index. *Liebe ist für alle da* (2009), das sechste Studioalbum von RAMMSTEIN, wurde im November 2009 auf Antrag des Bundesfamilienministeriums von der Bundesprüfstelle für jugendgefährdende Medien auf die Indexliste gesetzt, weil die Inhalte der CD „die Entwicklung von Kindern und Jugendlichen oder ihre Erziehung zu einer eigenverantwortlichen und gemeinschaftsfähigen Persönlichkeit"[6] gefährden würden. Mit Unterstützung der Plattenfirma erzwang die Band dann am 31. Mai 2010 vor dem Verwaltungsgericht Köln die Aufhebung der Indizierung und konnte sich so zumindest hinsichtlich des Vorwurfs der Verbreitung pornografischer Inhalte und jugendgefährdender sexueller Gewaltverherrlichung durchsetzen.

Hängen blieb dagegen der Verdacht, dass RAMMSTEIN mit ihrer Musik und ihren Shows nationalistischen Positionen und rechtem Gedankengut Vorschub leiste. Die Band hat sich allerdings stets mit

Vehemenz und zu Recht dagegen zur Wehr gesetzt, musste aber dennoch damit leben, dass ihr das Prädikat „protofaschistisch“ angehängt wurde und das rollende „R“ von Sänger Lindemann als „typisch nazideutsch-martialisch“[7] (SPIEGEL) qualifiziert wurde. Die Wochenzeitung DIE ZEIT befand 1997 gar, dass Till Lindemann „den Sound der blonden Bestie: mitleidlos, knarrend, herrisch“ verkörpere: „Rammstein sind die Schande der Popmusik, ein präzivilisatorisches Monument, das uns Dinge erzählt, die wir schon längst vergessen hatten. In ihnen hat etwas überlebt, und es wird immer unter uns sein.“[8] Ulf Poschardt, der heutige Chefredakteur der Tageszeitung DIE WELT, schrieb 1999 in der linken Wochenzeitung JUNGLE WORLD, dass RAMMSTEIN eine „trivial-postmodernistische Reinkarnation des Völkischen“ betreibe, die den Boden bereite, „auf dem jugendlichen Lynchmördern das Zu-Tode-Prügeln von ‚Nicht-Arischem‘ pop-kulturell geerdet“[9] werde. Und auf SPIEGEL ONLINE war 2017 zu lesen, dass die „Ruß- und ölverschmierten Herrenmenschen“ – womit RAMMSTEIN gemeint war – „die Urszene von Pegida und AfD“[10] verkörperten. Auslöser solcher Tiraden war das von dem Münchner Film- und Opernregisseur Philipp Stölzl gedrehte Video zu einer der wenigen Coverversionen, die sich im Repertoire der Band befinden. RAMMSTEINs Version von „Stripped“ (1998) der englischen Synthiepop-Band Depeche Mode hatte Stölzl unter Verwendung von Material aus Leni Riefenstahls zweiteiligem Monumentalfilm *Olympia – Fest der Völker / Fest der Schönheit* (1938) mit einer ebenso gekonnten wie provokanten Bildmontage versehen. Stölzls Riefenstahl-Verschnitt, den die Band 2019 auf YouTube hochlud und damit wieder zugänglich machte, lässt sich allerdings so einfach nicht als platte Offerte an den Rechtsradikalismus abtun, ungeachtet des mehr als heiklen Tabubruchs angesichts von Ausländerfeindlichkeit, Antisemitismus und der damals noch frischen Erinnerung an die brennenden Asylunterkünfte in Deutschland, notabene in Rostock, Hoyerswerda und anderswo im Land.

Der Ärger mit Behörden ist nachgerade legendär, eingeschlossen Ordnungsverfügungen bis hin zum Liederverbot bei Auftritten. RAMMSTEIN hat das nur populärer gemacht. In Weißrussland wurden die Musiker 2011 von einem dem damaligen Präsidenten Lukaschenko nahestehenden Gesellschaftlichen Rat für Sittlichkeit zu Staatsfeinden erklärt, weil ihre Songs Propaganda für „Gewalt, Masochismus, Homosexualität und andere Abartigkeiten“[11] seien, die sich gegen weißrussische Werte richteten. Aufgetreten aber sind sie trotzdem. Dem Musiksender MTV waren ihre Videos zu krass, gesendet hat er sie schließlich aber doch, weil er an den Charterfolgen der Songs nicht vorbeikam. 2012 musste der Sender ihnen sogar den *MTV European Music Award* in der Kategorie „Best German Act“ überreichen, da die Band bei der Zuschauerumfrage im Internet zum Sieger gekürt worden war.

Dass die hochkulturellen Bedenkenträger und die eifernden Verfechter der *political correctness* bis heute nicht müde geworden sind, zumindest den warnenden Zeigefinger zu erheben, sofern sie der Band nicht die Bundesprüfstelle für jugendgefährdende Medien an den Hals zu schicken versuchen, ist nicht überraschend. Überraschend ist dagegen schon, dass der Komponist Torsten Rasch im Auftrag der Dresdner Sinfoniker unter dem Titel *Mein Herz brennt* einen sinfonischen Liederzyklus nach RAMMSTEIN-Songs schrieb, der ihm 2004 den *Klassik Echo* und wohlwollende bis begeisterte Besprechungen im Feuilleton einbrachte. Überraschend ebenso die Tatsache, dass 2014 das Mecklenburgische Staatstheater Schwerin unter dem Titel *HardBeat* einen Ballettabend mit RAMMSTEIN-Songs in der Choreografie von Sergej Gordienko gestaltet hat. Hochkulturelle Wertschätzung dieser Art ist zuvor noch keiner Rockband zuteilgeworden. Weniger überraschend mutet dagegen an, dass RAMMSTEIN auch im dreißigsten Jahr ihres Bestehens ihrem Ruf als mitunter krawalliger, aber durchaus treffsicherer Provokationsmaschine treu geblieben ist, selbst wenn das 2022 erschienene, bislang letzte Album *Zeit* deutlich geläuterter dahergekommen ist als die Vorgänger. Immer noch aber scheint die Band von der Lust an der Provokation getrieben. Und das triggert mit prompter Zuverlässigkeit die autoritären Empörungsreflexe der selbsternannten Statthalter des Heiligen Grals der woken *cancel culture*.

Regelmäßig beginnen die Empörungsroutinen auf Hochtouren zu laufen, sobald die Band von sich hören lässt. So auch im Sommer 2023, nur dass diesmal nicht die Band Regie führte, sondern jene Printmedien, die sich zu Sprachrohren des woken Zeitgeistes gemacht haben. Über Monate arbeiteten sich die selbsternannten „Qualitätsmedien" unter Schlagworten wie „System Row Zero" und „Casting-System" in einer in dieser Form beispiellosen Medienkampagne daran ab, den Frontmann der Band in einem handfesten MeToo-Skandal zu demontieren und bei dieser Gelegenheit gleich die ganze Band im Dunstkreis des Sexualstrafrechts und in den Untiefen eines Moralsumpfes zu entsorgen. Das von den Medien gesetzte Narrativ, Till Lindemann betäube junge Frauen mit Drogen, um sich dann an ihnen zu vergehen, ist auf Biegen und Brechen bedient worden, obwohl es an Beweisen dafür fehlte und für bekannt gewordene Fakten auch viel näherliegende Erklärungen in Frage kommen. Denn den Vorwürfen ist mit Bezug auf Details der Veranstaltungslogistik Glaubwürdigkeit zu verleihen versucht worden, die an sich nicht fragwürdig sind.

Der (inzwischen gelöschte) Tweet einer nordirischen Besucherin der *Europa Stadion Tour 2023* in Vilnius Ende Mai des Jahres, in dem sie behauptet hatte, Sänger Till Lindemann habe ihr ein Betäubungsmittel verabreicht und sei dann übergriffig geworden, war noch gar nicht richtig abgesetzt, da stand das Narrativ schon fest, und die Online-Redaktionen begannen zu rotieren. Dass der Tweet schon am nächsten Tag zurückgezogen und der Missbrauchsvorwurf als Missverständnis korrigiert war – „I'd like to clarify again. Till did NOT touch me"[12] –, spielte da längst keine Rolle mehr. Auch nicht die Tatsache, dass die Glaubwürdigkeit der Verfasserin von den litauischen Behörden schon kurze Zeit später grundsätzlich in Frage gestellt worden ist. Wenn halt nicht in diesem Fall, dann eben in anderen, zwar anonym und/oder nur vom Hörensagen – die Schlagzeilen waren einfach zu gut.

Anstand und Respekt vor den Opfern gebietet es eigentlich, das Thema sexuelle Gewalt gegen Frauen nicht unter dem Vorwand der

Verdachtsberichterstattung als Clickbait und Auflagentreiber zu instrumentalisieren, schon gar nicht, wenn die behaupteten Anschuldigungen dann vor Gericht keinen Bestand haben. Da wird der mit den presserechtlichen Feinheiten der Verdachtsberichterstattung nicht vertrauten Öffentlichkeit suggeriert, dass den Journalisten gegenüber abgegebene eidesstattliche Erklärungen den Wahrheitsgehalt der veröffentlichten Behauptungen beweisen, obwohl die, im Unterschied zu der vor einem Richter abgegebenen strafbewehrten Versicherung an Eides statt, lediglich dem Zweck dienen, einstweilige Verfügungen gegen die Veröffentlichung des Verdachts abzuwehren. Da werden seitenweise nachgerade ungeheuerliche Vorgänge behauptet, die ganz am Schluss dann in den scheinheiligen Satz münden: „Es gilt die Unschuldsvermutung." So ist etwa aus dem Umkleideraum, den es unter jeder Stadionbühne angesichts der Entfernung zu den Stadiongarderoben für den Outfitwechsel während der Show nicht nur bei RAMMSTEIN gibt, eine für Lindemann errichtete „Suckbox" geworden. Dabei ist den beflissenen Vertretern der schreibenden Zunft im Eifer der Schlagzeilenjagd auch noch ein gravierender Fehlgriff unterlaufen, denn die Umkleide unter der Bühne heißt im Musikerjargon „Sackbox" oder „Sackhaus", weil sie sich meist, wie auch bei RAMMSTEIN, genau unter dem Schlagzeuger befindet. Diesen Bezug auf das männliche Genital kann man für vulgär halten, mehr aber auch nicht. Mit dem englischen Euphemismus für orale Befriedigung (sucking) hat das trotz des phonetischen Gleichklangs nichts zu tun, ganz abgesehen davon, dass für den Zugang zum Bühnenbereich noch einmal verschärfte Restriktionen gelten, denn hier besteht angesichts von Starkstromleitungen und Pyrotechnik Lebensgefahr. Da die Haftung beim Veranstalter liegt, kann hier keine Band, und sei sie noch so berühmt, tun und lassen, was sie will.

Das Nachrichtenmagazin DER SPIEGEL musste dann auch hinnehmen, dass ihm vom Gericht die Berichterstattung über Lindemann in allen strafrechtlich relevanten Punkten untersagt wurde. Die nicht beanstandeten Passagen dagegen erklärte das Gericht, sofern nicht als zulässige Meinungsäußerung gewertet, mit der Begründung für statthaft, dass der „maßgebliche Durchschnittsleser erkennt, dass die Vorwürfe nicht bewiesen sind".[13] Ähnliche Entscheidungen gegen diese Form der „Verdachtsberichterstattung" ergingen auch in Österreich und der Schweiz. Das gegen Lindemann eröffnete Ermittlungsverfahren der Staatsanwaltschaft Berlin nach Anzeigen von unbeteiligten Dritten – und nicht etwa von mutmaßlich Geschädigten, für deren rechtliche Vertretung sogar ein Spendenfonds der Berliner Amadeu Antonio Stiftung von über einer Million Euro bereitstand – wurde Ende August 2023 „mangels hinreichenden Tatverdachts" eingestellt, da sich laut Staatsanwaltschaft „keine Anhaltspunkte für ein strafrechtlich relevantes Verhalten"[14] ergeben haben.

Der zum Skandal hochgeschriebene Verdacht gegen Lindemann unterscheidet sich von vergleichbaren Vorgängen im Umfeld von Verdachtsberichterstattungen durch den erkennbaren Versuch, die Kampagne zu nutzen, um die Band und ihre Musik zu diskreditieren. Dass der Name Lindemann in Verbindung mit zwei ganz verschiedenen Projekten steht, die ansonsten nicht viel miteinander zu tun haben – die Band Rammstein und die Band Lindemann, das Soloprojekt des Sängers –, ist den beteiligten Medien bis heute nicht aufgegangen, sofern man in der Vermischung von beiden nicht Absicht sehen will. So gab es kaum eine Schlagzeile, in der der Bandnamen nicht prominent untergebracht war. Da hieß es meist umstandslos „Der Fall Rammstein" oder schlicht „Rammstein: …", und nach dem Doppelpunkt folgte dann die Lindemann betreffende Schlagzeile. Keine vierzehn Tage nach Eröffnung der medialen Jagd auf den Frontmann der Band setzte das Erste Deutsche Fernsehen am 19. Juni 2023 unter der Überschrift „Der Fall RAMMSTEIN" eine Talkshow zur besten Sendezeit ins Programm, die über eine Stunde lang ein moralisches Tribunal veranstaltete und sich in der diskursiven Exkommunizierung der Band erging. Auch das bis dahin ohne Beispiel. Der Berliner TAGESSPIEGEL hielt danach das „Ende der Ära RAMMSTEIN"[15] bereits für ausgemacht. Unter der Losung „Dem Täter keine Bühne", obwohl es für einen Tatvorwurf keinerlei Beweise gab, wurden die RAMMSTEIN-Konzerte 2023 und 2024 in Deutschland und Österreich, wenn auch angesichts jeweils mehrerer Zehntausend Besucher von sehr überschaubaren Demonstrationen in kaum dreistelligen Größenordnungen begleitet.

Noch einen Schritt weiter ging der Antisemitismusbeauftragte der deutschen Bundesregierung, der eine Absage aller RAMMSTEIN-Konzerte mit der Begründung forderte, dass „antidemokratische Diskriminierungen wie Antisemitismus, Frauenverachtung und Rassismus oftmals Hand in Hand“[16] gingen, und damit den Verdacht der sexuellen Übergriffigkeit in Antisemitismus umdeutete, den er der Band mit der Forderung, ihre Konzerte abzusagen, zur Last legte. Selbst die deutsche Staatsministerin für Kultur und Medien, Claudia Roth (Bündnis 90/Die Grünen), nutzte die Gelegenheit, sich öffentlich gegen die Band zu positionieren: „Die Zeiten von üblem Machotum verbunden mit Machtmissbrauch bis hin zu sexualisierter Gewalt sollten wirklich und definitiv vorbei sein.“[17] Und selbstverständlich waren auch die in den woken Social-Media-Blasen so beliebten Klischees vom „alten weißen Mann“ und „toxischer Männlichkeit“ sofort bei der Hand.

Das alles hatte es so zuvor noch nie gegeben. Allerdings hätten auch die erhobenen Vorwürfe, wenn sie denn zuträfen, eine Dimension, die weit über das Thema „sexuelle Gewalt gegen Frauen“ hinausgeht, weil sie ein organisiertes System des Missbrauchs unterstellen. So seien Lindemann über ein dafür organisiertes „System Row Zero“ zielgerichtet junge Frauen als Sexualpartnerinnen „zugeführt“ worden. Von dem geradezu mittelalterlichen Frauenbild einmal abgesehen, das der Vorstellung zugrunde liegt, Frauen ließen sich zu männlicher Triebbefriedigung „zuführen“ – das „System Row Zero“ geht auf das Jahr 1943 zurück. Nachdem ein Auftritt Frank Sinatras im Dezember 1943 im New Yorker Paramount Theater in Tumulten endete, die seine weiblichen Fans mit dem Versuch, die Bühne zu stürmen, verursacht hatten, führte der Stage Manager des Theaters, Paul Bracco, ein Prozedere ein, das derartige Vorfälle bei den sich anschließenden Auftritten Sinatras verhindern sollte. Um die Fans von der Bühne fernzuhalten, ohne ihnen eine Armee von Sicherheitsleuten gegenüberstellen zu müssen, ließ er die erste Reihe als „Row Zero" unverkauft und vergab sie als Sperrriegel an Mitglieder von Sinatras Fanclub, in der richtigen Annahme, dass die sich ihre privilegierte Nähe zur Bühne nicht durch nach vorn drängende Fans streitig machen lassen würden. Zwar gibt es die Reihe Null noch immer, allerdings nicht mehr aus Sicherheitsgründen, sondern zur Pflege der Fan-Bindung. Sie ist überall dort üblich, wo organisierte Fanklubs aktiv sind oder Fangruppen sich in den sozialen Medien zusammenfinden. So wie alles, ist natürlich prinzipiell auch das missbrauchbar. Doch Fakt ist, dass bei RAMMSTEIN-Konzerten, sofern die örtlichen Gegebenheiten es zulassen und Sicherheitsvorschriften der Veranstalter dem nicht entgegenstehen, statt einer Reihe Null ein „Feuerzone" genannter Bereich mit Stehplätzen für die hartgesottensten Fans vor der Bühne reserviert ist, die sich hier für einen satten Aufpreis vom Qualm der Pyrotechnik einbalsamieren und vom Schalldruck des brachialen Gitarrensounds die Bauchmuskeln massieren lassen können.

Die gleiche skandalsüchtige Voreingenommenheit in der medialen Berichterstattung waltete beim Thema „Casting-System", über das für Lindemann von einer „Casting-Direktorin" – ein typischer Musiker-Euphemismus, aber das nur am Rand – zu den After-Show-Partys angeblich Sexualpartnerinnen auf Bestellung „rekrutiert" worden sein sollen. Dass es für After-Show-Partys und Backstage-Pässe Gästelisten gibt, für die das Künstler-Management Verantwortliche benennt, ist seit Jahrzehnten Standard bei jeder Art von Konzerten oder Premieren und besagt erst einmal gar nichts. Der Ausdruck, dass Gästelisten „gecastet" werden, stammt aus den Frühzeiten der Rockmusik, als die Club-Eigentümer sich genötigt sahen, die immer umfangreicheren Gästelisten der Rockbands für den kostenlosen Zugang zu ihren Auftritten zu begrenzen. Die damit dann vorgegebenen Positionen auf der Liste wurden folglich besetzt, also „gecastet".

After-Show-Partys werden mit einem strikten System der Zugangskontrolle für die zahlreichen Helfer organisiert, die es zur Durchführung von Veranstaltungen in Größenordnungen wie die der RAMMSTEIN-Shows braucht. Zu den je etwa 150 Mitgliedern der beiden Logistik- und Production-Teams der Band – eines vor Ort und ein weiteres für den mehrere Tage umfassenden parallelen Aufbau am Folgeort der Tour – kommen noch jeweils 250 Helfer hinzu, die der Veranstalter stellen muss. Da das angesichts der körperlichen Anforderungen beim Auf- und Abbau durchweg Männer sind, werden von allen Bands zu den After-Show-Partys immer auch weibliche Fans eingeladen, ursprünglich einmal aus dem Kreis derjenigen, die die Zugänge ohnehin belagern. Um den Druck von den Sicherheitskräften vor Ort zu nehmen, gibt es heute dafür vielfach moderierte Chatgruppen, in die sich die Fans eintragen können, statt stundenlang an den Zugängen auf Einlass zu hoffen. Sie suchen die Nähe zu den Stars und sind frustriert, wenn sie diese dort unter den Massen der Gäste von Fans umringt vorfinden, umso mehr lässt der woke Zeitgeist die eigene Befindlichkeit zum alleinigen Maß der Dinge werden. Der Frust findet sich dann in den sozialen Medien abgeladen. Wenn sich an die After-Show-Partys noch „After-After-Show Partys" anschließen, ebenfalls nicht ungewöhnlich in der Branche, haben die einen privaten Charakter und finden in kleinem Kreis in einem privaten Umfeld statt. Im Schatten der Medienkampagne gegen Lindemann – und erst dann – ist in den Social-Media-Blasen ebenso Unappetitliches wie Ungereimtes aus dem Intimleben von sich hinter ihrer Anonymität verschanzenden Teilnehmerinnen solcher Partys in die Öffentlichkeit transportiert worden. Social-Media-Blasen und die in ihnen gepflegten Ressentiments haben eine kaum zu bremsende Eigendynamik. Doch das aufzuarbeiten, wäre ein gesondertes Thema.

Freilich gibt es jenseits der Strafbarkeit noch einen moralischen Kodex, auf den sich zivilisierte Gesellschaften für den Umgang miteinander verständigt haben, auch wenn der nicht über dem Recht steht. Dazu hat sich im Juni 2023 angesichts der Irritationen, die die damals aufkommenden Vorwürfe gegen Till Lindemann bei den Fans der Band auslösten, auch ein Bandmitglied zu Wort gemeldet.

Schlagzeuger Christoph Schneider schrieb auf seinem Instagram-Account einen Brief an die Fans, in dem es heißt: „Ich glaube Till, wenn er uns sagt, dass er seinen privaten Gästen stets eine schöne Zeit bereiten wollte und will. Wie diese Gäste sich das vorgestellt hatten, unterscheidet sich jedoch anscheinend in einigen Fällen von seinen eigenen Vorstellungen. Die Wünsche und Erwartungen der Frauen, die sich jetzt gemeldet haben, wurden wohl nicht erfüllt. Sie haben sich laut ihren Aussagen unwohl gefühlt, am Rande einer für sie nicht mehr kontrollierbaren Situation. Das tut mir leid für sie, und ich empfinde Mitgefühl. Es ist mir dennoch wichtig, etwas Objektives zu betonen: Jedem Gast im Backstagebereich steht es frei, wieder zu gehen." Und er schließt seinen Brief mit dem Wunsch: „Ich möchte aber nicht, dass dieser ganze Disput um unsere Band die Extreme füttert: weder das durch unsere Gesellschaft noch nicht gezähmte Biest Social Media noch paternalistische Tendenzen, Frauen Mitte 20 die Fähigkeit abzusprechen, selbstbestimmt über ihre Sexualität zu entscheiden, und auch keinesfalls das Victim Blaming, damit sich weiterhin Menschen darüber zu sprechen trauen, wenn ihnen etwas passiert ist. Ich wünsche mir ein ruhiges, besonnenes Aufarbeiten auch in unserer Band. Und zwar alle gemeinsam, zu sechst. Wir stehen zusammen."[18] Dieser Wunsch blieb allerdings sowohl in den sozialen Medien wie in den Printmedien unerhört. Die Beschuldigungen in der Öffentlichkeit wurden durch anonymes Geraune und lautstark artikulierte Befindlichkeiten in den sozialen Medien immer wieder befeuert. Dabei bestand das Perfide der Kampagne gegen Lindemann darin, dass es auf Belege gar nicht wirklich ankam, weil das Ganze unter der Überschrift „Verdachtsberichterstattung" lief und für einen Verdacht alles Mögliche in Frage kommen kann. Ohnehin erschienen viele der Medienbeiträge als Lehrstücke in der Kunst des Framings. So ist die Medienkampagne mit einschlägigen Fotos der Kunstfigur auf der Bühne illustriert worden, die das Bild des Offstage-Sexmonsters glaubhaft machen sollten. Aus dem Zusammenhang gerissene Zeilen aus Lindemanns Songtexten und Gedichten mussten als Beleg dafür herhalten, dass an den anonym vorgebrachten Beschuldigungen schon etwas dran sein werde, getreu der schlichten Logik: „Wer so schreibt, muss auch so sein." Es versteht sich von selbst, dass künstlerisches Ausnahmetalent kein Freibrief für Egomanie, Amoral oder gar sexuelle Gewalt sein kann. Wer aber die Trennung der Person des Künstlers von seinem Werk, der Bühnenrolle von der Privatperson, des lyrischen Ichs vom Autor aufgibt, der gibt letztlich auch die Kunst auf, denn dann werden Gesinnungstest und polizeiliches Führungszeugnis zu ihrem Maßstab.

Nachdem die strafrechtlich relevanten Vorwürfe einer behördlichen Überprüfung nicht standgehalten haben, mag jeder für sich entscheiden, wie plausibel die gegen die Moral des Frontmanns von RAMMSTEIN vorgebrachten Anschuldigungen sind. Lindemanns Anwalt, Simon Bergmann, sagte hierzu: „Es ist in allen Fällen nach meiner Kenntnis und nach den Aussagen meines Mandanten um Sex gegangen, zu dem die Frauen zugestimmt haben, den die Frauen gewollt haben, und es für den Mandanten auch nie erkennbar war, dass es anders sein könnte. Und der Trick, jetzt ihm dennoch irgendetwas vorwerfen zu wollen, ist der, das mit Machtmissbrauch zu begründen."[19] Eine Berechtigung, die komplette Band monatelang an den Medienpranger zu stellen, ist das jedenfalls nicht. Das heißt nicht, dass es in der Musikbranche kein Problem mit Machtmissbrauch, Frauenfeindlichkeit und sexueller Gewalt gibt. Doch das gilt es in einer Weise zu thematisieren, die rechtstaatlichen Kriterien standhält und nicht nach den moralisierenden Prämissen des woken Zeitgeistes verfährt, wonach sich Gewalt ausgesetzt zu fühlen bereits als Beleg dafür ausreicht, dass es auch so ist. Als eine der wenigen Stimmen der Vernunft in den deutschen Mainstream-Medien war in der WELT zu den Vorgängen um Lindemann zu lesen: „Exemplarisch sind solche Debatten. Für offene Rechnungen und den Triumph des Immerschon-gewusst-Habens, das Schwurbeln von Strukturen und Systemen sowie die Gewissheit, dass alles mit allem zusammenhängt."[20] Lindemann selbst äußerte sich unmittelbar nach Einstellung des Verfahrens gegen ihn mit einem Post in den sozialen Medien: „Ich danke allen, die unvoreingenommen das Ende der Ermittlungen abgewartet haben."[21]

Den medial generierten Skandal um Lindemann in allen Aspekten aufzuarbeiten ist nicht Gegenstand dieses Buches, obwohl dringend geboten. Hier bleibt die Frage, was es auf sich hat mit dieser Band, dass ein derartiger Exzess der Verdachtsberichterstattung gegen ihren Frontmann inszeniert wird.

Auch dreißig Jahre nach ihrer Gründung bleibt die Band eine Herausforderung für jeden, der sich mit ihr auseinandersetzen will. Kaum ein kulturelles Phänomen ist in der Öffentlichkeit ähnlich umstritten wie die Band RAMMSTEIN, die mit ihren bildgewaltigen Bühnen-Exzessen, den skandalträchtigen Tabubrüchen und den alle Grenzen niederreißenden, hochgradig sexualisierten Gewaltfantasien virtuos mit den Empörungsreflexen der Öffentlichkeit zu spielen weiß. Damit setzt sie sich deutlich von den popmusikalischen Belanglosigkeiten ab, die das Erscheinungsbild der populären Musikkultur inzwischen weitgehend dominieren.

Kompromisslosigkeit, Unabhängigkeit, eine beinahe schon panisch zu nennende Scheu vor Anpassung und der Mut zur Auseinandersetzung sind Eigenschaften, die aus den ostdeutschen Wurzeln von RAMMSTEIN hervorgegangen sind. Die sechs Musiker haben sich seinerzeit von den DDR-Kulturfunktionären nicht sagen lassen, wo es langgeht, und sie haben sich auch auf ihrem Weg zu Weltruhm von den smarten Herren und Damen in den Redaktionstuben der Medien und A&R-Abteilungen der Plattenfirmen nicht sagen lassen, wohin der Westwind weht. Und vor der Anmaßung der eifernden Moralapostel in den sozialen Medien sind sie auch nie zurückgewichen. Selten ist eine Band ähnlich übel von der Presse geschmäht worden wie RAMMSTEIN, doch unbeeindruckt von den immer wieder aufflammenden Schmähungen sind die Musiker sich treu geblieben und haben auch den letzten Skandal fast wortlos weggesteckt. Denn immer konnten sie auf die Loyalität und den Support ihrer Fans rund um die Welt zählen. Die Empörung der Mächtigen regt die Ohnmächtigen zum Kauf an, das war nie anders. So platzierten sich während der Medienkampagne gegen Lindemann sechs ihrer bisher erschienenen acht Studioalben sogar gleichzeitig noch einmal in den deutschen Album-Charts, eingeschlossen ihr Debütalbum *Herzeleid* aus dem Jahr 1995. Mit „Sonne“ (2001) schaffte es im Juni 2023 selbst ein mehr als zwanzig Jahre alter RAMMSTEIN-Song noch einmal zurück in die Single-Charts. Die monatlichen Streams allein bei Spotify stiegen im August 2023 erstmals über die 11-Millionen-Marke und liegen allein auf diesem Portal inzwischen bei weit über einer Milliarde, was die Band in eine Liga mit den Beatles und den Rolling Stones bringt. Bereits in den ersten beiden Wochen der Kampagne vergrößerte sich die Zahl der Follower ihres offiziellen Band-Accounts auf Instagram um 600 000 auf 3,2 Millionen.

Zwar war aus den Redaktionsstuben der öffentlich-rechtlichen Rundfunksender im Zuge der Medienkampagne gegen Lindemann von RAMMSTEIN betreffenden Verboten zu hören, aber dort sind sie auch vorher kaum gespielt worden. Sie gelten dort schon immer als nicht „umfeldkompatibel" – auch als „Sandwich-Problem“ bekannt – sprich, weder vor noch nach ihren Songs passt das lauwarme Geplätscher, mit dem die Sender um Hörer buhlen. Tonträger haben sie trotzdem wie sonst kaum eine Band verkauft. Dass sich ihre Plattenfirma Universal Music im Licht des um Lindemann inszenierten Skandals dazu entschloss, alle Marketing und Promotion-Aktivitäten vorerst auszusetzen, ist in Zeiten des Internets für eine Band wie RAMMSTEIN wohl kaum von großer Relevanz. Die Band sorgt mit ihren spektakulären Aktionen ohnehin immer selbst für die nötige Aufmerksamkeit, sollte sie sich entschließen, wieder ins Studio zu gehen. Ihre Alben erscheinen in Abständen, die rekordverdächtig sind. Sie werden erst dann in die Öffentlichkeit entlassen, wenn alle Bandmitglieder davon überzeugt sind, dass sie für die Veröffentlichung reif sind. Lediglich *Reise, Reise* (2004) und *Rosenrot* (2005) folgten im branchenüblichen Einjahres-Rhythmus, das aber nur, weil sechs der elf Songs des *Rosenrot*-Albums auf dem Vorgänger keinen Platz gefunden hatten.

Wer RAMMSTEIN einmal live erlebt hat, wird sich der Faszination ihrer professionell mit Songs, Licht und Pyrotechnik in Szene gesetzten Shows kaum entziehen können. Allerdings fragt man sich im Klanggewitter des RAMMSTEIN-Sounds und unter dem Dauerfeuer des bombastischen Showspektakels schon, was diese Musik, die düstere Melancholie der Songtexte und die darin zum Ausdruck gebrachte Gewalt mit dem Publikum wie mit einem selbst eigentlich machen. Die Antwort ist eher erschreckend, zieht RAMMSTEINS Klangdiktatur doch wohl jeden, der sich ihr aussetzt, widerstandslos in sich hinein. Aber vielleicht ist es genau das, was in Zeiten wie den heutigen nottut – dass wir gelegentlich über uns selbst erschrecken. Der slowenische Philosoph Slavoj Žižek, als ebenso scharfsinniger wie wortgewaltiger Kommentator des Zeitgeistes der Sympathie mit gewaltverherrlichenden Obszönitäten gewiss unverdächtig, schrieb über RAMMSTEIN einmal: „Das Einzige, was wir zu fürchten haben, ist die Furcht selbst. RAMMSTEIN unterläuft die totalitaristische Ideologie nicht durch ironische Distanz gegenüber den Ritualen, die sie imitieren, sondern dadurch, dass sie uns direkt mit deren obszöner Körperlichkeit konfrontiert und so ihre Wirksamkeit aufhebt. Also fürchtet euch nicht, genießt Rammstein!“[22]

„WIR GEGEN DEN REST DER WELT“
DAS DEBÜT

Mitte April 1994 marschierten in einem Klub auf Leipzigs Südmeile sechs Gestalten mit nacktem Oberkörper auf die Bühne. Sie traten als Vorgruppe der GOLDEN ACKER RHYTHM KINGS auf, einer Spaßband aus Berlin. Der Klub, der den ebenso seltsamen wie provokanten Namen *Die naTo* trug, hatte es in Leipzig schon zu DDR-Zeiten als *Clubhaus der National Front* zu Kultstatus gebracht. Hier fanden damals einmal im Monat Veranstaltungen mit experimenteller Kunst jenseits der Grenzen des staatsoffiziellen Kulturbetriebs statt. Das Publikum an diesem Abend im April 1994 bestand aus einer Handvoll mäßig interessierter Szenegänger, nicht einmal zwanzig an der Zahl, die wohl vor allem die Langeweile hierhergetrieben hatte. Der Haupt-Act versprach einen amüsanten Abend, auch wenn die GOLDEN ACKER RHYTHM KINGS in Leipzig kaum jemand wirklich kannte. Die Vorband, die sich RAMMSTEIN nannte, war keinem ein Begriff. Allenfalls Eingeweihte erkannten im Gitarristen der schrägen Truppe, Paul Landers, und in ihrem Keyboarder, Christian „Flake“ Lorenz, den Kern von FEELING B, einer 1983 in Ostberlin entstandenen Fun-Punk-Band, die es bis zum Ende der DDR zur Szene-Berühmtheit gebracht hatte, sich inzwischen nun aber, wie die meisten Bands aus diesem Umfeld, in Auflösung befand.

Vom Sänger abgesehen absolvierte die Band mit einem Minimum an Bewegungsaufwand und stoischen Mienen ihr Set. Tastenmann Flake Lorenz erinnerte sich später: „Wir standen ganz stumpf auf der Bühne, haben unser Zeug gespielt, keiner hat gelacht oder sich bewegt. Das muss ziemlich bedrohlich gewirkt haben. Den Zuschauern fiel die Kinnlade runter."[1] Aus den Boxen quoll ein brutaler Gitarrensound in ohrenbetäubender Lautstärke, irgendwas zwischen Punk und Heavy Metal, durch den quäkende Synthie-Girlanden eines Akai S900 irrlichterten. Das erbarmungslos dazu gedroschene Schlagzeug erinnerte mit seinen martialischen Rhythmen eher an Kasernenhof als an Rockmusik. Dazu passte der Sänger mit seinem im Kommandoton gebrüllten Sprechgesang und einem drohend gerollten „R", die Augen hinter einer schwarz getönten UV-Brille verborgen. Schlagzeuger Christoph Schneider über diesen ersten Gig: „Till präsentierte sich dort das erste Mal der Öffentlichkeit als Sänger. Er war total nervös, hat sich eine schwarze Sonnenbrille aufgesetzt und gesagt: ‚Ich mache auf Sisters of Mercy.' Er stand starr da, hat am ganzen Leib gezittert und war nur froh, dass er seine Texte singen konnte."[2] Von den offenbar deutsch gesungenen Texten war wenig zu verstehen, aber das wenige übertraf selbst das, was man damals von dem US-Schock-Rocker Marylin Manson zu hören bekam. Aus dem Gebrüll ragten Textfetzen wie *„Du riechst so gut"*, *„Weißes Fleisch"* oder *„Wollt ihr das Bett in Flammen sehen"* heraus, weil sie derart oft wiederholt wurden, dass sie sich ins Gedächtnis einbrannten.

Nach einer knappen Dreiviertelstunde war der Spuk ohne ein Wort der Band vorbei. Das Publikum reagierte sichtlich irritiert. Sänger Till Lindemann: „Ich habe selten so entgeisterte Menschen gesehen."[3] Die Band wirkte mit ihrem autistischen Gehabe, als sei sie geradewegs aus dem 1979 entstandenen Film *Stalker* des sowjetischen Regisseurs Andrej Tarkowski entstiegen, der mit seinen schaurigen Bildern einer untergegangenen europäischen Zivilisation auch schon die ostdeutschen Underground-Bands SANDOW und FREYGANG inspiriert hatte. Der Sound war wie mit dem Dampfhammer dem Publikum regelrecht vor den Kopf geknallt. Dazu die götzenartig hinter ihre Instrumente geklebten Gitarristen, die den Eindruck machten, als leisteten sie eine Art Dienstpflicht ab, obwohl sie ihre ultrafetten Riffs in den Raum donnerten, dass es nur so krachte. Der Sänger kotzte sein gerolltes „R" förmlich ins Publikum und wackelte dazu mit dem Kopf. Die Songs durchzog ein düsteres Pathos, das

Weltuntergangsstimmung aufkommen ließ, und das auch noch auf Deutsch, ungefähr das Uncoolste, was man damals machen konnte. Während nach dem Fall der Mauer nahezu alle Bands im Osten die Befreiung vom staatlich verordneten Sprachzwang feierten, indem sie Englisch sangen und dabei vom internationalen Musikmarkt träumten, hatten sich diese Jungs offenbar darauf eingeschworen, trotzig gegen den Zeitgeist zu schwimmen. Von dieser Haltung, „Wir gegen den Rest der Welt", und von der Kompromisslosigkeit, mit der sie das auf der Bühne zelebrierten, ging eine eigentümliche Faszination aus, zumal in einer Zeit, in der den Ostdeutschen die Anpassung an die Gesetze des Marktes, die den gerade abgeschüttelten ideologischen Anpassungszwang ersetzte, als die große Freiheit verkauft wurde.

Wer damals dabei war, dem ist der Name dieser schrägen Band unauslöschlich in Erinnerung geblieben – RAMMSTEIN. Ähnlich unauslöschlich wie die Bilder, die am 28. August 1988 von der US Airbase Ramstein bei Kaiserslautern über die Fernsehschirme flimmerten und bei der Namensgebung der Band Pate standen. Bei der Kollision von drei Militärflugzeugen der italienischen Kunstflugstaffel Frecce Tricolori während einer Flugschau auf der US Luftwaffenbasis raste eine der Unglücksmaschinen nach dem Absturz mit einem riesigen Feuerball in die Zuschauermenge und riss 70 Menschen in den Tod, über 1000 wurden teils schwer verletzt.

Als die sechs Musiker aus diversen ostdeutschen Punk-Projekten im Januar 1994 zu einer Band zusammenfanden, war das eigentlich nur als Nebenbeschäftigung gedacht. Gitarrist Paul Landers: „RAMMSTEIN war ja ursprünglich nur ein Nebenprojekt und ein Ventil für Ideen, die nicht zu unseren eigentlichen Bands gepasst hätten. Doch plötzlich merkten wir, dass RAMMSTEIN nach und nach immer mehr interessierte als die anderen Combos."[4] Was sie bewogen haben mag, sich zunächst RAMMSTEIN FLUGSCHAU zu nennen, woraus dann RAMMSTEIN wurde, und ob die falsche Schreibweise des Ortes mit Bezug auf ihre Musik beabsichtigt war, bei der ja die Assoziation mit einer Dampframme so weit hergeholt nicht ist, muss offenbleiben. Die Version, die die Band mit dem für sie typischen Understatement erzählt, hat Rhythmusgitarrist Paul Landers zu Protokoll gegeben: „Bei einer unserer Fahrten mit Feeling B hatten Schneider, Flake und ich schon den neuen Bandnamen. Wir hatten den an die Wand von unserem LO [ostdeutscher LKW-Typ; Anm. PW] geschrieben: Rammstein Flugschau. Doof, wie wir waren, schrieben wir Rammstein gleich mit zwei M, weil wir nicht wussten, dass der Ort Ramstein nur ein M hat. Wir haben uns erst mal aus Quatsch so genannt, aber der Name blieb kleben wie ein Spitzname, den man nicht gut findet. Wir schafften es nicht mehr, den loszuwerden. Rammstein wollten wir eigentlich nicht heißen, das war uns zu festgelegt.“[5] Leadgitarrist Richard Kruspe brachte Jahre später noch einen anderen Gesichtspunkt ins Spiel, der sie schließlich bei ihrem Bandnamen bleiben ließ: „Der Begriff ‚Rammstein‘ hat eine doppelte Bedeutung. Er bezeichnet auch den Eckstein zum Schutz von Gebäudeecken, wie er ganz früher bei alten Häusern häufig zu finden war.“[6] Der gleichnamige Song, der in den ersten Jahren ihre Liveshows eröffnete und das Desaster in eindringlichen Worten noch einmal heraufbeschwört, ist der einzige, dessen Text nicht aus Lindemanns Dichterwerkstatt stammt. Nach Auskunft von Schlagzeuger Christoph Schneider saßen sie an einem Tisch in der Dorfkneipe von Hohen Viecheln, einem Ort in der Uckermark im nördlichen Ostdeutschland, in dem Till Lindemann damals lebte, und jeder hat beigetragen, was ihm gerade einfiel: „Der Text ist der einzige, den wir als Band zusammen geschrieben haben. Den haben wir in Tills Dorf, wo Till herkommt, in der Dorfkneipe zusammen auf so ’nen Kneipenzettel geschrieben. Wir haben uns dieses Unglück praktisch in Bildern vorgestellt, und dabei kam von jedem irgendwie so ein Einwurf, und plötzlich war der Text fertig.“[7] Ansonsten liefert Sänger Till Lindemann die Texte für die mehr oder weniger fertige Musik, die die Gitarristen, der Keyboarder und der Schlagzeuger zusammenbauen, bevor der Text darübergelegt wird. Lindemann: „Es ist immer zuerst die Musik da, und ich überlege, was dazu passt.“[8] Für Text und Musik zeichnen sie aber grundsätzlich gemeinsam, weil letztlich jeder von ihnen einen Anteil an allem hat. „Eigentlich kann man nicht sagen, dass die Texte von mir sind. Ich habe den Entwurf geliefert, aber das fertige Produkt stammt von der gesamten Band.“[9] Die Band redet immer mit: „Für mich ist das der absolute Albtraum! Man kriegt ein Instrumental und soll da irgendwas draufschmieren. Es ist ja alles vorgegeben: Strophe, Bridge, Refrain – alles. Das muss man füllen und anschließend von den anderen beurteilen lassen. Die immense und übertriebene Kritik hat allerdings den Vorteil, dass es dann bis zur Perfektion ausgeschliffen ist.“[10]

„Rammstein“ gehörte zu den ersten Songs der Band, die neben „Das alte Leid“, „Seemann“ und „Weißes Fleisch“ in einer Demoaufnahme aus dieser Zeit dokumentiert sind, wenn auch noch nicht in der im Jahr darauf auf ihrem ersten Album *Herzeleid* veröffentlichten Gestalt, denn zu diesem Zeitpunkt nannten sie sich noch TEMPELPRAYERS und Gitarrist Paul Landers und Keyboarder Christian „Flake“ Lorenz waren noch nicht mit dabei. Das reichlich halbstündige Demoband von damals ist inzwischen auf YouTube zugänglich. Seine „Uraufführung“ erlebte der Song am 16. Juli 1994 im Gasthaus *Zum Reußischen Hof* in Görkwitz, nahe der thüringischen Stadt Schleiz. Damals stand auf den Plakaten unter dem Bandnamen noch „Mitglieder von: FEELING B, INCHTABOKATABLES, DIE FIRMA“, da mit dem Namen RAMMSTEIN keiner etwas anzufangen wusste. Der Song ist eine brutale Mischung aus der nackten Darstellung der Grausamkeiten des Ramstein-Desasters und einem enthemmten Voyeurismus, der freilich längst von der Wirklichkeit übertroffen ist, wenn bei schweren Unfällen auf Autobahnen die Gaffer ohne Rücksicht auf die Rettungskräfte darum wetteifern, die krassesten Bilder auf ihre Smartphones und ins Internet zu bekommen. Der Song sollte zur Hymne ihrer Fans avancieren und hat seither noch bei fast keinem Auftritt gefehlt.

Rammstein
Ein Mensch brennt
Rammstein
Fleischgeruch in der Luft

Rammstein
Ein Kind stirbt
Rammstein
Die Sonne scheint

Rammstein
Blut gerinnt auf dem Asphalt
Rammstein
Mütter schreien
Rammstein
Die Sonne scheint
[…][11]

Die frivole Lust an der Provokation, die keine Grenze zu kennen scheint, ist der Band von ihrer ersten Stunde an eingeschrieben. Die Musiker von RAMMSTEIN standen damals vor der Alternative, als ehemalige Ostpunker im medialen Rauschen des Westens unterzugehen oder aber einen Weg zu finden, auf sich aufmerksam zu machen, um als Musiker bestehen zu können. Ihren Anspruch formulierte Bassist Oliver Riedel später einmal so: „Rammstein sollte von Anfang an etwa Größeres, etwas Ernsthafteres sein als unsere vorherigen Projekte, und so lief es dann auch an – lange Stunden im Probenraum, endloses Feilen an eigenem Material."[12] Christoph Schneider sagte dazu: „Wir waren inspiriert von Bands wie Ministry und Laibach. Aber wir wollten etwas wirklich anderes machen, etwas ganz Böses, stampfend und fies."[13] Sie entschieden sich für eine besonders böse Form der Provokation, die die moralische Selbstgefälligkeit des Westens, die sich nach der Wende über die Landsleute im Osten Deutschlands bis zur Unerträglichkeit ergoss, an ihrer empfindlichsten Stelle traf: indem sie deren ganz Unterstes noch oben kehrten. Und was in dem Abgrund, der sich da auftat, zum Vorschein kam – Verrohung, Brutalität, Gewalt, Horror, Pädophilie, Sodomie, Inzest – sollte für mehr als nur ein Album reichen. Dieser Zusammenhang ging damals durchaus auch dem einen oder anderen der Kommentatoren auf. So schrieb Thomas Mießgang in der ZEIT: „Jetzt habt Ihr es! Erst habt Ihr den Osten geknechtet und geschändet, fiese Investoren und Import-Export-Leute rübergeschickt, der Treuhand die Lizenz zur Abwicklung erteilt. Doch unter dem platt gemachten Land rumorten die Untoten in ihren Gräbern. Nun sind sie da, kalkweiß, hohlwangig, mit stechendem Blick und holen sich Eure Kinder!“[14] Der SPIEGEL sah in der Band 2009 schlicht „die ästhetische Rache des Ostens am Westen“: „Gestählt durch den Kampf gegen die ostdeutschen Behörden, verkörperten sie die deutschen Bösewichter, die es im verweichlichten Westen so nicht mehr zu geben schien. Dass sie mit diesem Konzept das popkulturelle Unbewusste der westlichen Welt, in dem ja bis heute die Deutschen für das Böse zuständig sind, erfolgreich ansprechen konnten, ist der Treppenwitz ihrer Geschichte.“[15] Die Band reagierte darauf mit den Worten: „Aus dem Osten haben wir die Mentalität mitgenommen, dass wir glauben, etwas falsch gemacht zu haben, wenn wir von der Presse gelobt werden, weil man damit quasi staatlich anerkannt, also tot ist. Schlechte Kritik war im Prinzip eine Anerkennung. Das gilt auch heute noch ein bisschen. Solange Medien wie der ‚Stern‘ oder der ‚Spiegel‘ uns hassen, ist die Welt in Ordnung.“[16]

Die Bedenkenlosigkeit, mit der die Band das Desaster von Ramstein zu ihrem Aushängeschild machte, passte durchaus in eine Gesellschaft, die im Osten damals gerade unter Beweis stellte, dass ihr eigentlich nichts heilig ist. Und so kam es dann ja auch. Die Band erhielt ungeachtet aller Tabubrüche und der grotesken Übersteigerung von Horror und Gewalt frenetischen Beifall, jedenfalls von ihrem Publikum. Die pflichtgemäße Entrüstung im Feuilleton erwies sich als verkaufsfördernde Maßnahme, vermutlich für beide Seiten. Das Album *Herzeleid*, als dessen elfter und letzter Song „Rammstein“ 1995 erschien, stieg auf Platz 99 sofort in die deutschen Album-Charts ein. Ein Novum für ein Erstlingswerk.

„Rammstein“ enthält bereits die wesentlichen Bestandteile ihres unverwechselbaren Stils: die tiefe Bariton-Stimme von Sänger Till Lindemann mit dem rollenden „R“ an den Wortanfängen, die Dampfhammer-Riffs der parallel geführten Gitarren mit ihren charakteristischen Wechseln von Achtel- und doppelter Sechzehntelnote, die Synthieflächen im Hintergrund, die zwischen den Riffs irrlichternden Keyboardfiguren, die als Stütze für die Gitarren mitlaufenden dröhnenden Basslines und die mit geradezu maschineller Exaktheit gespielten Drums im brachialen Schlagzeug-Sound. Selbstironisch nennen sie das, wofür sich die Bezeichnung Neue Deutsche Härte eingebürgert hat und was im weiteren Sinn unter Industrial Metal rubriziert ist, „Tanz Metal". Und das kann durchaus als Anspielung auf den berühmten marxschen Satz verstanden werden, „die versteinerten Verhältnisse dadurch zum Tanzen [zu] bringen, dass man ihnen ihre eigene Melodie vorspielt".[17]

Doch RAMMSTEIN sind nicht nur Musik, Songs mit provokanten Texten. Sie selbst sprechen von der Präsentation ihrer Musik mit Kostümen, Pyrotechnik, Licht und szenischen Showeinlagen als von einem „Gesamtkunstwerk". Leadgitarrist Richard Kruspe: „Diese Umsetzung auf der Bühne mit Kostümen, Pyro, Licht etc., dieses Gesamtkunstwerk wird oft von Journalisten missverstanden."[18] RAMMSTEIN ist eine Einheit aus Songs, Sound, Licht, Pyroeffekten und Performance. So waren es dann auch ihre spektakulären Bühnenshows, die der aus Thüringen gebürtige und ebenfalls in der DDR aufgewachsene Lichtdesigner Gert Hof bis zu seinem Tod 2012 für sie inszenierte, die den Namen der Band beinahe über Nacht in aller Munde brachten. Hof war als ausgebildeter Theaterwissenschaftler für das Brecht-Zentrum der DDR tätig, bevor er sich in den letzten Jahren der DDR als Theaterregisseur einen Namen machte. Nach dem Ende der DDR begann er eine Karriere als Lichtkünstler, die ihn auch international sehr erfolgreich werden ließ. Die Zusammenarbeit mit RAMMSTEIN begann im September 1996 mit dem euphemistisch *100 Jahre RAMMSTEIN* genannten Konzert – es war ihr 100. Auftritt –, für das er erstmals als Stage- und Light-Designer der Show verantwortlich zeichnete und ein Feuerwerk aus Special Effects und Pyrotechnik ohnegleichen entfesselte.

Doch auch zuvor schon war die Band durch ihr extravagantes Bühnenverhalten aufgefallen. Die stocksteife, beinahe autistisch zu nennende Präsentation auf ihrem Debütkonzert erwies sich im Nachhinein als durchaus wirkungsvoll, ist sie doch der kleinen Schar der Club-Besucher von damals bis heute in Erinnerung geblieben. Als die Band Ende 1996 mit ihrem ersten Album *Herzeleid* auf Tournee ging, war der pyrotechnische Aufwand dann aber schon aufsehenerregend, sogar gemessen an den Branchenstandards, wo so etwas damals auch anderswo aufkam – etwa bei METALLICA, MÖTLEY CRUE oder LAMB OF GOD. 1998 bei der bis dahin größten Show der Band in der Berliner Parkbühne Wuhlheide, einer denkmalgeschützten Freilichtspielstätte in Form eines Amphitheaters mit rund 17 000 Plätzen im Ostteil Berlins, blieb selbst hartgesottenen Heavy-Metal-Fans der Atem weg angesichts des Spektakels, das sich da vor ihren Augen auftat. Im Zentrum des an Fritz Langs futuristische Dystopie *Metropolis* erinnernden Bühnenbildes drehte sich langsam ein riesiger Propeller, der die gebündelten Lichtstrahlen zerhackte, die hinter ihm angebrachte Scheinwerfer in die in dunkles Neonblau getauchte Bühne abstrahlten.

Die Show beginnt mit dem aus dem Off erklingenden Intro von „Rammstein", die Nachahmung des fluppenden Wummerns eines Helikopters, während sich die Band auf der Bühne in Stellung bringt. Mit den in voller Lautstärke einsetzenden Gitarrenriffs, getrieben von dem maschinengleich und unerbittlich hämmernden Schlagzeug, steigt roter Rauch auf, und zu den düsteren Worten, die das Desaster von Ramstein in dunklem, unheilvollem Sprechgesang heraufbeschwören, erhebt sich aus dem Bühnenboden der lichterloh in Flammen stehende Sänger der Band mit ausgebreiteten Armen wie Jesus am Kreuz. Lindemann war dabei durch einen mit Metallplatten und mehreren Zentimetern Isolierschicht versehenen Asbestmantel geschützt, die Flammen von Bärlappsporen genährt. Bärlapp (Lycopodium), auch als Wolfsfuß oder Drudenfuß bekannt, bildet Sporen, die ein hoch entzündliches ätherisches Öl enthalten, das einen niedrigeren Flammpunkt besitzt als herkömmliche Brennstoffe und sich deshalb für Feuereffekte auf Bühnen bestens eignet. Das Material wird aus China importiert, wobei RAMMSTEIN auf ihren Tourneen

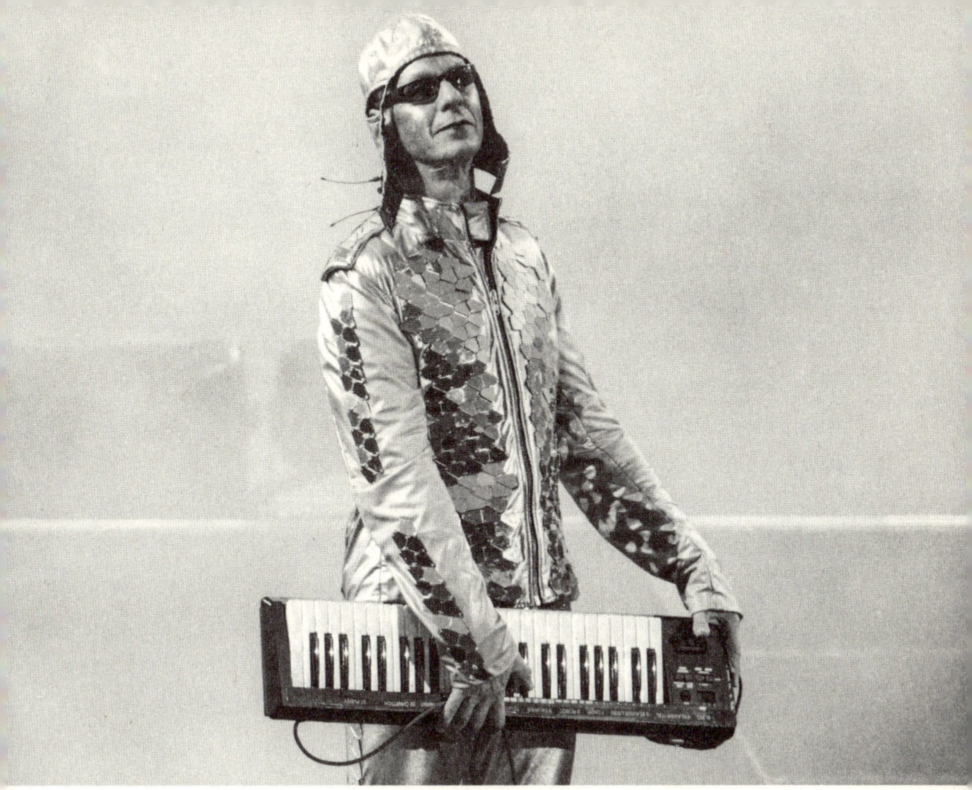

Christian Lorenz

zeitweilig gut Dreiviertel der Jahresproduktion der chinesischen Produzenten verbrauchten, um das flammende Inferno zu inszenieren, das ihre Shows bis heute begleitet.

Angesichts dieser aufwendigen Bühneninszenierung musste für den Song „Rammstein", zumal in den damaligen Hochzeiten von MTV, natürlich auch ein Video her. Die Plattenfirma – es war das im selben Jahr wie die Band, 1994, unter dem Dach von PolyGram gegründete Label Motor Music – stellte also die Frage in den Raum, wen sie sich denn als Regisseur vorstellen würden. Die Antwort löste bei den Verantwortlichen des Labels grenzenlose Heiterkeit aus, denn es fiel der Name David Lynch, Meister albtraumhafter surrealistischer Thriller aus Hollywood. Die Antwort hatte etwas von Größenwahn, ihre Umsetzung mit einer Anfrage bei Lynchs Agentur grenzte dann schon an puren Aberwitz. Till Lindemann sagte später dazu: „Wir wollten auch schon mal Claudia Schiffer für ein Video haben und Johnny Depp für ein Video. Nicht größenwahnsinnig, aber wer nicht wagt nicht gewinnt. Das machen wir heute noch. Heutzutage wär der Traum, mit David Fincher was zu machen. Vielleicht klappt das auch noch. Man kann ja mal fragen."[19] Es wurde damals zwar nichts daraus, aber für RAMMSTEIN sollte sich dieser vorschnelle Griff zu den Sternen trotz allem als ein Glücksumstand erweisen, der der Newcomer-Band aus dem Prenzlauer Berg im Osten Berlins gleichsam über Nacht zu Ruhm und Anerkennung auf dem internationalen Parkett verhalf.

Lynch hatte dem Ansinnen einer namenlosen Band aus dem fernen Deutschland natürlich keinerlei Aufmerksamkeit geschenkt und die der Anfrage beiliegende CD unbeachtet irgendwo zur Seite gelegt. Der Zufall wollte es dann, dass sie sich in seinem Auto wiederfand, als er auf der Suche nach geeigneten Locations für seinen Film *Lost Highway* auf dem Weg ins kalifornische Death Valley war. Die schnurgeraden Highways durch die Mojave-Wüste sind ermüdend, und mangels Alternativen schob er die Scheibe in den Player und sprang sofort auf den RAMMSTEIN-Sound an: „Es war genau das, was ich für *Lost Highway* brauchte. Das ganze Team war verrückt danach: Rammstein musste 70 CDs losschicken – eine für jeden in der Filmcrew", erzählte er 1997 dem SPIEGEL[20]. Statt einer Antwort auf die Frage nach einem Videodreh kam das Ansinnen, „Heirate mich" und „Rammstein" im Soundtrack des Films zu verwenden. Dass Trent Reznor, vor allem durch sein Musikprojekt NINE INCH NAILS bekannt und für den Soundtrack verantwortlich, die RAMMSTEIN-Songs in dem 1996 gedrehten und 1997 in die Kinos gelangten Psychothriller dann auch noch an ausgesprochen prominenter Stelle für eine Schlüsselszene einsetzte, rollte RAMMSTEIN in den USA gleichsam einen roten Teppich aus. Schon im Jahr darauf folgte die erste US-Tournee der Band, die sie als Headliner bestritten.

Für das Video zum Song besorgten der Videoregisseur Alexander Herzog und der Werbefilmer und Fotograf Kai Kniepkamp dann einen Zusammenschnitt von Bildmaterial aus *Lost Highway*, in den sie einige charakteristische Szenen der Live Performance des Songs einmontierten. Das Live-Material entstand bei dem schon erwähnten *100 Jahre RAMMSTEIN*-Konzert und lebte von Gert Hofs Licht- und Showeffekten. Die sich anschließende Tournee durch Deutschland sollte zum siegreichen Einzug von sechs Gladiatoren in die Musikwelt werden, die feuerspeiend und wie mit der Dampframme niederwalzten, was sich an kleinlichen, gehässigen, humorlosen, neidvollen, biederen und sonstigen Einwänden ihnen entgegenstellte. Dass diese mit dem wachsenden Erfolg größer wurden, war kaum vermeidbar, denn wer provoziert, der polarisiert. Gitarrist Richard Kruspe: „Das Phänomen RAMMSTEIN ist polarisierend. Man muss sich mit dieser verdammten Band auseinandersetzen. In dieser Zeit, wo das Mittelmaß regiert, ist man dankbar, egal in was für einem Genre der Kunst, wenn die gefällige Zimmertemperatur überschritten wird."[21]

„Wir sind ja alle aus der DDR"
Die Band

In dem Lied „Engel" von ihrem zweiten Studioalbum *Sehnsucht* (1997) heißt es etwas holprig:

Wir haben Angst und sind allein.
Gott weiß, ich will kein Engel sein.[1]

Engel sind sie nun wahrlich nicht, die Brachial-Rocker aus Deutschland. Anpassung war ihr Ding nie, einfach im Strom mitzuschwimmen kam nicht in Frage; sie haben sich immer gegen den Strom bewegt. Und das nicht etwa aus bloßem Kalkül, sondern weil es ihren Wurzeln entsprach, in ihre Gene eingeschrieben ist. Paul Landers: „Die normale Westband ist rein kommerziell orientiert. Die wollen Platten verkaufen, das will ja jeder. Der Opportunismus dieser Bands ist gnadenlos, 95% tun das, was man von ihnen verlangt, sie passen sich an. Wir sind ja alle aus der DDR. Das ist ein ganz anderes Bezugssystem. Es sucht die Grenzen. Nicht um der Provokation willen, sondern um der Auseinandersetzung willen."[2] Rammstein ist ein Produkt der untergegangenen DDR, auch wenn es heute kaum zu glauben ist, dass im sozialistischen Biedermeier des Arbeiter-und-Bauern-Staates, der von der durch systematische Überwachung erpressten Anpassung seiner Bürger lebte, Derartiges wachsen konnte. Die Musiker erklärten dem Berliner Stadtmagazin TIP im Frühjahr 1994 mit Bezug auf die Bands, aus denen sie kamen: „Wir sind geboren aus den schönsten Männern von Feeling B, The Inchtakobatakles, Orgasm Death Gimmick und der Firma."[3] Doch nicht nur, dass die sechs Musiker ihre Karrieren in diversen Punk-Bands im „real existierenden Sozialismus" begannen, auch die RAMMSTEIN-Ästhetik trägt deutliche Züge einer kulturellen Sozialisation in den Nischen der DDR-Gesellschaft. Gitarrist Richard Kruspe: „Wenn man im Osten aufgewachsen ist, täglich mit dem realen Sozialismus konfrontiert war, stellt man irgendwann fest, dass bestimmte Strukturen von totalitären Ästhetiken in der DDR weitergeführt wurden. Es ist einfach eine Ästhetik, mit der wir aufgewachsen sind. Und wenn man etwas Neues produzieren will, ist es erst einmal die eigene Biografie, das authentischste Material, auf das man zurückgreift, ohne sich selbst zu belügen."[4]

Die permanente ideologische Indoktrination, die der „Lila Drache", wie die DDR-Volksbildungsministerin Margot Honecker in Anspielung auf ihre lila gefärbten Haare genannt wurde, von den Schulen einforderte, trieb die Jugendlichen auf der Flucht vor dem staatlich verordneten Lebenssinn nur umso schneller in die Nischen, die auch die Stasi, der monströse Überwachungsapparat des Ministerium für Staatssicherheit der DDR, nicht verhindern konnte. Hier blühten im kaum Verborgenen die Künste ebenso wie alternative Lebensstile. Die ständige Konfrontation mit der Staatsmacht ließ dabei ein Sensorium für die Kunst der Ambivalenzen entstehen – etwas zu sagen, indem man es nicht sagt. Außerdem entwickelte sich eine besondere Strategie der Gegenwehr nachgerade zur Perfektion: Wenn den vielen wachsamen Augen der Staatsorgane und ihren Handlangern nicht zu entgehen ist, dann ist die einzig mögliche Form des Sich-Wehrens im Rahmen des nun einmal Gegebenen und, wie es bis 1989 aussah, auch kaum Veränderbaren, sich mit einem hohen Maß an Kreativität im Anderssein zu behaupten.

Bloßes Anderssein war unter diesen Bedingungen bereits ein politischer Akt, denn es konfrontierte das System für alle weithin sichtbar mit den Grenzen seiner Macht. Widerstand gegen jeglichen Anpassungszwang und die Kunst der Uneindeutigkeit, die Camouflage im scheinbaren Nonsens, das Verbergen von Abgründen im Skurrilen haben die sechs Rammsteine aus der untergegangenen DDR mitgenommen und zur Grundlage eines Musikprojekts gemacht, das von weltweitem Erfolg gekrönt werden sollte. Noch einmal Richard Kruspe: „Ein wesentlicher Aspekt bei Rammstein ist die Herkunft. Im Osten war Kunst ganz anders positioniert als im Westen. Kunst war ein Instrumentarium, um sich mit den Missständen in der Gesellschaft kritisch auseinanderzusetzen. Der kommerzielle Erfolg war sekundär, er war unbedeutend. Geld spielte keine so große Rolle. Im Vordergrund stand die Provokation. Kunst war Waffe. Nur so kann man Rammstein verstehen."[5] So mussten sich die Musiker mit RAMMSTEIN zwar neu erfinden, aber brauchten dafür eigentlich bloß das zu bleiben, was sie immer schon waren, während alle anderen nach dem Fall der Mauer – mehr oder weniger erfolgreich, meist eher weniger – den Imperativen folgten, die die Heerscharen von Beratern, Treuhändern und Investoren aus dem Westen den DDR-Deutschen damals mit Nachdruck anempfahlen.

Obwohl die Stasi buchstäblich überall war, entstand trotzdem Ende der 1970er Jahre auch in der DDR eine lebendige Punk-Szene, und die Musiker, die später als RAMMSTEIN bekannt wurden, waren mittendrin. Sänger Till Lindemann spielte ab 1986 Schlagzeug in einer von ihm gegründeten Schweriner Punk-Band namens FIRST ARSCH. Das stand für „Erste Autonome Randalierer Schwerins", war aber natürlich wegen das provokanten Akronyms so benannt. Als Gitarrist gehörte zunächst auch Richard Kruspe dazu. Dem erzwungenen ideologischen Konformismus entzog sich FIRST ARSCH wie die meisten der DDR-Punk-Bands, wenn sie denn von den Herren in Lederjacke und grauem Anzug – der auffällig unauffälligen Zivilkleidung der DDR-Schlapphüte – unbehelligt bleiben wollten, durch hintergründig blödelnde Nonsens-Texte zu Chaos-Musik. Als „Fun Punk" ging diese DDR-spezifische Spielart der Rockmusik in die Geschichte ein. Die Band schaffte es sogar, von den DDR-Behörden eine ganz offizielle Einstufung als Amateurband zu erhalten, allerdings mit der Auflage, das FIRST ARSCH in FIRST ART abzuändern. Der Sinn des Akronyms ging der staatlichen Einstufungskommission vermutlich ebenso wenig auf wie sie das tatsächliche Repertoire der Band gekannt haben wird.

Musiker und Bands benötigten in der DDR eine Spielerlaubnis samt Einstufung in eine der Honorarkategorien für den Bereich „Unterhaltungskunst". Diese gesetzliche Regelung, legitimiert mit der Notwendigkeit geordneter Finanzverhältnisse, war nichts anderes als ein ideologisch ausgerichtetes Erlaubniswesen. Tastenmann Flake Lorenz: „Du musstest dafür zum Amt für Erlaubniswesen und einen Antrag stellen, ein polizeiliches Führungszeugnis bringen, 'ne Genehmigung von deinem Betrieb, dass du das machen darfst nach der Arbeit. Du musstest die Texte abgeben, und dann war da 'ne Jury vom Rat der Kultur, FDJ Zentralrat, Ministerium für Kultur, zehn Typen, die hatten mit Musik nichts am Hut, das war'n so trockne Stullen, die da saßen, und du musstest dann das Programm so vorspielen, wie bei 'ner Prüfung. [...] Und alle zwei Jahre musstest du das wieder machen, so wie beim TÜV."[6] Doch schon die erste Generation der Rockmusiker in der DDR lernte, kreativ damit umzugehen. Ende der 1960er Jahre waren Foxtrott und Walzer noch Pflichtprogramm für eine Spielerlaubnis auch als Rockband. Dass diese eigens für die Einstufung mühsam einstudierten Titel von den Rockgruppen nie wieder gespielt wurden, wussten in der Regel auch die Einstufungskommissionen. Aber so war der staatlichen Ordnung genüge getan, und es herrschte Ruhe im Land. In den 1980er Jahren ist das zwar alles lockerer und in der Sache auch kompetenter gehandhabt worden, aber es galt noch immer das DDR-typische Prinzip, dass so lange der Schein gewahrt blieb, das Sein seinen Lauf nehmen konnte, wenn auch unter den stets wachsamen Augen der Staatssicherheit. FIRST ARSCH hieß dann eben FIRST ART, und Ruhe war.

Nach dem Untergang der DDR wurde aus FIRST ART wieder FIRST ARSCH, und die Band verlegte ihren Sitz nach Berlin. Richard Kruspe hatte allerdings inzwischen die DDR über die Tschechoslowakei und Ungarn verlassen. Mit dem Westen wurde er aber auch nicht so recht warm, sodass er nach dem Fall der Mauer 1990 aus Westberlin, wohin es ihn verschlagen hatte, zunächst kurzzeitig nach Schwerin und dann in den Ostteil Berlins zurückging, wo er sich wieder Lindemanns Band anschloss.

Paul Landers traf als Rhythmusgitarrist ebenfalls bei First Arsch auf seine späteren Musikerkollegen. Er kam wie Keyboarder Christian „Flake" Lorenz aus einer der erfolgreichsten DDR-Punk-Bands, Feeling B. Sie war 1983 von Aljoscha Rompe gegründet worden, Stiefsohn eines renommierten Physikers und Mitglieds des Zentralkomitees der SED, durch seinen leiblichen Vater, einen Schweizer Schauspieler, aber zugleich Inhaber eines Schweizer Passes. Beide Umstände haben den DDR-Behörden den Umgang mit Feeling B alles andere als einfach gemacht, was der Band einige Freiräume eröffnete. Als sich kurz vor dem Ende der DDR die staatlichen Türen schließlich doch noch für die alternative Kulturszene öffneten, wurde Feeling B im Frühjahr 1989 ermöglicht, mit *Hea Hoa Hoa Hea Hea Hoa* das erste offizielle Punk-Album der DDR auf dem staatlichen AMIGA-Label aufzunehmen. Allerdings erschien es erst Anfang 1990, als das Schicksal der DDR längst besiegelt war. Nach Differenzen über den weiteren Weg von Feeling B wechselte Landers zu Lindemanns First Arsch, und hier produzierten die drei späteren Rammstein-Musiker 1992 zusammen mit Jörg E. Mielke als Sänger und Bassist das erste und einzige First Arsch-Album, *Saddle Up*, mit 15 Songs nach englischen Texten von Till Lindemann, erschienen im selben Jahr auf dem von dem damaligen Musikerkollegen Falk Schettler eigens dafür gegründeten Label Kessel Records.

In der sehr übersichtlichen Punk-Szene der DDR war es nicht unüblich, in mehreren Bands gleichzeitig zu spielen, eine Tradition, die sich nach dem Ende der DDR 1989 fortsetzte. Paul Landers und Christian „Flake" Lorenz unterhielten neben Feeling B noch ein typisches DDR-Underground-Projekt, die Magdalene Keibel Combo, benannt nach zwei berüchtigten Straßen in Ostberlin, der Magdalenenstraße, in der sich die Zentrale der Staatssicherheit befand, und der Keibelstraße, wo das Polizeipräsidium mit dem Polizeiknast, der Untersuchungshaftanstalt, stand. Das von den beiden 1987 gegründete Bandprojekt ist für die Auftritte mit wechselnden Gastmusikern aufgefüllt worden. Trotz des provokanten Namens, der eine offizielle Zulassung unmöglich machte, blieb die Band überraschend unbehelligt, weil alle Beteiligten daneben in anderen Bands mit genehmigter Zulassung spielten und sich dadurch unter dem Radar der Behörden bewegten. Flake: „Mit der Magdalene haben wir vonseiten des Staates nie Ärger bekommen, weil das keiner begriffen hat. Das war außerhalb von allem."[7]

Richard Kruspe gehörte parallel zu First Arsch eine Zeitlang auch den Bands Das elegante Chaos und Die Firma an, der Name der letzteren ein vom Volkswitz geprägtes, ironisches Pseudonym für die DDR-Staatssicherheit. Er löste dort als Gitarrist Paul Landers ab, der seit 1986 neben Feeling B ebenfalls für Die Firma auf der Bühne stand, die Band aber 1991 verließ, als bekannt geworden war, dass zwei ihrer prominentesten Mitglieder, Bandgründer Frank „Trötsch" Tröger und Sängerin/Bassistin Tatjana Besson, als „informelle Mitarbeiter" (IM) im Dienst der Stasi gestanden hatten. Auch Kruspes 1991 gegründete Band Orgasm Death Gimmick, in der er als Sven Kruspe spielte, lief neben seinen sonstigen musikalischen Aktivitäten weiter. Am Schlagzeug bei Die Firma saß damals Christoph „Doom" Schneider, der auf Vermittlung von Landers zugleich als Gast-Schlagzeuger bei Feeling B trommelte. Nachdem sich Feeling B 1993 im Streit über den weiteren musikalischen Weg auflöste, überredete ihn Landers, bei einem von Richard Kruspe initiierten neuen Band-Projekt als Schlagzeuger mitzutun. Es firmierte zunächst unter dem Namen Tempelprayers. Als Bassist war Oliver Riedel gewonnen worden, der sich mit Kruspe und Schneider die Wohnung teilte und bis dahin aushilfsweise bei der 1991 gegründeten Berliner Band The Inchtabokatables als Bassist mitwirkte. Die vier – Landers, Kruspe, Schneider und Riedel – probten mit eigenen Liedern im Stil von US-Metal-Bands wie Pantera, einer texanischen Band, die 1990 mit dem Album *Cowboys From Hell* eine steile Karriere begonnen hatte. Landers erinnert sich: „Wir wollten einfach mal schwere, tiefe, maschinelle, monotone Musik machen. Das wollten wir alle zusammen, unabhängig jetzt voneinander. Da fanden wir uns so zusammen."[8] Landers überzeugte Christian „Flake" Lorenz, als Keyboarder einzusteigen, der sich allerdings schwertat, weil ihm die Musik, an der sich die TEMPELPRAYERS damals versuchten, zu stumpf war. „Ich wollte mit den Jungs eigentlich nichts zu tun haben. Paul hat mich mal mitgenommen. Dann bin ich da runtergegangen in den Keller, und da waren vier Typen, die haben stumpf eine Stunde lang einen Riff gespielt – wie die Doofen, in einer Höllenlautstärke, dass mir alles wehgetan hat."[9]

Um die Band zu vervollständigen, fehlte nun nur noch ein Sänger. Kruspe hatte Lindemann bei FIRST ARSCH gelegentlich singen hören und fand, dass der als Sänger in Frage kam. Außerdem gab er mit seiner Erscheinung einen idealen Frontmann ab. Das Problem war nur, dass er eigentlich nicht singen konnte. Paul Landers: „So wie Lindemann singt, grunzen nicht einmal die Schweine."[10] Christoph Schneider erinnerte sich: „Später kam Till dazu, es war grauenvoll, er konnte überhaupt nicht singen. Ich dachte, er sieht zwar gut aus und ist kräftig, aber was soll das denn werden? Das stand auf der Kippe. Till meinte lapidar, er müsse erst mal etwas trinken, und hat sich eine Flasche Korn reingeholfen. Danach ließ er sich ein Tape mitgeben und hat zu Hause englisch da drauf gesungen. Man konnte damals eigentlich nicht dran glauben, dass er mal ein guter Sänger wird."[11] Lindemann, der lieber im Hintergrund am Schlagzeug agierte, glaubte es ja selbst nicht: „Ich habe mich auf der Bühne nicht wohlgefühlt. Ich trug eine Sonnenbrille, weil ich die Blicke nicht ertragen konnte. Ich hatte Bühnenangst und dachte, was mache ich hier überhaupt? Vorher war ich Schlagzeuger, da hatte ich immer was zu tun. Jetzt stand ich da vorne, und alle glotzten mich an. Das war mir unangenehm, und ich wollte das irgendwie kompensieren. So kam das Feuer ins Spiel."[12] Schließlich gelang es Kruspe, die Bedenken zu zerstreuen und Lindemann als Sänger in die Band zu holen. Die Rammsteine waren komplett, nur wussten sie da noch nichts von ihrer glänzenden Zukunft; sie wussten noch nicht einmal, dass sie RAMMSTEIN waren.

Zunächst galt es, sich in der durch den Fall der Mauer 1989 grenzenlos gewordenen Musikszene irgendwie zu positionieren. Die sechs Musiker haben die neuen Freiheiten sehr unterschiedlich erfahren.

Till Lindemann (Jahrgang 1963) ist der Sohn einer namhaften Journalistin, Gitta Lindemann, und eines in der DDR sehr erfolgreichen Kinderbuchautors, Werner Lindemann, dessen Gedichte dort in den Schulbüchern standen. Seine Mutter schrieb 2023 in ihrem Buch *Fensterplätze* über ihren Sohn: „Mein erstes Konzert mit Rammstein. Ich saß zwischen dunkel gekleideten Menschen, die ich mir anders gedacht hatte. Sie waren unaufgeregt und redeten über Studienaufträge, sie vertrieben sich die Zeit mit erstaunlich klugen Gesprächen. Der Beginn des Konzertes verzögerte sich um eine halbe Stunde. So viel Zeit brauchten die Jungs, um zu überlegen, ob Anstößiges im Programm ist, was der Mutter missfallen könnte. Ich war heimlich gekommen, er hatte es damals nicht gewollt. Aber er hatte mich entdeckt. Später, in größeren Sälen und Stadien, war ich selbstverständlicher Gast. Ob damals in einem kleinen Saal oder jetzt in gewaltigen Arenen – das Erlebnis bleibt gleich. Ich stehe zwischen den anderen, und die Musik hastet auf mich zu, dröhnt und wirft sich auf, stößt sich an Wänden, stürzt in den Himmel, fällt zurück und setzt sich auf die Brust, der Atem wird flacher. Ich bin eingekeilt in Musik und starr. Vor Bewunderung. Der Dompteur auf der Bühne ist mein Sohn. Er dirigiert die Massen mit einer Handbewegung, er schlägt sich die Stirn wund, und er brennt, und er jagt seine rollende Stimme durch Raum und Zeit. Was für eine Verantwortung. Für all diese Menschen, die ihm begeistert zujubeln und ihm folgen würden, wohin er sie auch führen würde. Da hab ich Angst um ihn. Was tut er sich an, welche Überwindung muss es ihn kosten, sich so auszuliefern. Abend für Abend, Land um Land, Kontinent um Kontinent."[13]

Lindemann besuchte die Kinder- und Jugendsportschule Rostock und genoss dort als Leistungsschwimmer die Vorzüge der DDR-Sportförderung inklusive gelegentlicher Reisen zu Wettkämpfen in den Westen. Eine Verletzung beendete 1979 seine Karriere, obwohl er bereits für die Olympiade 1980 in Moskau nominiert war. Allerdings war er zuvor bei einem Wettkampf in Florenz dabei erwischt worden, das Hotel unerlaubt verlassen zu haben, was ohnehin das

Aus für ihn bedeutet hätte: „Ich wollte nicht fliehen, sondern mir die Stadt ansehen."[14] Er nahm dann in Rostock eine Lehre als Bautischler auf, ging danach aufs Land und wurde Stellmacher. „Wir haben Wagenräder gemacht und Schaufelstiele, mit der Hand."[15]

Zurückgekehrt nach Schwerin gründete er mit First Arsch nicht nur eine eigene Band, sondern arbeitete bis zur Wende als Korbmacher, da in der DDR nach Paragraf 249 des Strafgesetzbuches, dem sogenannten „Asozialen-Paragrafen", Arbeitszwang bestand. Eine Spielerlaubnis gab es ohne abgeschlossenes Musikstudium nur unter der Voraussetzung, dass für den Status „Amateurtanzmusiker" eine geregelte Arbeitstätigkeit nachgewiesen wurde. Wer also meinte, als Musiker auch so durchs Leben zu kommen, wurde wegen „Gefährdung der öffentlichen Ordnung und Sicherheit durch asoziales Verhalten" zur Arbeitserziehung in eine entsprechende staatliche Einrichtung gesteckt. Scheinbeschäftigungen wie Halbtagsjobs als Pförtner, Heizer oder Friedhofsgärtner erfreuten sich deshalb großer Beliebtheit. Für Till Lindemann bedeutet der Fall der Mauer, dass er endlich den lästigen Arbeitszwang im Rücken loswurde. Fortan konnte er ohne jede Bevormundung tun und lassen, was er wollte. Zugleich aber war da auch das Gefühl der Verlorenheit in dieser großen Freiheit: „Ich hatte Angst und dachte, jetzt geht alles den Bach runter. Dadurch, dass man so eingesperrt war, fühlte man sich ja auch sicher."[16]

Rhythmusgitarrist Paul Landers (Jahrgang 1964, eigentlich Heiko Paul Hiersche, verh. Landers) kommt aus einem DDR-typischen Elternhaus. Beide Eltern waren überzeugte Sozialisten, die Mutter Russischlehrerin, der Vater, Anton Hiersche, ein bekannter Slawist am Zentralinstitut für Literaturgeschichte der Akademie der Wissenschaften der DDR. Weil die berufliche Tätigkeit der Eltern die Familie nach Moskau führte, wuchs er zeitweilig dort auf. Nach der Schule absolvierte er eine Lehre als Fernmeldemechaniker im Ostberliner VEB Funk- und Fernmeldeanlagenbau und kam hier mit der Praxis des real existierenden Sozialismus in Berührung, sprich Missmanagement, Materialmangel, Schönfärberei und über allem der in der gehätschelten Arbeiterklasse so beliebte Grundsatz „Privat geht vor Katastrophe". Angesichts des Ausmaßes an Verlogenheit, auf das er hier traf, verzichtete Landers auf eine Tätigkeit im erlernten Beruf und flüchtete sich nach der Lehre in die Musik. Als Gründungsmitglied von FEELING B gehörte er zur Prominenz der DDR-Punker. Zum Schein war er auf diversen Halbtagsstellen tätig, darunter als Heizer in der Treptower Stadtbibliothek. Die Eltern standen dem Weg ihres Sohnes in die Subkultur – von den Behörden pauschal als „staatsfeindlich" eingestuft – erwartungsgemäß mit Missfallen gegenüber. Als sie durch den DEFA*-Dokumentarfilm *flüstern & SCHREIEN. Ein Rockreport* (1988), in dem FEELING B und damit ihr Sohn eine prominente Rolle spielte, erstmalig wirklich damit konfrontiert waren, änderte sich das grundlegend, wie der Vater in seinen *Erinnerungen eines Slawisten* beschrieb: „Wir hatten einen Blick in eine andere, uns bislang unbekannte Welt getan – die Welt der alternativen Jugendkultur der DDR. Da war nichts politisch Oppositionelles, wie wir vordem gedacht hatten, da offenbarte sich ‚nur' etwas anderes, Neues, das sich selbst äußern wollte und sich der Lenkung von außerhalb, ‚von oben' gänzlich entzog. Das war für uns, die wir bislang, was Kultur betraf, in vollkommen anderen Kategorien dachten, zunächst höchst verwirrend, alsbald aber doch mehr erfreuend, ja begeisternd. Wir fühlten, dass wir ein bisschen in die Zukunft geblickt hatten. Die Offenheit, der Mut, die Ehrlichkeit der jungen Leute, ihre Menschlichkeit in ärmlichem Gewand berührte uns zutiefst."[17]

Landers tingelte nach dem Ende der DDR noch eine Zeitlang mit FEELING B durch die ostdeutsche Provinz und ergötzte das Publikum mit Liedzeilen wie „*Zwischen BRD und Polen – da wurde ein Land gestohlen*"[18]. Mit dem dazugehörigen Song „Ich such die DDR" landete FEELING B 1992 sogar noch einen Hit. Aber danach war auch für Landers die DDR endgültig passé: „Ich kann nicht nach drei Jahren immer noch singen ‚Ich such die DDR', ich hab die dann gar

* DEFA – Deutsche Film AG, staatliches Filmmonopol in der DDR

nicht mehr gesucht, weil: Ich wusste ja, wo sie ist. Die ist weg! Das muss dafür herhalten, dass die alle nicht klarkommen mit dem Westen. Man muss aber klarkommen. Wenn einer in der Scheiße steht bis zu den Knien, blöder Vergleich, aber irgendwann muss man sich eben Gummistiefel koofen, dann geht's weiter."[19]

Für Leadgitarrist Richard Sven Kruspe (Jahrgang 1967), geboren als Sven Kruspe, der sich später das Richard hinzufügte und im Laufe der Jahre auch unter den Namen Richard S. Kruspe, Richard Zven Kruspe, Richard Z Kruspe und nach seiner Ehe 1999 mit der in Südafrika geborenen Amerikanerin Caron Bernstein bis zur Scheidung 2004 auch als Richard Z Kruspe-Bernstein in der Öffentlichkeit agierte, verlief das Heranwachsen erst in Wittenberge, einer Stadt im Nordwesten Brandenburgs, dann in Schwerin, nicht ganz so unkompliziert wie bei den anderen. Er war in seiner Jugend zwar ebenfalls als Sportler recht erfolgreich und gehörte der Ringermannschaft des Sportklubs BSG Lokomotive Wittenberge an. Nach der Scheidung der Eltern und der Neuverheiratung seiner Mutter, dem damit verbundenen Umzug nach Schwerin und dem Verlust des vertrauten sozialen Umfeldes kam es zu Konflikten mit dem Stiefvater, auf die er in einer Weise reagierte, die immer wieder einmal die Polizei auf den Plan rief. In Schwerin lernte er in seiner Freizeit auf dem Konservatorium „Johann Wilhelm Hertel" vier Jahre lang Jazzgitarre spielen. Um dem Elternhaus möglichst rasch zu entkommen, nahm er eine Lehre als Koch im mecklenburgischen Hagenow auf. Auch er dachte nicht daran, den erlernten Beruf auszuüben, sondern schloss sich, zurückgekehrt nach Schwerin, Till Lindemanns Band FIRST ARSCH an. Er hielt sich mit Gelegenheitsarbeiten als Kassierer und mit dem Verkauf von selbstgebasteltem Schmuck über Wasser; schon das in der DDR ein Vergehen, denn er besaß die für den Gewerbeschein erforderliche Facharbeiterausbildung nicht und zahlte, weil ohne Gewerbeschein, keine Steuern. Da er damit keine geregelte Tätigkeit nachweisen konnte, die ihn berechtigt hätte, als Amateurmusiker aufzutreten, geriet er schnell in Schwierigkeiten mit den Behörden, was die Stasi ausnutzte und ihn vor die Alternative stellte:

Knast oder Inoffizieller Mitarbeiter. „Die Stasi stellte mich vor die Wahl: entweder IM – also inoffizieller Mitarbeiter – werden oder in den Knast gehen. Ich hatte eine Woche Bedenkzeit." Kruspe ging zum Schein zwar darauf ein, posaunte aber sofort lauthals heraus, dass er bei der Stasi sei. „Natürlich sollte ich absolutes Stillschweigen bewahren. Genau das habe ich aber nicht getan, sondern stattdessen diese Geschichte in meinem ganzen Bekanntenkreis verbreitet. Mit dem Hintergedanken, dass die merken sollten: Der quatscht zu viel und ist unbrauchbar. Nach einer Woche haben die mich tatsächlich in Ruhe gelassen. Ich hatte echt Glück."[20] Kruspe zog es dann nach (Ost-)Berlin, wo die Verhältnisse etwas lockerer als in der DDR-Provinz waren. Im Herbst 1989 ging er über die Tschechoslowakei, Ungarn und Österreich schließlich nach Westberlin, nachdem er im Oktober 1989 zufällig in eine der Demonstrationen, die das Ende der DDR einläuteten, hineingeraten war, dabei verletzt wurde und für sechs Tage im Polizeigewahrsam landete. Im Frühjahr 1990 kehrte er in den Ostteil der Stadt zurück. Er hat zwar, wie er einmal sagte, „die DDR als ein Gefängnis empfunden", fand es aber auch in Westberlin „total scheiße": „Alles war grau und dunkel, das hat mir Angst gemacht. Ich kam aus einem sehr behüteten Umfeld. In Westberlin war ich einsam und immer unterwegs. Überwiegend auf Konzerten … Auf Dauer war auch die Wohnsituation mit drei Leuten in einem Zimmer sehr belastend, und im Osten gab es billigen Wohnraum ohne Ende. Also bin ich wieder zurück."[21]

Der Lebensweg von Bassist Oliver Riedel (Jahrgang 1971) in der DDR verlief dagegen in jeder Hinsicht unauffällig. „Ich glaube, ich ging wie alle anderen Teenager in die Disco und hing an der Straßenecke herum. Ich war einfach sehr schüchtern. Ich habe mich nicht einmal getraut, mit einem Hund zu sprechen!"[22] Er wuchs bei seinem Vater in Schwerin auf, den er als Siebzehnjähriger infolge eines Autounfalls verlor, bei dem auch sein jüngerer Bruder umkam. Nach der Schule erlernte er den Beruf eines Stuckateurs, konnte ihn aber nicht lange ausüben, weil der Zerfall der DDR dazwischenkam, und der bedeutete für ihn wie für die meisten Ostdeutschen erst einmal den Verlust des Arbeitsplatzes. Er rettete sich 1990 in die Musik, was mit einem Aushilfsjob als Bassist in diversen Bands damals aber auch nicht unbedingt nach einer Perspektive aussah. Dennoch verlief sein Weg aus der DDR in die neue Freiheit des Westens seinem ruhigen Wesenszug entsprechend unspektakulär. Sein Spitzname unter Freunden ist zwar „Orgien-Olli", aber das ist ironisch gemeint, denn Oliver Riedel ist das Gegenteil von einem Party-Löwen. Er lebt mit Frau und Kind zurückgezogen und gibt nur sehr selten Interviews.

Keyboarder Christian „Flake" Lorenz (Jahrgang 1966) ist der Einzige unter den RAMMSTEIN-Musikern, dem es gelungen war, die Nischen der DDR-Gesellschaft mit ihren Verrücktheiten vor allem als ein Spaßparadies zu sehen, dem er bis heute ein wenig nachtrauert: „Ich habe die DDR sehr geliebt, mit ihren Eigenheiten. Als sie weg war, war ich schon traurig. Irgendwie", sagte er 2008 der WELT.[23] „Ich hab in dem Land gelebt, aber nicht in dem Staat."[24] Er hat ohnehin das, was man ein „sonniges Gemüt" nennt. Der Berliner TAGESZEITUNG taz erklärte er einmal seine Lebensphilosophie: „Ein einfaches Beispiel: Man wartet in einer Gaststätte ewig auf sein Essen, und dann kommt die Suppe und ist kalt. Da würden sich viele Menschen viehisch aufregen und einen Aufriss veranstalten. Ich sage mir: Ey, die Suppe schmeckt ja sogar kalt gut. Wieso esse ich die Suppe eigentlich immer warm? Dann war das für mich ein wunderschönes Mittagessen, denn die Suppe ist nun mal, wie sie ist ..."[25] Ungeachtet aller Repressalien hatten die Kleinkariertheit der staatlichen „Organe", die grenzenlose Inkompetenz der Funktionäre (das Einzige, bei dem es in der DDR keine Grenzen gab), die entsetzlich geschraubten, hohlen Phrasen offizieller Verlautbarungen auch eine komische Seite und ließen Freiräume, sofern man einen gewissen Sicherheitsabstand zu wahren wusste.

Lorenz wuchs im legendären Ostberliner Stadtbezirk Prenzlauer Berg auf, der Vater Ingenieur, die Mutter an der Sektion Ästhetik und Kunstwissenschaften der Berliner Humboldt-Universität. Seinen Spitznamen „Flake" hatte er schon als Fünfjähriger, ohne dass dessen Herkunft je wirklich geklärt worden wäre. „Eigentlich heiße ich ja Christian Lorenz, aber ich heiße schon von Kindheit an Flake, genau zu ermitteln, wer damit angefangen hat, das schaffe ich gar nicht. Es gab da so einen Trickfilm *Wickie* [*Wickie und die starken Männer* (1971); Anm. PW], da erleben die Wikinger einige ihrer zahlreichen Abenteuer. Da gab es irgendeinen Typen, der hieß Soundso von Flake, weil es einen Ort in Norwegen gibt, der Flake heißt. Das war so, seitdem ich fünf war, also bevor ich in die Schule ging. Und irgendwann haben alle Flake gesagt, das ging ganz schnell."[26] Nach der Schule machte er eine Lehre als Werkzeugmacher, wechselte dann aber in diverse Gelegenheitsjobs, um seine Zeit und Kraft FEELING B widmen zu können. Doch nach dem Fall der Mauer war es unmöglich geworden, von den wenigen Gigs zu leben, mit denen auch die einstige Punk-Prominenz der DDR nun auskommen musste. Und so begann eine Karriere durch diverse Jobs und Aushilfsstellen, zumeist als vom Arbeitsamt geförderte Arbeitsbeschaffungsmaßnahmen. Zeitweilig versuchte er sich durch den Verkauf gebrauchter Westautos über Wasser zu halten. Das allerdings hatte alles nichts mehr mit jener Spaßguerilla zu tun, die mit Unbekümmertheit und guter Laune einem System widerstanden hatte, zu dessen größten Schwächen es gehörte, dass es so überhaupt keinen Spaß verstand. Danach befragt, was denn seine Eltern heute von seinem Treiben halten, antwortet er: „Elternbesuch ist immer ein Albtraum, für jeden von uns. Wir machen keine Musik für Eltern … Zugegeben, ich fand es natürlich gut, als meine Eltern mal gesehen haben, dass ich einen ernsthaften Beruf ausübe und nicht der Assi geworden bin, wie man es hätte vermuten müssen bei meinem Lebenswandel. Dass sie mal mitkriegen konnten, dass da Leute anstehen, die uns sehen wollen." Lob gab es aber trotzdem keines: „Diese Generation geht mit Lob nicht so um wie die Eltern heute, die in Freudentänze ausbrechen, wenn ihr Kind mal den Fuß ins Wasser steckt: Du kannst ja schwimmen!"[27] Als seine Bandkollegen erfuhren, dass sein Berufswunsch als Kind Arzt gewesen war, nannten sie ihn „Doktor", wenn er ihnen mit Einwänden auf den Nerv ging. Seitdem die Band namentlich in den Credits ausgewiesen ist und nicht mehr nur kollektiv als „Rammstein“, seit *Mutter* (2001) also, steht dort „Doktor Christian Lorenz“.

Schlagzeuger Christoph „Doom“ Schneider (Jahrgang 1966) kommt aus einem musischen Elternhaus. Der Vater Martin Schneider war Opernregisseur und an der Berliner Hochschule für Musik „Hanns Eisler“ zugleich als Hochschullehrer tätig. Dass der Sohn eine Musikschule besuchte, verstand sich nahezu von selbst. Er erhielt Klavierunterricht, lernte Trompete spielen, wirkte in einem Orchester mit. Sehr zum Ärger der Eltern fühlte er sich jedoch zum Schlagzeug hingezogen und trommelte in diversen Schülerbands. Während seiner Lehre als Funk- und Fernmeldemechaniker traf er auf Paul Landers, damals noch Paul Hiersche, der ein Lehrjahr über ihm war, allerdings ohne dass sich damals eine nähere Bekanntschaft ergab. Der Wehrdienst in der Nationalen Volksarmee (NVA), zu dem er 1984 eingezogen wurde, hinterließ auch bei ihm, wie bei vielen anderen seiner Altersgenossen, eine tiefe Abscheu gegen das DDR-System: „Ich war drei Jahre bei der NVA, was ziemlicher Schwachsinn war. Ich habe dadurch den Kontakt zu allem verloren. [...] Als ich 1988 zurückkam, hatte ich einen mächtigen Hass auf Armee, DDR und Sozialismus. Für mich war klar: Entweder ich reise aus, oder ich finde gute, coole Leute in der Underground-Szene.“[28] Sein Spitzname geht auf das Computerspiel „Doom“ (1993) zurück, das er mit Paul Landers häufig spielte. Als er sich 1995 bei der GEMA registrierte, trug er in die Spalte „Pseudonym“ den Namen des Computerspiels ein, bereute es aber später, ohne den Namen wieder loszuwerden. Auch für ihn war der Fall der Mauer 1989 zunächst mit einer Phase der Desorientierung verbunden. „Ich erinnere mich, dass ich mich natürlich gefreut habe, aber der Schock war so groß, dass ich eine Weile brauchte, um mich an dieses neue Leben zu gewöhnen: In den ersten zwei oder drei Jahren hatte ich das Gefühl, an nichts und an allem gleichzeitig teilhaben zu können, mich in einem Raum der totalen Freiheit zu entwickeln.“[29]

Nun also, im Jahre drei nach der deutschen Wiedervereinigung, hockten sie, die einmal RAMMSTEIN werden sollten, im Berliner

Stadtbezirk Prenzlauer Berg im Probenkeller und versuchten sich als TEMPELPRAYERS an Metal-Musik à la PANTERA, als die Kunde zu ihnen drang, dass der Berliner Senat einen Wettbewerb für Nachwuchsbands ausgeschrieben hatte. Den Gewinnern winkte neben der Teilnahme am *Metrobeat*-Festival der Stadt eine Woche Studiozeit in einem professionellen Tonstudio für die kostenlose Produktion einer Demo-Single mit einer Auflage von 1000 Stück. Eine solche Produktion verbesserte die Aussichten auf einen Plattenvertrag erheblich. Und so schickten die TEMPELPRAYERS 1993 ein mehr oder weniger improvisiertes Demoband mit den ersten Versionen von „Seemann", damals noch „Komm in mein Boot", „Rammstein", „Weißes Fleisch" und „Das alte Leid" an die Jury des Berliner Senats, wobei hinter der Auswahl von vier deutschsprachigen Songs die Einsicht stand, dass sie sich von der Konkurrenz deutlich unterscheiden mussten, wollten sie hier eine Chance haben. Aus den mehr als einhundert Zusendungen wählte eine Jury aus Musikfachleuten und -journalisten diejenigen Bands aus, die sich auf dem *Metrobeat*-Festival am 24. und 25. Februar 1994 in der Berliner KulturBrauerei, einer 1990 zum Kulturzentrum umfunktionierten ehemaligen Brauerei, dem Publikum stellten. Aus den 31 angetretenen Bands kürte dieses dann den Sieger.

Da aus den TEMPELPRAYERS Anfang 1994 inzwischen RAMMSTEIN geworden war, fehlte der Name auf dem Plakat. Noch nicht mit von der Partie waren bei dieser Gelegenheit Flake Lorenz, der sich immer noch zierte, und Paul Landers als zweiter Gitarrist. Zu ihrem ersten gemeinsamen Auftritt als RAMMSTEIN am 14. April 1994 im Leipziger Klub *Die naTo* traten sie vor 15 Besuchern dann aber vollzählig an. Kurz zuvor hatte die Zusammenarbeit mit dem Musikmanager Emanuel Fialik begonnen, der sich mit seiner Firma Pilgrim Management fortan um die Band kümmerte. Der Sohn eines Nigerianers und einer Polin war von Haus aus Gesangslehrer und begleitete die Band die nächsten siebzehn Jahre auf ihrem Weg zum Welterfolg. Danach wechselte er den Beruf und wurde Fußballtrainer. Richard Kruspe sagte einmal über ihn: „Er ist für mich jemand, der einen großen

Anteil an unserem Erfolg hat, an unserem Image, an vielen Dingen einfach. Er ist jemand, der eigentlich zur Band gehört, der zwar nicht Bandmitglied ist, aber für mich Band ist."[30] Als er die Gruppe 1993 zum ersten Mal hörte, war er überwältigt: „Hier war etwas, das die Fischer-Chöre [populäres Bündnis gemischter Chöre unter Leitung von Gotthilf Fischer; Anm. PW] verband mit einer Metal-Band."[31]

RAMMSTEIN, ausgewählt von einer Jury des Berliner Senats, gewann damals den Wettbewerb um die originellste Berliner Band. Und damit sollte eine beispiellose Band-Karriere beginnen. Doch vor dem Aufstieg in den Olymp der Musikwelt stand auch für sie erst einmal die Ochsentour mit Dutzenden von Auftritten auf dem Programm, die sie über mehr oder weniger glamouröse Bühnen führte. Den Anfang machte nach ihrem Debüt im Leipziger Klub *Die naTo*, wo sie als Vorgruppe für die GOLDEN ACKER RHYTHM KINGS gespielt hatten – übrigens die Band des Bruders von Flake Lorenz –, das *Kulturhaus Lobenstein* in Thüringen. Hier spielten sie am 23. April 1994 neben STONEBEAT, einer Grunge-Band aus dem thüringischen Hebendorf, und INDEX, einer Rock'n'Roll-Band aus Schleiz, zum Tanz. Über den Auftritt schrieb damals die OSTTHÜRINGER ZEITUNG: „Die Musik wird im Wesentlichen von einem exzellent brachialen Schlagzeugspiel, einem modernen Samplekeyboard und zwei Trashgitarren getragen. Sie erweist sich als außerordentlich hart, lässt sich aber durch diverse Technosamples gut tanzen. Im Mittelpunkt steht ein tiefer Sprechgesang in deutscher Sprache. Dieser befasst sich mit Bibeltexten genauso wie mit banalen Dingen."[32] Nun ja. Was die Bibeltexte angeht, ist dem anonymen Schreiber angesichts der Fremdartigkeit des Ganzen wohl die Feder durchgegangen. Das ZWICKAUER TAGEBLATT berichtete im November 1994 über einen Auftritt der Band im Ebersbrunner Gasthaus *Zum Löwen* unter der Überschrift „Rammstein schlug ein": „Mystisch und punktgenau waren die Aktionen auf der Bühne, die meist in dichtem Nebel lag. Statuenhaft mit starrer Miene rahmten die Gitarristen Sänger Till Lindemann ein, der mit gewaltiger Stimme die – leider meist unverständlichen – deutschen Texte in die Massen schleuderte. Punk, Pogo oder einfach nur harter Rock? Eigentlich egal, der übervolle Saal war am Kochen, die Massen tobten."[33]

Die nächsten Stationen, die RAMMSTEIN auf dem Weg zum Erfolg absolvierte, hießen dann Leinefelde, Glauchau, Hildesheim, Stavenhagen und so weiter und so weiter – die Ochsentour eben. Dem Selbstbewusstsein der Band tat das keinen Abbruch. So sprachen die Musiker auf einer Pressekonferenz im Juni 1994 aus Anlass eines bevorstehenden Auftritts im Potsdamer Jugendzentrum *Lindenpark* von sich als „die neue Hoffnung deutscher Kultur im Abfalleimer zerkauter Musikmärkte".[34] Und bei den Auftritten damals war auch mit „Show" noch nicht viel los: schwarz getönte UV-Brille bei Lindemann, NVA-Gasmaske bei Flake Lorenz und ansonsten nur viel Bühnennebel, aber schon die ersten Zündeleien. Gitarrist Paul Landers: „Die ersten Konzerte werde ich nie vergessen. Wir hatten irgendwo den Antrieb, Aufsehen zu erregen, aber nicht um des Aufsehens willen. Sondern uns trieb einfach irgendetwas an. Ich würde es als die RAMMSTEIN-Kraft bezeichnen. [...] In den Konzertsälen waren jetzt vielleicht 100 Personen, aber wenn 1000 Menschen möglich sind, ist eben noch eine Menge Platz. Da haben wir immer Nebel gemacht im Saal, also Licht aus, und ich habe mir ein Kapuzenshirt angezogen und hatte einen Kanister mit Benzin in der Hand. Den musste man vorher an der Tankstelle kaufen. Und dann bin ich durch den Nebel, getarnt mit der Kapuze, zwischen die Leute und habe vorsichtig Benzin ausgekippt. Wenn ich fertig war, machte ich ein Zeichen zur Bühne hin, und dann begann das erste Lied der Show. Till hatte eine kleine Rakete in der Hand, und die schoss er pünktlich zum ersten Liedanfang zwischen die Leute, wobei das Benzin sich entzündete. Dann war erst mal Party. Das war Standard und hat bei den Leuten einfach bewirkt, dass die gute Laune gekriegt haben. Irgendwie sehnt sich jeder, ob das nun ein Plattenheini ist oder ein Mensch, nach einer guten Band. Alle freuen sich, wenn sie eine interessante Band sehen, und alle freuen sich, wenn etwas passiert, was sie nicht erwartet haben. [...] Der Mensch sehnt sich nach Aktion und etwas Verrücktem, und das haben wir den Leuten mit unserer damaligen Show geboten."[35] 1995 folgte dann dank ihres rührigen Managers Emanuel Fialik der Aufstieg in die nächste Liga – Auftritte als Vorgruppe für die Hamburger Electro-Band PROJECT PITCHFORK in Deutschland, für die schwedische Rap-Metal-Band CLAWFINGER in Österreich, der Schweiz und Polen.

Parallel dazu bemühten sie sich mit ihrem professionell produzierten Demo, das ihnen der Gewinn des Berliner Senatsrockwettbewerbs eingebracht hatte, um einen Plattenvertrag. Dabei gab es eines jener Opfer, wie es sie immer wieder einmal im Musikgeschäft gibt, auch wenn sie als solche häufig erst viel später zu erkennen sind. So, wie die britische Decca Records 1962 die BEATLES abgelehnt hatte und der Verantwortliche dafür es für immer bereuen sollte, so wies ein Manager von Sony Music Anfang 1994 RAMMSTEIN ab, nachdem ihm das noch taufrische Demo der Band auf den Schreibtisch gelangt war. Vermutlich bereut er es ebenfalls noch immer. Das damals unter dem Dach von PolyGram, heute Universal Music, von Tim Renner neu gegründete Label Motor Music nahm sich der schrägen Newcomer-Band schließlich an. Aber auch nicht auf Anhieb. Auch hier kam zunächst ein Schreiben mit einer Absage. Flake Lorenz: „Für diese Art Musik bestehe in Deutschland zur Zeit kein Interesse. Diese Plattenfirma unterstütze eher innovative und progressive Musik. Der Verfasser dieses Briefes wurde noch lange auf seine Absage angesprochen. Unser Manager ließ sich davon aber nicht entmutigen und organisierte es, irgendwie mit dem Chef der Plattenfirma in einem Auto zu fahren. Wie durch Zufall war unsere Kassette im Autoradio. Nachdem der Motor-Chef zwei Lieder gehört hatte, fragte er, wer die Band sei. Unser Manager tat ganz ahnungslos, und der Plattenchef biss an."[36] Tim Renner, der Chef von Motor Music, war nach einer Tätigkeit als Musikjournalist ab 1989 für PolyGram als Abteilungsleiter „Progressive Music" tätig und verfügte somit über beste Szenekenntnisse, die ihn mit einem Gespür für Nachwuchsbands ausstatteten. Die Hamburger Indie-Rockband TOCOTRONIC fand etwa zur selben Zeit bei Motor Music eine Heimstatt.

Anfang Dezember 1995 war es dann so weit, RAMMSTEIN begann die erste eigene Tournee durch Deutschland für das im September 1995 erschienene Album *Herzeleid*, wenn auch noch auf kleineren Bühnen wie dem *Starclub* in Dresden, der *Zeche* in Bochum oder dem *Lindenpark* in Potsdam. Doch zuvor galt es eine Reihe dieser typischen Händler-Events zu absolvieren, auf denen die Plattenfirmen mit Live-Auftritten der Newcomer dem Handel ihre Produkte nahebringen. Lindemann erinnerte sich an diese Zeit: „Am Anfang war es komisch, vor 20 bis 30 Leuten, die immer schick angezogen waren, zu spielen. Da fühlte ich mich eigentlich ziemlich fehl am Platz. Aber ich habe es geschafft, diese Typen zu überzeugen. Solange sie nicht angezündet wurden, fanden sie es sogar gut … Was Ernsthaftes ist aber nicht passiert! In einem Club mit jungen Leuten, alles ist verraucht, Stimmung ist in der Luft, Nebel … da ist es leicht, ein Konzert zu geben. Aber vor ein paar Anzügen, das war für mich eine Herausforderung. So etwas könnte ich auch nicht immer machen, so viel Hass vor ein paar Leuten mit einem Glas Sekt in der Hand zu produzieren."[37]

„Sonst will ja keiner mehr böse sein“ Provokation und Klanggewalt

Schon die Veröffentlichung ihres ersten Albums *Herzeleid* 1995 erwies sich als Paukenschlag, der deutlich machte, dass Provokation der Schlüssel ist, mit dem Rammstein die Tür zum Erfolg öffnet. Mit *Herzeleid* war der Grundstein für ein Projekt gelegt, das von Album zu Album in bemerkenswerter Konsequenz um neue Facetten bereichert worden ist. Das Fundament aber, das unverkennbar jedes Album nach Rammstein klingen lässt, blieb erhalten, auch wenn die Band von sich immer behauptete, sie habe gar kein Konzept, sondern würde nur all das vermeiden, was ihnen bei anderen nicht gefalle. Flake Lorenz: „Wir wussten nur, was wir nicht wollten: Amerikaner nachmachen, uns beim Publikum anbiedern und rufen: ‚Seid Ihr gut drauf?! Hallo Magdeburg!‘ Oder lange Soli, so ein Musikergewichse.“[1] Paul Landers: „Bei uns wird hinter fast allem ein Konzept vermutet. Aber wir machen nur, was uns Spaß macht. Im Nachhinein würde ich fast selber denken, dass es ein Konzept gegeben haben muss.“[2] Etwas ausführlicher äußerte sich Richard Kruspe zu dieser Frage: „Am Anfang war unser einziges Konzept, mit einer gewissen Naivität an die Sache heranzugehen. Diese Naivität haben wir bewusst beizubehalten versucht. Wenn man sich selbst zu sehr hinterfragt, beginnt automatisch eine Form von Selbstzensur. Aber wir wollten jegliche Form von Zensur vermeiden, das kannten wir ja alles aus dem Osten, wo ständig zensiert wurde. Das ist vielleicht das einzige Konzept. Es gibt keinen abgesprochenen Masterplan. Ich glaube auch nicht, dass das funktionieren würde. Kunst entsteht aus einem spontanen Bauchgefühl heraus.“[3]

Dennoch hebt sich *Herzeleid* mit den verrätselten Texten voller verstörender Sprachbilder von allem ab, was bis dahin zu hören war. Lindemann: „Auf so böse Riffs kann man eigentlich auch nur etwas ganz Böses texten, das war mir sofort klar. Das war anfangs nicht einfach, weil es dafür keine richtigen Vorbilder gab.“[4] So geht es in „Weißes Fleisch“ um die Vergewaltigung einer Minderjährigen. „Asche zu Asche“ ist ein blasphemisches Spiel mit dem christlichen Kreuzigungsmotiv. „Der Meister“ beschwört in dunklen Metaphern die heraufziehende Apokalypse. Animalisches Begehren ist das Thema von „Du riechst so gut“. „Wollt ihr das Bett in Flammen sehen“ thematisiert den Zusammenhang von Liebe und Gewalt. Um Einsamkeit, Verlorenheit und Verzweiflung geht es in „Seemann“. „Das alte Leid“ handelt von triebhafter Sexualität. Nekrophilie ist in „Heirate mich“ zum Thema gemacht. Und der Titelsong „Herzeleid“ schließlich handelt von der Vergänglichkeit. Auch wenn in keinem der an Metaphern reichen Texte die Bedeutung einfach auf der Hand liegt, in den elf Songs des Albums werden Abgründe der menschlichen Seele ausgelotet. Verbunden aber sind sie durch ein einziges Thema, das sich wie ein roter Faden über die Jahre dann durch alle Alben von Rammstein ziehen wird: Leid – Leid, das anderen zugefügt wird („Weißes Fleisch“ „Der Meister“), Leid, das man anderen zufügt („Das alte Leid“, „Du riechst so gut“); Leid, das man selbst erfährt („Sehnsucht“ „Heirate mich“), und Leid als existenzielle Kategorie des Menschseins („Herzeleid“, „Wollt ihr das Bett in Flammen sehen“, „Asche zu Asche“).

Das Album war alles andere als eine leichte Geburt, eher schon ein Krisenprodukt, weil es allein mit Naivität dann eben doch nicht getan ist. Ein weiterer Grund für die Schwierigkeiten lag sicher auch in dem Anspruch, mit *Herzeleid* den Grundstein für etwas ganz Neues zu legen. Rammstein können ihre Vorbilder zwar nicht völlig verleugnen – die slowenische Band Laibach, die Industrial-Metal-Band

Ministry aus den USA, die deutschen EBM-Bands Oomph! und Die Krupps –, haben aber doch bereits mit ihrem ersten Album ein Projekt auf den Weg gebracht, das unverwechselbar ihr ganz eigenes war. Paul Landers: „Kopien mögen wir alle nicht. Wir wollen ein Original sein. Es gab so einen schönen indianischen Spruch: ‚Wenn du in die Fußstapfen anderer trittst, hinterlässt du keine Spuren.'"[5]

Bereits der Titel des Albums lässt anklingen, dass die Entstehungszeit nicht zu den glücklichsten der Band gehörte. Beziehungsprobleme bei allen Bandmitgliedern paarten sich mit Frustrationen bei der Produktion, sodass das „Herzeleid" des Albumtitels durchaus wörtlich zu nehmen ist. Allerdings mit einem gehörigen Schuss Ironie gemixt, denn natürlich hat das Album nicht das Geringste mit dem Gefühlskitsch des volkstümlichen Schlagers à la Wildecker Herzbuben zu tun, deren Megahit „Herzilein" aus dem Jahr 1990 der Titel assoziiert. Genau genommen ist der Text des Songs, der dem Album den Namen gab, einer jener im 19. Jahrhundert weit verbreiteten Sinnsprüche, die auf Sofakissen und mit Brandmalerei verzierten Holztafeln verewigt waren, und den Lindemann so, wie er ist, zum Songtext gemacht hat. Paul Landers berichtete, wie es zu diesem Text kam: „Da waren wir bei Till auf dem Dachboden in dem Haus, wo er früher gewohnt hat – dort lag so eine alte Holztafel, und darauf stand ein Küchenspruch ‚Bewahret einander vor Herzeleid, denn kurz ist die Zeit, die ihr beisammen seid; denn ob auch viele Jahre euch vereinen, einst werden wie Minuten sie euch scheinen.' So ist der Text zum Stück ‚Herzeleid' zustande gekommen."[6]

Als Produzent sollte der britische Komponist und Toningenieur Greg Hunter gewonnen werden. Er hatte sich unter anderem als Produzent und Mixing-Ingenieur von Killing Joke einen Namen gemacht, einer Band, die die Rammstein-Musiker trotz ihrer unterschiedlichen Musikvorlieben irgendwie alle akzeptabel fanden. Hunter reiste zwar eigens zu einer Probe nach Berlin, schlief jedoch, wie Flake später berichtete, während die Band ihm die Songs des Albums vorspielte laut schnarchend ein – bei den Rammstein-Lautstärken zwar ein Zeugnis sehr gesunden Schlafs, aber kaum eine Basis für gedeihliche Zusammenarbeit. Flake: „Er sollte uns im Proberaum besuchen, um uns und unsere Musik kennenzulernen. Die Person, die wir abholten, entsprach mehr dem Bild eines Obdachlosen. Er hörte sich freundlich, aber etwas teilnahmslos unsere Bemühungen im Proberaum an, sagte wohl auch etwas dazu, womit wir aber nicht viel anfangen konnten. Abends gingen wir alle mit ihm aus und versuchten, ihm Berlin von der interessantesten Seite zu präsentieren. An diesem einen Abend nahmen wir an mehr Veranstaltungen teil als sonst in einem ganzen Monat. Sogar einen türkischen Hip-Hop-Ausscheid besuchten wir. Der Alkohol muss in England schwerer als in Berlin zu bekommen sein, denn Greg nutzte die Situation weidlich aus. In der Nacht erbrach er sich auf Tills Teppich, und den nächsten Tag verbrachte er schlafend auf dem Sofa im Proberaum. Am Nachmittag konnte er schon wieder eine Banane essen. Wir brachten ihn dann wieder zum Flughafen und wissen bis heute nicht, wer er war und was er gedacht haben mag, denn wir haben nie wieder etwas von ihm gehört.“[7]

Ein zweiter Versuch mit dem schwedischen Produzenten der Rap-Metal-Crossover-Band CLAWFINGER, Jacob Hellner, war nach anfänglichem Zögern von Erfolg gekrönt. Hellner hatte seine Karriere als Schlagzeuger und Gitarrist gestartet, bevor er sich aufs Produzieren verlegte. Für RAMMSTEIN brachte er also die besten Voraussetzungen mit. Allerdings ging der erste Eindruck, den die Band von ihm hatte, zunächst in eine ganz andere Richtung. Flake: „Er sah keineswegs so aus wie ein Mensch, der etwas mit Rockmusik zu tun hat, eher wie ein freundlicher Berufsschullehrer. Mein Weltbild kam ins Wanken. Ich dachte ja, alle Leute, die erfolgreich Musik machen, haben ein zerfurchtes Gesicht und rauchen Kette. Und unser neuer Produzent betrachtete uns jetzt so freundlich, wie ein Arzt seine Patienten ankuckt. Und wie zuvor Greg Hunter besuchte er uns im Proberaum und setzte sich auf dasselbe Sofa, aber im Unterschied zu seinem Vorgänger brachte er einen Mitarbeiter namens Carl mit, hörte sich die Titel an, schnitt sie sofort mit einem Walkman mit und machte uns völlig neue Vorschläge.

Er griff richtig in die Musik ein, lockte das Beste und wohl auch die Bestie in uns hervor und half uns so, unsere Ideen und unser Gefühl in die Lieder zu transportieren."[8]

Auch Hellner war von der Band zunächst nicht unbedingt angetan, lehnte die erste Anfrage sogar ab. Erst beim zweiten Kontakt, als Motor Music ihm die Demos schickte, sagte er zu. „Die Tapes fand ich gut – und gleichzeitig nicht gut. Till war vielleicht der schwächste Teil daran: Sein Gesang gefiel mir zuerst gar nicht. Aber ich merkte, dass er eine sehr spezielle, eigene Stimme hatte – und die Gitarrenarbeit überzeugte mich. Schon auf diesen Demos konnte man hören, dass die Gitarristen Talent haben. Man konnte die Ambitionen dieser Band hören. Also willigte ich ein, nach Hamburg zu fliegen, um sie mir live anzuschauen."[9] Diese erste Live-Begegnung mit der Band ist ihm lebhaft in Erinnerung geblieben: „Als ich die Band im Dezember 1994 das erste Mal live gesehen habe, faszinierte mich ihre Kraft, ihre Einheit. Doch als es ans Aufnehmen der Songs ging, wurde mir das fast zum Verhängnis. Die Band wollte niemand von außen an sich heranlassen. Sie hatten sich komplett abgeschottet, und ich musste erst eine Beziehung zu jedem Einzelnen aufbauen, um in den Rammstein-Kreis aufgenommen zu werden."[10]

Hellner bestand auf einer Produktion in Schweden, in den bestens ausgestatteten Polar Studios von ABBA, die inzwischen Universal Music gehörten. Schon nach den ersten beiden Wochen, in denen gerade einmal die Schlagzeug-Spuren aufgenommen waren, erfolgte ein Wechsel in Hellners Privatstudio, das er zusammen mit dem Toningenieur Carl-Michael Herlöfsson als Produzentenduo BomKrash betrieb, weil die Band mit den durchgetakteten Zeitfenstern der Polar Studios nicht zurechtkam. Eine Arbeitsweise gleichsam nach Stechuhr war man im damals noch wilden Prenzlauer Berg nicht gewöhnt. In Hellners Studio fühlte sich die Band zwar wohler, aber im Fortgang der Arbeit tauchten erhebliche sprachliche Schwierigkeiten auf. Hellner sprach kein Deutsch und die Musiker von RAMMSTEIN damals kaum Englisch, für die Produktion von deutschsprachigen Songs in einem schwedischen Studio mit einem schwedischen Produzenten und einem schwedischen Toningenieur nicht unbedingt die besten Voraussetzungen.

Herlöfsson erinnerte sich an die Produktionsvorbereitung, die noch in Berlin, im Probenraum der Band im Keller der Berliner Kultur-Brauerei stattfand: „Wir haben also viel mit Zeichensprache, Gesten und Zeigen versucht, uns zu verständigen. Wir haben dort viel Zeit mit der Vorbereitung verbracht. Es gab eine Menge Proben und Ideen, wie man den sehr strengen Rammstein-Sound kreieren kann. Damals brachten sie mir ein Wort bei: Sie wollten, dass die Musik ‚amtlich' ist – sie meinten das in der Bedeutung von ‚ernst' oder ‚kraftvoll'. Sie haben versucht, mir die Bedeutung dieses Wortes zu erklären. Ich glaube, ich habe es verstanden, und die Musik sollte auf den Punkt sein. Das ist sehr wichtig. Dann sind Jacob und ich zurück nach Stockholm gefahren, um ein paar Sachen vorzubereiten. Dort haben wir dann die grundlegenden Aufnahmen gemacht, wie einige der Gitarren und die meisten Drums und den Bass."[11] Hellner dazu: „Dieses erste Album zu machen war ein extrem schwieriger Prozess. Ich konnte kein Deutsch – und kann es immer noch nicht. Rammstein wiederum sprechen zwar heute gut Englisch, damals war ihr Englisch aber extrem schlecht. Till und Emanuel [Fialik, damaliger Manager von RAMMSTEIN; Anm. PW] konnten gut Englisch, aber die anderen wirklich nur ganz rudimentär. Das war natürlich ein großes Problem. Außerdem kamen wir von unterschiedlichen Kulturen – das bedeutete, dass wir einen anderen Sinn für Humor hatten, eine andere Attitüde, wie wir Dinge machen wollten. Das machte es wirklich schwierig. […] Und wir arbeiteten an der Arbeitsmoral im Proberaum: Ich investierte immer viel Zeit in Proben, beispielsweise nur mit Schlagzeug und Bass, um sicherzustellen, dass jeder versteht, was hier eigentlich passiert. Das ist im Proberaum ja sonst nie der Fall, weil alles so laut ist. Wir zerlegten die Musik in ihre Bestandteile und nahmen jede Komponente unter die Lupe, um sicherzustellen, dass sie auch tut, was sie tun soll. Wenn du das machst, kommt von den Gitarristen immer irgendwann: ‚Oh, ich wusste gar nicht, dass du das da spielst!' Das sagte Rammstein auch zu – dieses Sezieren der Musik in ihre Einzelbestandteile, um sie dann wieder zusammenzusetzen und dafür zu sorgen, dass auf dem Album alles zusammenpasst."[12]

Völlig quer dazu stand aber die für RAMMSTEIN charakteristische Arbeitsweise, gelebte Basisdemokratie mit Konsenspflicht, bei der alle das Sagen haben. Das erwies sich als permanente Quelle von Frustrationen. Hellner: „Rückblickend betrachtet war das Frustrierende für sie wohl, wie ich das Album geplant hatte und wie ich arbeiten wollte. Sie haben gedacht, wir wären in einem riesengroßen, pompösen Studio und jeder wäre an allen Entscheidungsprozessen beteiligt. Aber so machst du keine Alben. Das größte Streitthema war damals, soweit ich mich erinnere, die Tatsache, dass ich Till aufnehmen und die restliche Band an diesem Prozess nicht beteiligt sein würde. Das waren unendliche Diskussionen. Paul meinte, wir wollen keinen Hellner-Gesang, sondern Rammstein-Gesang!"[13]

Nach drei Monaten im Studio waren die elf Songs des Albums, darunter „Rammstein", „Seemann" „Du riechst so gut" und „Weißes Fleisch", die bis heute zu den erfolgreichsten der Band gehören, schließlich im Kasten. Den abschließenden Mix besorgte zunächst Hellners Kompagnon Carl-Michael Herlöfsson, während Hellner parallel dazu weiter an der Aufnahme des Albums arbeitete. Dabei kam es jedoch zu so massiven Meinungsverschiedenheiten, dass die Produktion schließlich nur durch ein Gipfeltreffen in Stockholm, zu dem auch ein Vertreter von Motor Music aus Hamburg anreisen musste, zu retten war. Richard Kruspe: „Wir haben in Schweden den Mix abgebrochen, weil uns das Ergebnis zu poppig wurde. Es fing gut an und endete damit, dass wir sehr unzufrieden waren. Hellner hatte eine andere Vision von Rammstein. Wir haben gesagt: ‚Bis hier und nicht weiter.' In Hamburg haben wir noch einmal von vorne angefangen, mit neuem Engineer und einer anderen Vorgehensweise, vor allem im Verhältnis der Gitarren zur Elektronik."[14] Man einigte sich, dem Niederländer Ronald Prent das Abmischen anzutragen, der schon damals zu den namhaften Mixing-Ingenieuren gehörte und bereits für eine Reihe von Bands der härteren Gangart wie DEF LEPPARD und SCORPIONS gearbeitet hatte. Außerdem sprach er Deutsch, womit die wohl wichtigste Frustrationsquelle aus dem Weg geräumt war. Bescheidenheit stand der Band jedenfalls nie im Weg, denn auch ein Name wie Ronald Prent für das Debütalbum einer Newcomer-Band zeugt nicht unbedingt von einem Mangel an Selbstbewusstsein. Aber es sollte sich lohnen. Die Vorab-Single „Du riechst so gut", obwohl mit dem Männerduft *Obsession* imprägniert, schaffte es zwar nicht in die Charts. Doch das am 24. September 1995 erschienene Album platzierte sich innerhalb von vier Wochen in den deutschen Album-Charts und hielt sich dort mit Unterbrechungen für insgesamt 102 Wochen bis 1998. Allerdings schien es zunächst auf den unteren Rängen förmlich festzukleben. Erst im Sog des 1997 erschienenen zweiten RAMMSTEIN-Albums *Sehnsucht*, das sofort die Spitzenposition der Album-Charts erreichte, schoss auch *Herzeleid* in die Top Ten, erreichte dort Platz 6. Insgesamt hat sich das Album mehr als 1,5 Millionen Mal verkauft und gehört heute mit Verkaufsrekorden in 29 Ländern zu den bestverkauften Alben der 1990er Jahre.

Über die Zusammenarbeit mit Hellner sagte Schlagzeuger Christoph Schneider nach der Veröffentlichung des Albums: „Der Fehler lag im System. Wir werden beim nächsten Mal auf jeden Fall vorsichtiger bei der Wahl des Produzenten sein und nur einen Co-Producer hinzuziehen. Wir wissen selber am genauesten, was das Beste für uns ist und wie die Songs zu klingen haben. Wir werden so viele Sachen wie möglich alleine machen."[15] Als es dann mit dem nächsten Mal so weit war, kam die Band dann aber doch wieder auf Hellner zurück. Er sollte trotz der Schwierigkeiten am Anfang ihrer Zusammenarbeit noch viele Jahre als Produzent von RAMMSTEIN hinter dem Mischpult sitzen. Lediglich die letzten beiden Alben, ihr unbetiteltes siebtes Studioalbum (2019) und *Zeit* (2022) sind ohne ihn entstanden. Nach dem Wechsel zu dem Berliner Olsen Involtini und dem Briten Tom Dalgety für ihr unbetiteltes siebtes Studioalbum resümierte Richard Kruspe 2019: „Jacob Hellner ist auf eine gewisse Art auch eine Vaterfigur gewesen; jemand, der eine Produktion richtig leitet. Das macht Olsen nicht, und das macht Tom nicht. Das hat sich für mich angefühlt wie: Keiner weiß mehr, wohin wir gehen sollen …“[16] Bei der digital remasterten Neuauflage von *Herzeleid* aus Anlass des 25. Jahrestages der Erstveröffentlichung, *Herzeleid XXV* (2020), war Hellner jedoch wieder mit von der Partie. Was ihn trotz der erheblichen Anfangsschwierigkeiten an RAMMSTEIN glauben und die damals phasenweise sehr problematische Zusammenarbeit fortsetzen ließ, das war, wie er einmal sagte, „neben der ausgeprägten Musikalität vor allem dieses ‚Ostberlin-Gefühl‘, diese Art des Selbstverständnisses: ‚Wir gegen den Rest der Welt‘. Zudem verfügt RAMMSTEIN über einige magische Momente. Till Lindemanns Stimme ist so einer, die Wucht der Wand aus getriggerten Naturdrums und das mächtige Brett aus Synthies und Gitarren ebenso. Die Band hat einfach einen authentisch eigenen Groove!“[17]

Die deutsche Öffentlichkeit reagierte geschockt auf das Album. Der Ärger begann bereits mit dem Cover von Dirk Rudolph, einem Berliner Fotografen und Grafiker, der sich auf Cover Art spezialisiert hat. Es zeigt die sechs Herren mit eingeöltem nackten Oberkörper vor einer ins Monströse vergrößerten gelben Chrysanthemenblüte. „Herrenmenschenattitüde“[18] befand die Presse. Was immer ein nackter Männeroberkörper auch mit dem Herrenmenschentum der Nazis zu tun haben mag: Es ist gewiss kein Fehler, sich bei jeder passenden und manchmal eben auch weniger passenden Gelegenheit daran zu erinnern, dass auch die neue Berliner Republik eine Vergangenheit hat. Für das Album bedeutete diese unfaire Einsortierung in die rechte Ecke allerdings erst einmal Boykott: Plattenläden weigerten sich, das Album ins Sortiment zu nehmen oder zu bewerben. Die Band, die damals nur als kollektives Ich Interviews gab, egal, wer sprach, kommentierte: „Die BILD-Zeitung wird auch nicht boykottiert, und die ist bestimmt geschmackloser und makabrer … verstehe ich nicht!“[19] Die sechs Rammsteine waren allerdings über das Cover nicht minder entsetzt, aber aus einem anderen Grund, der der Sache schon näherkam. Richard Kruspe: „Als wir sahen, was der Designer gemacht hatte, flippten wir aus! Wir sahen so schwul aus! Wir hatten uns alle bis zur Taille ausziehen müssen. Es sah aus wie Werbung für einen Schwulenporno.“[20]

Die Platte selbst wurde als das empfunden, was sie war, eine Provokation ohnegleichen. Während das Land im beginnenden großen Kater nach dem Wiedervereinigungsrausch zu den schwülstigen Klängen des griechischen Komponisten Vangelis das Paradies eroberte – sein „Conquest Of Paradiese“ (1992) war immerhin der Jahresbesteller 1995 in Deutschland –, sich von Bryan Adams Schmalz in die Ohren tropfen ließ („Have You Ever Really Loved A Woman?“, 1995) oder sich zum Folk-Pop der irischen Kelly Family in den Armen lag („Over The Hump“, 1994), rammten die sechs Ostberliner Rocker ihre stählernen Klangmassen mit einem gebieterischen Gebrüll in die Öffentlichkeit, das da verkündete:

Wollt ihr das Bett in Flammen sehen?
wollt in Haut und Haaren untergehen?
Ihr wollt doch auch den Dolch ins Laken stecken
Ihr wollt doch auch das Blut vom Degen lecken[21]

„Geschmacklos“, „gewaltverherrlichend“, „abartig“ „zynisch“ waren da noch die harmloseren Adjektive, mit denen das Erstlingswerk der Band von den selbsternannten Kunstrichtern im deutschen Feuilleton begrüßt wurde. MUSIKEXPRESS/SOUNDS aus dem Hause Springer ließ über das Erstlingswerk der „Blut-und-Boden-Analphabeten“, wie die Band dort genannt wurde, vernehmen: „Abgesehen davon, dass deutschnationaler, stampfender Proletenrock mit ausgeprägtem Crossover-Potential noch nie besonders einladend klang, macht vor allem ein Umstand die Band unerträglich: ihre von rollendem R, dumpfen Gewaltmetaphern und schockierenden Gewaltaussagen gespickten Texte.“[22] Nun lässt sich über Geschmack natürlich streiten, doch haben derartige Lesarten der RAMMSTEIN-Songs glatt übersehen, dass in jedem Lied die Aufreger auf eine nachgerade diabolische Weise umgebogen und so die brutalen Gewaltmetaphern in ein schockierendes Licht ganz anderer Art getaucht werden. So heißt es in „Wollt ihr das Bett in Flammen sehen“, dem Eröffnungssong des Albums, nach den zitierten Zeilen schon in der nächsten Strophe

Ihr seht die Kreuze auf dem Kissen
Ihr meint euch darf die Unschuld küssen
Ihr glaubt, zu töten wäre schwer
Doch wo kommen all die Toten her?[23]

Ja woher wohl? Den ganz Begriffsstutzigen unter den Zeitgenossen hat die Band dazu noch etwas in den Song montiert, was man gemeinhin eine Eselsbrücke nennt: ein Sample aus dem Egoshooter-Spiel „Doom“ – ein Schrei, zu dem Lindemann auf der Bühne den Mund aufreißt und die Zunge lasziv schlabbern lässt. Live wird der Song, um eines ausgiebigen Feuerwerkes willen, durch Wiederholung der beiden Strophen auf das Doppelte seiner Länge gedehnt. Meterhoch schießen dabei die Stichflammen aus dem Boden, und Lindemann wirbelt mit einem Feuerbogen Flammenfontänen im Kreis, die die Bühne in ein funkensprühendes Inferno verwandeln. Dazu dröhnt mit stoischer Unerbittlichkeit der in leeren Quinten stampfende eintaktige Riff des Songs, dessen immer gleiche Wiederholung etwas ausgesprochen Hypnotisches hat. Nach jeder Strophe entlädt sich die nicht zuletzt durch Lindemanns Gesangstil zwischen Gebrüll und Sprechgesang geschickt aufgebaute Spannung in dem martialischen Schrei eines einzigen Wortes – RRRRRammstein. Dazu gibt der weißgekalkte quirlig-zappelnde Flake an den Keyboards den Kasper, mit einer Pilotenkappe auf dem Kopf, die aus den Anfängen der Fliegerei stammt. Vollendet wird das Bild durch das Publikum, das mit verzückten Gesichtern im Rhythmus der Musik die Köpfe schütteln und kreisen lässt – von Eingeweihten „Headbanging“ genannt –, dabei den Songtext Wort für Wort mitsingend.

Auch die anderen Songs des Albums sind reich an Tabubrüchen, wobei die Texte voller Metaphern, Chiffren und Gleichnissen fast nie die Dinge beim Namen nennen, sondern es dem Hörer überlassen, in den assoziationsreichen Sprachbildern die Spuren der Realität zu finden, die gemeint sein könnten. Die Musiker selbst haben es klugerweise unterlassen, ihre Songs zu kommentieren oder gar zu interpretieren. Till Lindemann sagte einmal: „Ich mag es nicht, über die

Texte zu sprechen und ihnen dadurch eine bestimmte Richtung zu geben. Vorgekautes Essen schmeckt nicht."[24] Das Einzige, was er zu den morbiden Liedern ihrer ersten Platten je von sich gab, war der Satz: „Für uns sind das Liebeslieder – aber wir zeigen nur die dunkle Seite der Liebe."[25] Umso intensiver wird in den RAMMSTEIN-Foren um den Sinn selbst einzelner Formulierungen ihrer Texte gerungen.

Auf *Herzeleid* folgte 1997 *Sehnsucht*, 2001 *Mutter*, 2004 *Reise, Reise*, 2005 *Rosenrot*, 2009 *Liebe ist für alle da*, 2019 ihr unbetiteltes Studioalbum, das häufig auch unter der Bezeichnung *Rammstein* geführt wird, und 2022 schließlich *Zeit*. RAMMSTEIN ist der Provokation dabei nicht müde geworden, auch wenn von Album zu Album der Ton differenzierter, die Musik variantenreicher, der Sound farbiger geworden ist und neben einer epischen Nachdenklichkeit auch eine eigenartige, teils makabre, teils besinnliche Romantik hinzugekommen ist, bei der Sänger Till Lindemann statt des Mischmaschs aus Sprechgesang und Gebrüll zeigt, dass er auch richtiggehend singen kann.

Doch RAMMSTEIN provozieren selbst dann noch, wenn sie eigentlich nicht provozieren. Es gibt zahllose Heavy-Metal-Bands, die ein ähnlich hypertrophiertes Männlichkeitsbild auf der Bühne vor sich her tragen wie RAMMSTEIN, ohne dass daran groß Anstoß genommen oder darin gar eine grundstürzende Provokation gesehen wird. Bei RAMMSTEIN ist das anders. Das hat zum einen sicher damit zu tun, dass die Band dazu verleitet, grundsätzlich in allem, was sie tut, die Provokation zu suchen. Aber es gibt einen weiteren Aspekt, der vor allem auf die Sachwalter der *political correctness* sowie auf die doktrinären Aktivisten der woken Tugendhaftigkeit in den sozialen Medien und Teilen der Presse eine ungemein provozierende Wirkung hat, selbst wenn die Band lammfromm agiert. Das ist die geradezu stoische Haltung, mit der sie gänzlich unbeeindruckt von möglichen Reaktionen ihre Sache durchzieht, egal, ob versucht wird, sie in irgendwelche Schmuddelecken abzudrängen, oder sie von der Presse mit verunglimpfenden Kommentaren bedacht wird. Sie ist zu erfolgreich, um ignoriert zu werden, und zu selbstbewusst, um sich dem Zeitgeist zu beugen. So wird ihre hypertrophierte Maskulinität gerade deshalb als dreiste Unverschämtheit und damit als Provokation empfunden, weil durch die Übertreibung das Moment des absichtsvoll Inszenierten betont und hervorgehoben ist. Und das transportiert unmissverständlich die Botschaft, dass der Band das woke Meinungsdiktat am verlängerten Rückgrat vorbeigeht, auch wenn sie sich dazu nie geäußert hat. Auf RAMMSTEIN fokussiert sich der Kulturkampf, der in der Gesellschaft ohnehin seit langem tobt, wobei es fast schon egal ist, was die Band tatsächlich äußert oder tut. Freilich tut sie immer genau das, was der lautstarken medialen Empörung sicher ist.

Der Blick in die Abgründe der menschlichen Seele ist das Hauptthema der RAMMSTEIN-Songs geblieben. Paul Landers: „Rammstein bewegen sich an der Grenze des Erlaubten, des guten Geschmacks, uns geht es um die Abgründe dessen, was die Menschen fabrizieren. Da wühlen wir drin herum. Wir merken oft gar nicht, wo wir eine Grenze übertreten. Wir sind eine explosive Mischung. Ich stelle mir vor, wie Leute, die uns nicht leiden können, sich vorstellen, dass wir beisammensitzen und uns überlegen: ‚Was können wir denn jetzt noch machen, um zu provozieren? Inzest hatten wir, Sodomie und Vergewaltigungen auch.‘ Aber so funktioniert das nicht. Sätze wie ‚Haut die Bullen weg wie Stullen‘ wären uns zu blöde. Wir stellen an uns selbst den Anspruch, ein widerliches Thema möglichst filigran anzupacken. Wir sind nicht die BILD-Zeitung.“[26] Blut, Verwesung und hemmungslose Triebhaftigkeit, die Band hat auf ihren acht Alben buchstäblich kein Tabu ausgelassen, das geeignet ist, den Blätterwald zum Rauschen zu bringen: Nekrophilie („Heirate mich“, 1995), Vergewaltigung („Weißes Fleisch“, 1995), Kindesmissbrauch („Tier“, 1997), Inzest („Spiel mit mir“, 1997), harter Analsex („Bück dich“, 1997), Masochismus („Bestrafe mich“, 1997), Pädophilie („Halleluja(h)“, 2001), Kannibalismus („Mein Teil“, 2004), enthemmter Voyeurismus („Spring“, 2005), Pyromanie („Benzin“, 2005), Sadismus („Ich tu dir weh“, 2009), Inzest („Wiener Blut“, 2009), Sextourismus („Pussy“, 2009), Vergewaltigung („Liese“, 2009), Kinderprostitution („Puppe“, 2019), Sexismus („Dicke Titten“, 2022), häusliche Gewalt („Meine Tränen“,

2022). Und gerauscht hat der Blätterwald jedes Mal zuverlässig. Die FRANKFURTER ALLGEMEINE ZEITUNG schrieb 2011: „Pyromanische Luxusexzesse, ein mit gezielten Provokationen überladenes Spektakel aus Rauch, Ruß, Schweiß und meterhohen Flammen sind Markenzeichen der Band. Eine martialische Kulisse, Mixtur aus mittelalterlicher Höllenfantasie, eiskalter Industrieästhetik, heroischer Riefenstahl-Reminiszenz und apokalyptischer Endzeitstimmung."[27] Die Berliner TAGESZEITUNG taz ließ sich 2023 unter der Überschrift „Rammstein, Punk und Männlichkeitswahn" mit den Worten vernehmen: „Zwischen Baumarkt, Gangbang und Reichsparteitagsästhetik fand sich im teutonischen Rumgehampel noch stets ein Tabubruch, den Lindemann in lieblosen Abzählreimen darstellen konnte."[28] Einmal hat das der Band auch ein publicityträchtiges juristisches Nachspiel beschert, als das Album *Liebe ist für alle da* 2009 wegen des Songs „Ich tue dir weh" und den Textzeilen

Bei dir hab ich die Wahl der Qual
Stacheldraht im Harnkanal
Leg dein Fleisch in Salz und Eiter
Erst stirbst du, und dann lebst du weiter[29]

auf Antrag des Bundesfamilienministeriums als jugendgefährdend auf den Index gesetzt wurde, weil dies gewaltverherrlichende SM-Praktiken darstelle. In einem Interview, dass BILD AM SONNTAG unmittelbar nach der Indizierung unter der feinsinnigen Überschrift „Habt ihr zu viel gerammelt, ihr Rammstein-Rambos?"[30] veröffentlichte, ließ sich Keyboarder Flake Lorenz mit folgenden Worten darüber aus: „Für wie dumm halten diese Leute eigentlich unsere Fans? Oder meinen sie im Ernst, irgendjemand sieht das als Aufruf, in den Baumarkt zu gehen, eine Rolle Stacheldraht zu kaufen und einer Frau durch den Harnkanal zu ziehen? Das richtig einzuordnen, zumal in Verbindung mit der Musik und der Art, wie es gesungen wird, sollte man eigentlich jedem Menschen mit einem Minimum an Verstand und Reflexionsvermögen zutrauen." Und dann fügte er noch hinzu: „,... vermutlich hat nur einer der Prüfer eine Tochter, die ihn zu Hause mit Rammstein auf voller Lautstärke ärgert."[31] Die Indizierung wurde auf Klage von RAMMSTEINS Plattenfirma Universal Music dann auch per Gerichtsentscheid als gegenstandslos wieder aufgehoben.

Der Zensur ganz kalkuliert ausgesetzt hat sich die Band mit dem von dem schwedischen Regisseur Jonas Åkerlund gedrehten Video zu „Pussy", ebenfalls vom Album *Liebe ist für alle da*. Das Video zeigt die Band in sechs Hardcore-Porno-Episoden, wohl mit Genitaldoubles und durch die rasanten Schnitte auch nicht so eindeutig, wie es das Genre eigentlich verlangt, aber dennoch so deutlich, dass es die Zensoren umgehend auf den Plan rief. Dem polnischen Rebel TV antwortete Christoph Schneider auf die Frage, ob sie wirklich einen richtigen Porno gedreht hätten: „Wir durften das gar nicht. Wenn du Pornografie machen willst, musst du ein Porno-Schauspieler sein, brauchst eine Zertifikation, Gesundheitstest und alles. Du kannst da nicht einfach hingehen und sagen, wir drehen jetzt mal einen Porno."[32] Das Video hatte seine Premiere dann im geschlossenen Bereich des niederländischen Erotik-Portals VISIT-X und ist bis heute frei nur in einer zensierten Version abrufbar. RAMMSTEIN war damit schon vor der Veröffentlichung die ungeteilte Aufmerksamkeit der Medien sicher. Die Musiker selbst äußerten sich in einem Interview zum Dreh, es sei „ein bisschen wie Zahnarzt" gewesen. Paul Landers: „Wir saßen in diesem Bordell in Charlottenburg und mussten nacheinander ran. Ich hatte Schiss und habe mir Mut angetrunken. Aber ich hätte nicht gedacht, wie sachlich so etwas abläuft. Rein mechanisch."[33] Christoph Schneider sagte dem Schweizer Nachrichtenportal *20 Minuten*: „Außerdem hatten wir keinen Sex. Wir haben nur so getan als ob."[34] Live sitzt Till Lindemann seit der Tour zum Album auf einer riesigen Peniskanone und beschießt das Publikum sehr zu dessen Ergötzen mit weißem Schaum. Dass das Album eine Zeitlang nur gegen Vorlage des Personalausweises an über Achtzehnjährige verkauft wurde, hat die Band dankbar als Verkaufsförderung von Amts wegen begrüßt.

Doch normalerweise sind es die Gewaltfantasien in ihren Songs, die immer wieder den Ruf nach dem Zensor laut werden lassen.

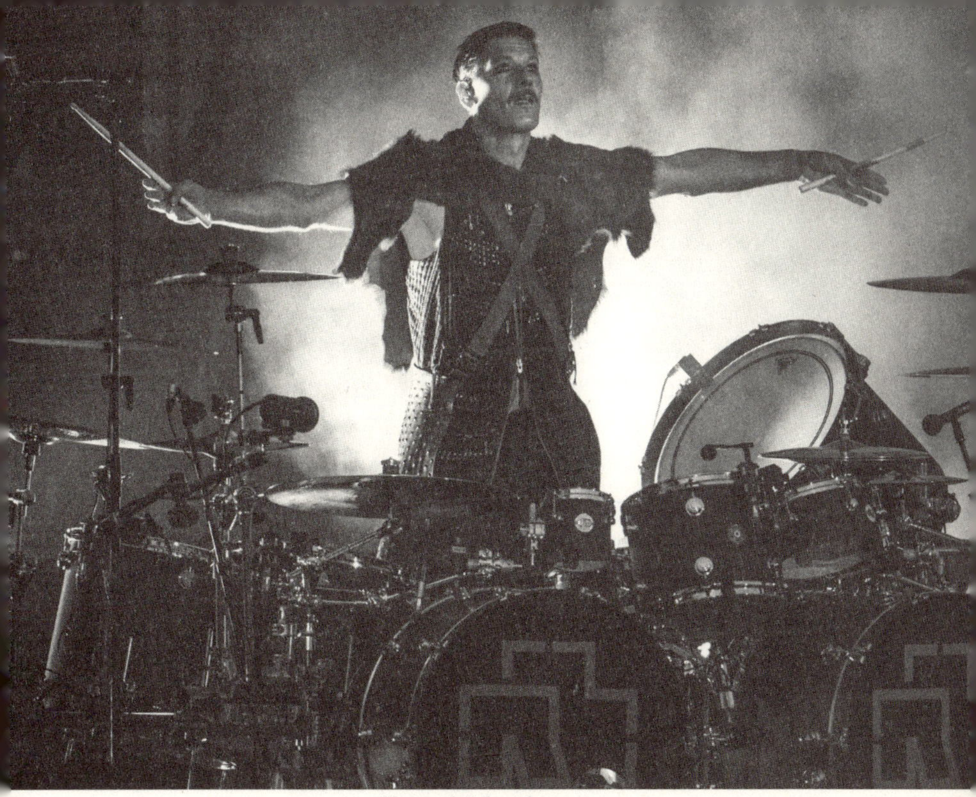

Christoph Schneider

Allerdings lässt die maßlose Übertreibung der von pyrotechnischen Special Effects begleiteten martialisch-makabren Bühnen-Aufzüge bei der Präsentation ihrer Lieder und ihre vokale Artikulation an der Grenze zum Skurrilen selbst die krassesten Bilder, die die Songtexte aufrufen, als künstlerisch überhöhtes Stilmittel erscheinen und macht sie zur Parodie. Das Makabre und Groteske wird durch Ironie und schwarzen Humor gebrochen. Was zunächst als bloße Provokation erscheint, erhält so eine abgründige Vieldeutigkeit. Dass die ins Skurrile gesteigerte Theatralik, mit der RAMMSTEIN die Songs live zelebriert, auch einen gehörigen Schuss schwarzen Humor enthält, ist im Land der notorischen Besserwisser und politischen Platzanweiser allerdings bis heute so recht nicht angekommen. RAMMSTEIN ist ein multidimensionales Gesamtkunstwerk aus Text, Musik, Choreografie, Artwork, Bühnen-, Licht- und Pyrodesign, das sich jeder „Vereindeutigung" entzieht. Mögen die Texte der Songs durch ihre erzählende Struktur auch einen Sinn nahelegen, die inszenierten Show-Spektakel, in denen es unablässig irgendwo blitzt, zischt, pufft und kracht, ohne dass dabei mehr als ein rhythmisch gesetzter Zusammenhang erkennbar ist, lassen jegliche Eindeutigkeit in Rauch aufgehen. Die Songs sind in ein komplexes Netz widersprüchlicher Verweisbeziehungen eingebettet, die die Fans in den weltweiten RAMMSTEIN-Foren mit Akribie zu entziffern versuchen. Mögen sich die oft hinterlistig eingebauten Verweise auch nicht jedem erschließen, dass sie den Songs die Eindeutigkeit nehmen, bekommen auch diejenigen mit, die vor allem auf die in den Refrain gesetzten Reizworte reagieren. Dem Publikum ist es überlassen, aus den im Erzählkontext der Lyrics ausgelegten Spuren, die zudem mit einer Fülle von medialen Querbezügen angereichert sind und vom Bombast der Show-Spektakel überlagert werden, einen Sinn zu destillieren. Und der filtert Bilder aus dem Bewusstsein aus, die für die Provokation sorgen.

So offenbart etwa der Song „Feuer frei!" von ihrem dritten Album *Mutter* genauer betrachtet nichts, das auf die brutale Vergewaltigungsfantasie hinweist, die ihm in der Presse zugeschrieben wurde und die er schließlich dann aber doch erstehen lässt. Jede Strophe beginnt mit einer Paraphrase über „*wer Schmerzen kennt*". Die erste Textstrophe

Getadelt wird, wer Schmerzen kennt
Vom Feuer, das die Haut verbrennt

scheint nicht viel mehr als eine Schmerzerfahrung auszudrücken, die die zweite Strophe auf die Ebene einer an Schmerzen grenzenden Lusterfahrung hebt:

Geadelt ist, wer Schmerzen kennt
Vom Feuer, das in Lust verbrennt

um in der dritten Strophe dann ein Bild des Wahnsinns durch Lust heraufzubeschwören

Gefährlich ist, wer Schmerzen kennt
Vom Feuer, das den Geist verbrennt.[35]

Die brüllenden Gitarrenriffs mit den jaulenden Synthesizer-Sequenzen im Hintergrund liefern jedoch einen Soundtrack, der zu einer brutalen Vergewaltigungsfantasie etwa mit einer glühenden Zigarette zu passen scheint, die mit jeder dieser Strophen eine weitere Stufe der Eskalation erreicht. Nur ist diese Vergewaltigungsfantasie an keiner Stelle direkt formuliert, sie ist auch auf der Bühne noch nicht einmal angedeutet. Allein der martialische Sound und die Macho-Gestik beim Gesang widersprechen der wörtlichen Lesart des Textes als harmlose, von jedem Kontext freigestellte Lusterfahrung. Doch bevor das Grauen ins Bewusstsein dringt, wird es durch einen nachgerade infantilen Humor konterkariert, denn jeder Strophe folgt ein „Bäng, bäng", zu dem aus dem Bühnenboden Feuerfontänen nach oben schießen – Zirkus für Kinder. Wo aber kommen dann die Vergewaltigungsfantasien her, die sich bei diesem Song so unabweisbar einstellen? Auch das von Rob Cohen gedrehte Video zu „Feuer frei!" bietet keine direkten Anhaltspunkte dafür. Es ist ein Zusammenschnitt von Live-Bildern mit RAMMSTEINs brennender Bühne und Action-Szenen aus Rob Cohens Spionage-Thriller *XXX* (2002), in dessen Soundtrack der Song verwendet wurde.

RAMMSTEIN lässt mit dem sorgfältig konstruierten Beziehungsgefüge aus Text, Musik und Performanz Bilder an die Oberfläche des Bewusstseins aufsteigen, die ihren Ursprung in der mit Medienbildern vollgestopften Fantasie des Publikums haben. Nicht RAMMSTEIN inszeniert diese Bilder, die Band liefert nur die Trigger, die sie aus dem Brei der alltäglichen Medienerfahrung wieder ausfiltern, aus dem alltäglichen Horror der Nachrichten, aus Spielfilmen, den abendlichen Gewaltexzessen im Fernsehen und vor allem aus der grenzenlosen Bilderflut des Internets, die sich im Unterbewusstsein sedimentiert hat. Die Provokation liegt nicht in dem, was Text, Musik und Inszenierung auf die Bühne bringen. Joern Heitmann, der für die Musiker einige ihrer erfolgreichsten Videos gedreht hat, darunter „Sonne" (2001),

„Ohne dich" (2004), „Amerika" (2004), „Zick Zack" (2022) und „Ausländer" (2019), sagte dazu einmal sehr treffend: „Rammstein provozieren nicht Skandale, sondern machen die in der Welt bestehenden Skandale auf unterhaltsame Art sichtbar."[36] Die Provokation erwächst aus dem Zum-Vorschein-Bringen, was in den Köpfen schon vorhanden ist. Die Obsession, das Perverse, Abgründige und Gewalttätige auf die Bühne zu holen, erklärt sich aus dem Anspruch, dem medialen Selbstbild einer sich an ihrer glänzenden Oberfläche berauschenden Gesellschaft die Verrohung entgegenzuhalten, die ans Tageslicht tritt, geht der Blick in die Tiefe. Stadien füllen auch andere, doch RAMMSTEIN will mehr. Die Band will der Stachel im Fleisch des Wohlfühlkapitalismus sein, „das Spektakel der Brutalität" inszenieren, „die das Zeichen der Brutalisierten ist", wie es der polnisch-britische Soziologe Zygmunt Bauman einmal sehr treffend formuliert hat.[37] Flake: „Das klingt jetzt blöd, aber wir halten den Leuten schon den Spiegel vor. Sonst will ja keiner mehr böse sein. Also übernehmen wir das."[38] Dass das eher ein Zerrspiegel ist, liegt in der Natur der Provokation, zumal vor dem Hintergrund des Ringens um die knapp gewordene Ressource Aufmerksamkeit ohne krasse Überzeichnung nicht mehr durchzudringen ist. „Alles ist so zugeflutet, dass man normalerweise gar nicht mehr zu den Menschen vordringt. Früher im Osten haben die Leute noch zugehört, da haben Feinheiten zwischen den Zeilen gereicht. Jetzt sind die Leute so abgestumpft, da hilft nur noch Gewalt."[39]

RAMMSTEIN führen mit ihren Songs und in ihren Shows nichts vor und drücken nichts aus, sie rufen ab. Eben deshalb gehen die RAMMSTEIN-Provokationen auch so unter die Haut, obwohl doch im Privatfernsehen, auf den Social-Media-Kanälen oder YouTube viel krassere Bilder über die Bildschirme flimmern, im Internet der Horror des Brutalosex auf Abruf steht und per Smartphone schon auf den Schulhöfen herumgereicht wird, ohne dass das – von gelegentlichen pflichtgemäßen Aufregern abgesehen, sobald die Medien es aufgreifen – mit mehr als einem Schulterzucken quittiert wird. Die Verbindung von Sexualität und Gewalt, der RAMMSTEIN einen Großteil ihrer Lieder gewidmet hat, gehört zuverlässig zu den medialen

Quotenbringern und digitalen Klickgeneratoren. Ungewöhnlich ist bei RAMMSTEIN, dass die Songs meistens die Täterperspektive einnehmen und damit auch das Publikum verleiten, sich über diese Perspektive selbst als Täter zu identifizieren. Lindemann: „Es wird unmittelbarer. Genau das ist auch das Polarisierende: Ich bin der Kannibale, ich bin der Kinderschänder. Ich fände es feige, das in die dritte Person abzuschieben.“[40] Aufgefangen ist das in der maßlosen Übertreibung, die das Ganze dann eben doch als einen Theatereffekt erkennbar macht. Die martialische Inszenierung mit ihrer skurrilen Exaltiertheit hat die Funktion, das Publikum aus der bequemen Rolle des Botschaftsempfängers herauszureißen. Stattdessen wird es mit allen zu Gebote stehenden künstlerischen Mitteln in ein Geschehen hineingesogen, das seine Wirkung gerade in der Uneindeutigkeit der Songs entfaltet. Paul Landers: „Je mehrdeutiger eine Sache ist, umso mehr haben die Leute Platz zum Nachdenken. Wenn du ihnen nur so eine feste Meinung vorgibst, dann gibt es da keinen Platz mehr, die Fantasie spielen zu lassen.“[41]

Die Mehrdeutigkeit, von der hier die Rede ist, hat aber noch eine andere Seite, und die führt ins Zentrum des RAMMSTEIN-Projekts. Hinter dem Aufwand, den sie treiben, steht, ob bewusst oder unbewusst, als Grundidee das Verwirrspiel um das „Ich“ im Song und auf der Bühne. Die Grenze zwischen dem Musiker-„Ich“ und damit dem Unmittelbarkeits- und Selbstdarstellungsanspruch der Rockmusik auf der einen Seite und auf der anderen dem „Ich“ der dargestellten oder erzählten Figur, wird absichtsvoll im Unklaren gehalten. So basiert ihre Musik zwar auf den klassischen Heavy-Metal-Arrangements, aber es fehlen die für die Rockmusik obligaten Selbstdarstellungsrituale in Form ausgedehnter Gitarren- und Schlagzeugsoli. Rockmusik eignet über alle Stilarten und Spielformen hinweg das Moment der Authentizität, ein Fremdwort, das es selbst in die Fan-Diskurse geschafft hat. Rockmusik muss authentisch sein, soll heißen, sie muss sich glaubwürdig aus der Befindlichkeit derjenigen speisen, die hinter den Mikrofonen stehen. Street Credibility wird auch als Schlagwort dafür gebraucht. Rockmusik ist mit der Erwartung verbunden, dass die Akteure auf der Bühne sie selbst sind und die Musik unmittelbar und direkt ihre Emotionen zum Ausdruck bringt. Das verkommt zwar schnell zur bloßen Ideologie, wenn die Millionäre mit den Schlössern in Südfrankreich sich aus den Luxuslimousinen schälen, bevor sie auf der Bühne mit verzerrtem Gesicht die phallusartig nach oben gereckten Gitarren jaulen lassen und dazu exhibitionistisch herausschreien, was das Publikum für ihren Seelenschmerz hält. Aber dafür hat sich die Rockmusik eben auch immer wieder regeneriert, haben immer wieder Bands von der Straße weg die Bühnen erobert, die den Anspruch auf Glaubwürdigkeit und die Authentizität des Musizierens mit neuen, gegen den Strich gebürsteten Klängen am Leben erhalten haben.

Bei RAMMSTEIN dagegen werden die Instrumente nicht wie prothetische Verlängerungen des eigenen Körpers behandelt, sondern sie werden wie Maschinen bedient. Die Riffs stehen mit ihrer mechanischen Wucht wie eine Wand förmlich neben den Akteuren auf der Bühne. „*Wir sind für die Musik geboren / Wir sind die Diener eurer Ohren*“[42] heißt es im Text von „Ein Lied“, das das Album *Rosenrot* (2005) abschließt. Und genauso agieren sie auch. Mit Ausnahme von Sänger Till Lindemann wirken die Musiker an ihren Instrumenten eher wie beflissene Arbeiter und überhaupt nicht wie Rockmusiker auf dem Egotrip. Eine Ansprache des Publikums, bei der die Musiker zwangsläufig aus ihrer Bühnenrolle heraustreten müssten, gibt es bei RAMMSTEIN nicht. Paul Landers: „Wir lassen die Flammen für uns sprechen und müssen nichts dazu sagen.“[43] Sänger Till Lindemann sieht das ähnlich: „Ich betrachte einen Rammstein-Auftritt eher wie eine Oper: Da quatscht auch keiner dazwischen und sagt: Jetzt kommt der Teil, bei dem Parzival nach unten läuft. Es wird etwas vorgetragen, und damit hat es sich.“[44] RAMMSTEIN, das ist in erster Linie eine perfekt gemacht Show, auf die hin die Lieder konzipiert und in die sie eingebunden sind. Und damit es auch der Letzte begreift, dass bei RAMMSTEIN nicht Seelenstriptease, sondern Show angesagt ist, steppte Sänger Till Lindemann bei der Festivaltour 2016, die die Band als Headliner zu 22 Festivals in 19 Ländern führte, zum Eröffnungssong „Ramm4" mit Zylinder und Frack als Showmaster auf die Bühne, bei den drei Solokonzerten in der Berliner Waldbühne ganz in Weiß. Der Witz besteht darin, dass die Fans genau das für Authentizität halten, weil die Band mit dem, was sie macht, aneckt. Und wer aneckt, ist authentisch; nur wer sich anpasst, eckt nicht an. Doch wie Flake Lorenz einmal dazu bemerkte: „Richtig authentisch wäre die Band nur, wenn ich wirklich so ein fieser Typ wäre, wie ich ihn auf der Bühne darstelle."[45]

RAMMSTEIN spielt Theater. Die sechs Musiker schlüpfen als Bühnenfiguren in Rollen, die sie auf der Bühne performen, und versuchen gar nicht erst, vorzugeben, das seien sie selbst, die da agieren. Till Lindemann: „Wie ich mich auf der Bühne gebe ist Schauspiel, Theater."[46] Er ist *offstage* dann auch ein eher introvertierter Charakter mit einer sanften Bariton-Stimme, mag er auf der Bühne auch überzeugend den total ausgeflippten Schlächter geben. „Aber das bin ich noch lange nicht selbst"[47], sagte er einmal der WELT. „Das eine hat mit dem anderen überhaupt nichts zu tun. […] Wir sind eine Band, die einfach ihren Job macht."[48] „Ich zieh nach dem Konzert meine Hose aus und fertig."[49] Er hat als alleinerziehender Vater seiner Tochter sieben Jahre das Kunststück vollbracht, die Verantwortung für ein heranwachsendes Kind irgendwie mit seinem Status als Rockstar zu verbinden. Inzwischen ist er Vater von vier Kindern und Großvater. Auch die anderen Bandmitglieder sind jenseits der martialisch-schrillen Figuren, als die sie auf der Bühne agieren, nicht wiederzuerkennen. Flake Lorenz: „Der geschminkte Flake auf der Bühne ist eine Kunstfigur. Den gibt es nur bei Rammstein. Im normalen Leben existiert er nicht."[50] Sie alle sind Familienväter. Zusammengenommen kommt der Nachwuchs der Band auf die stolze Zahl von achtzehn Kindern. Paul Landers: „Wir haben nie einen Hehl daraus gemacht, dass eine Diskrepanz zwischen dem Rammstein-Mitglied und der Privatperson besteht. Bei uns gibt es Dienst, und es gibt Privat."[51]

Da RAMMSTEIN sich mit der Verwurzelung im Metal musikalisch aber einer prototypischen Form der Rockmusik bedienen, deren Klangmuster auf Selbstdarstellung hin angelegt sind, lösen die RAMM-

STEIN-Songs, nicht zuletzt durch die Ich-Perspektive ihrer Texte, Irritationen aus. Dazu bewegt sich Lindemann als Sänger mit seiner Gestik immer genau auf der Grenze zwischen rocktypischer Selbstdarstellung und den Präsentationsregeln des Theaters, nach der er seine Rolle möglichst überzeugend zu schauspielern hat. Wenn Lindemann „Ich" singt und sich selbst damit meinen würde, wie es das musikalische Ambiente, in dem er das tut, nahelegt, dann wären die Äußerungen, die da in die Songform rüberkommen, in einigen Fällen durchaus als gemeingefährliche Grenzüberschreitung zu bezeichnen. Dann erscheint die Band als ein „wild gewordenen Haufen megalomaner Chauvinisten"[52], wie das Magazin STERN befand. Aber die etwas altdeutsch angehauchte und leicht geschraubte Art von Lindemanns Versen, ihre Diktion, sowie die übertrieben artikulierte vokale Intonation, der Deklamationsstil, in dem er seine Verse singt, weisen das unüberhörbar als einen Akt der Darstellung, der Vorführung aus. Der Sound der Musik gehört dem Universum der Rockmusik an, Deklamationsstil und Diktion dem Universum des Theaters. Lindemann vereinigt beide Universen in seiner Person, und das sorgt für ein multiples Spiel mit eigentlich einander ausschließenden Ästhetiken. Das ist es, womit die Band kalkuliert provoziert. Lindemann brüllt sich die Seele aus dem Leib, agiert wie ein Berserker auf der Bühne und steht dabei doch zugleich neben sich. Er führt vor, stellt dar und vermittelt dabei, wie jeder gute Schauspieler, ein Stück weit den Eindruck, das sei er selbst, nur dass die Klangmassen, in denen er dabei auf der Bühne watet und von denen er in den Songs umgeben ist, nie genau erkennen lassen, auf welcher Seite der Grenze zwischen scheinbarer Selbstdarstellung und Bühnenrolle er gerade balanciert. Andreas Meier schrieb hierzu einmal in der FAZ sehr treffend: „Schon bei diesen übergeschauspielerten Momenten Lindemanns, eigentlich eines ‚authentischen' Rockmusikers völlig unwürdig, müsste einem klar sein, dass es hier um alles andere als um ‚authentischen' Rock geht."[53]

Seit ihrem Album *Herzeleid* (1995) ist dies das Fundament, auf dem das RAMMSTEIN-Universum errichtet ist, wobei die Band sich von Album zu Album immer neue Facetten für dieses Spiel auf der Grenze von inszenierter Selbstdarstellung und Rollenspiel erschlossen hat. Die Irritationen, die das auslöst, produzieren das Medienecho, das die Band von Anbeginn an begleitet. Christoph Schneider: „Deutsche Journalisten wollen Musiker, die mit ihrer Musik und ihren Texten identisch sind. Deswegen sehen die meisten deutschen Musikjournalisten auch aus wie die Bands, die sie verehren, und die Bands sehen aus wie die sie verehrenden Musikjournalisten. Das ist eine Übereinkunft und sicher irgendwie gemütlich. Rammstein aber war immer ein Rollenspiel. Wer sieht schon aus wie Till auf der Bühne."[54]

Werden die Songs aus diesem Spannungsfeld zwischen inszenierter Selbstdarstellung und Rollenspiel herausgelöst, weil in den Redaktionsstuben nur die nackten Texte überflogen und nach skandalträchtigen Formulierungen abgesucht werden, dann entkleidet man sie nicht nur ihres künstlerischen Kontextes, sondern verfehlt auch ihren ambivalenten Sinn. Ganz abgesehen davon, dass jede verbale Äußerung, sobald sie gesungen wird, in einen durch den künstlerischen Kontext gesetzten neuen Zusammenhang gestellt ist und damit offen wird für Sinnbezüge und Interpretationen, die durch die Melodik, durch den Rhythmus und das gesamte musikalische Gefüge gesetzt sind. Übrigens hat dieses Spannungsfeld auch im Sound von Rammstein Spuren hinterlassen, trotz der Verwurzelung ihrer Musik in einer auf Selbstdarstellung angelegten Stilistik, denn die maschinelle Exaktheit des brachialen Schlagzeugrhythmus ist das Gegenteil von einem „aus dem Bauch" heraus beförderten musikalischen Ausdruck. Die synchron geführten Gitarren mit ihrem Klangwandeffekt haben etwas Technoides, was mit der wut- und schmerzerfüllt jaulenden Rockgitarre klassischer Prägung nicht mehr viel zu tun hat. Das Besondere am Rammstein-Sound ist seine Theatralität. Er klingt zwar wie Rockmusik, genauer wie Heavy Metal mit einem Schuss Industrial, Punk und elektronischer Tanzmusik, ist aber nicht wirklich ein Rock-Sound. Der Komponist Torsten Rasch, der 2003 unter dem Titel *Mein Herz brennt* einen sinfonischen Liederzyklus nach Texten von Rammstein für großes Orchester, Singstimme und Sprechstimme geschrieben hat, verwies als Erster darauf, dass die Band missverstanden ist, werde sie schlicht als Rock Act wahrgenommen: „Die Rezeption von Rammstein ist teilweise fehlerhaft, da sie einem rocktypischen Verlangen nach Authentizität geschuldet ist. […] Was Rammstein machen, ist Kunst, und als solche sollte man sie rezipieren. Die Band spielt mit Symbolen, um zu provozieren, was heutzutage jeder Regisseur in der Oper macht."[55]

Die frivole Lust an der Provokation, die das Markenzeichen von Rammstein geworden ist, bildet ein tragendes Element des Gesamtkunstwerks, das die Band inszeniert. Ihre Ost-Sozialisation hat die sechs Rammsteine mit einem untrüglichen Gespür für den Zeitgeist ausgestattet, sodass sie wissen, was sie triggern müssen, wenn es wehtun soll. Und sie sind ausgezeichnete Musiker, wenn vielleicht auch nicht im Sinne von Instrumentalvirtuosen, die aber einen Sinn dafür besitzen, wie man mit Musik den Spirit, den man empfängt, über die Musik hinausträgt und die Öffentlichkeit zum Referenz- und Resonanzraum dafür macht. Die bildgewaltige Inszenierung, die die Band ebenso einbezieht wie das Publikum, macht am Bühnenrand nicht halt, sondern lässt das Spektakel über den Kunstraum hinauswachsen. Jede Provokation, und sei sie noch so platt, wird von den Medien zuverlässig aufgegriffen. Das wiederum macht die mediale Empörung zum kalkulierten Bestandteil der Songs und ihrer Inszenierung. So entsteht eine Art Aktionskunst, in der Musik, ihre visuelle und performative Umsetzung, die nach Zehntausenden zählenden, synchron jubelnden und damit zur Masse verdichteten Fans und die mediale Reaktion zusammenlaufen, zum Gesamtkunstwerk werden. Das Publikum spielt als Teil dessen eine zentrale Rolle. Die Provokation realisiert sich im Feuilleton, in den Stadien wird dagegen die Identifikation mit den abgründigen Songs auf die Spitze getrieben, was wiederum die Empörungsreflexe im Feuilleton befeuert. Dass die Zehntausenden Fans die in Lyrik gegossenen Provokationen bejubeln und inbrünstig mitsingen – auch im Ausland, obwohl die Band, von ganz wenigen Ausnahmen abgesehen, stets bei ihren deutschen Texten bleibt –, verleiht den Songs die provokative Durchschlagskraft, die durch die Ich-Perspektive der Texte besonders nachhaltig wirkt. Die Klangdiktatur, in die das eingebettet ist, saugt dabei jeden in sich hinein, der sich ihr aussetzt. Unterstützt von den hypnotischen Riffs und überwältigt von der Klanggewalt des RAMMSTEIN-Sounds, wird das Publikum über alle Grenzen hinweg regelrecht in den Exzess getrieben – so lange, bis es selbst merkt, in welches Grauen es sich da hineinsteigert. Der um sich greifenden Verrohung ist mit deren theatralischer Übersteigerung ins Monströse begegnet. Eine kathartische Wirkung ist dem nicht abzusprechen, auch wenn der Grat, auf dem dabei gewandelt wird, äußerst schmal ist.

„WIR HASSEN NAZIS!" IM STECHSCHRITT GEGEN RECHTS

Gegen die immer wieder auftauchenden Vorwürfe, RAMMSTEIN bediene und befördere den Rechtsradikalismus im Land durch provokativen Umgang mit Nazisymbolik, hat sich die Band stets vehement gewehrt, nicht zuletzt mit dem bissigen Song „Links 2 3 4". Dass sie mit beispiellosen und in der Szene auch durchaus umstrittenen Aktionen gegen jeden Ansatz der Vereinnahmung ihrer Konzerte durch rechte Fans vorgegangen ist, fand dagegen fast nie Erwähnung. So haben die Musiker schon bei ihrer *Sehnsucht*-Tour 1997 Fans mit T-Shirts der damals als rechtslastig eingestuften Band BÖHSE ONKELZ den Einlass verwehrt. Flake Lorenz: „Das ging von uns aus. Weil wir es satt hatten, wenn am nächsten Tag ein Bericht in der Zeitung steht, und ein Foto von einem Onkelz-T-Shirt ist mit abgebildet. Jeder weiß, dass wir das nicht wollen. Jetzt werden wir das nicht mehr machen müssen – wir fanden das auch kindergartenmäßig –, aber auf der Tour fand ich das okay, dass wir es gemacht haben. Und wer auf unseren Konzerten einen Hitlergruß macht, fliegt sofort raus."[1] Sobald ihnen einschlägige Vorfälle bekannt werden, gehen sie konsequent dagegen vor. Specter Berlin, der Regisseur ihres umstrittenen *Deutschland*-Videos von 2019, berichtete von der Clearing-Aktion in den Reihen der Fans, als nach Veröffentlichung des Videos Einzelne von ihnen mit rechtextremistischen Kommentaren in den sozialen Medien auffällig wurden: „Wir sind mit dem Kehrbesen durch die Rammstein-Fans gegangen und haben diese paar Typen am rechten Rand, die Rammstein für sich instrumentalisieren wollten, jetzt rausgekehrt."[2] Dennoch ist der Vorwurf der Rechtslastigkeit – „wohlgelitten auch in Deutschlands braunen Ecken"[3] – nie verstummt. So meinte die NEUE ZÜRCHER ZEITUNG, in den RAMMSTEIN-Songs „einen klebrigen Beigeschmack nach faschistischem Gedankengut, der sich hartnäckig festsetzt"[4] zu entdecken. „Reichsparteitagsästhetik"[5] bescheinigte die TAGESZEITUNG taz der Band. Und auf dem Online-Portal des SPIEGEL war anlässlich der Premiere des Konzertfilms *RAMMSTEIN: Paris* (2017) zu lesen: „Die Rammstein-Ästhetik ist die Urszene der Das-wird-man-ja-wohl-noch-mal-sagen-dürfen-Einstellung, von der die Björn Höckes des Landes bis heute zehren."[6]

Lindemann sagte dazu einmal in einem Interview: „Wir kommen aus dem Osten und sind als Sozialisten aufgewachsen. Wir waren früher entweder Punks oder Gruftis – wir hassen Nazis! Und dann kommt auf einmal so ein an den Haaren herbeigezogener Vorwurf. Wir machen heute noch genau das Gleiche, und niemand in Amerika oder Mexiko würde auf die Idee kommen, uns so ein Zeug anzudichten. Das passiert nur hier in Deutschland. Unsere Antwort auf diese Anfeindungen war ‚Links 2 3 4', damit haben wir klargestellt, wo wir politisch einzuordnen sind."[7] Noch deutlicher wurde Richard Kruspe: „Als die Nummer losging in der Presse, wir seien irgendwie rechts, weil Till das R rollt und wir archaisch aussehen, das war bitter. Rammstein haben keine rechte, sondern eine linke Geschichte. Wir haben uns von den Skinheads die Fresse polieren lassen – im Gegensatz zu all den Herrschaften, die in den Zeitungen bequem diesen hohen moralischen Ton führen und eigentlich ja ihre Ärsche nicht aus'm Bürosessel kriegen."[8] Und Flake Lorenz fügt an: „Wir wussten nicht, dass manche Menschen so stumpf sind, dass sie wirklich etwas schwarz auf weiß wollen und erst dann zufrieden sind. Dass man denen sagt, es sehe doch jeder Idiot, wo wir stehen, reicht ihnen nicht. Also war das einfach mal notwendig, obwohl es schade ist, wenn man so was wirklich machen muss."[9] Freilich erfolgte auch diese Klarstellung in der für RAMMSTEIN typischen virtuosen Uneindeutigkeit. So heißt es im Text zwar zunächst unmissverständlich:

Sie wollen mein Herz am rechten Fleck
Doch sehe ich dann nach unten weg
Da schlägt es links[10]

– was man auch als Anspielung auf das Buch *Das Herz schlägt links* von Oskar Lafontaine, dem ehemaligen SPD-Vorsitzenden und früheren deutschen LINKEN-Politiker, verstehen kann. Aus dem mehrfach wiederholten „*Links*" wird im Stahlgewitter des RAMMSTEIN-Sounds zum zackigen Marschrhythmus des Refrains dann ein „*Links zwei drei vier*", das ganz andere Assoziationen auslöst. Der den Song einleitende militante Klang einer Marschkolonne tut das Seine, um Bilder heraufzubeschwören, die eher an die Lieblingstöne der Rechten denken lassen.

Dass die sich dabei in Deutschland aufdrängenden geschichtlichen Erinnerungen in Amerika oder Mexiko kein Thema sind, liegt auf der Hand. Das wissen natürlich auch die alles andere als naiven RAMMSTEIN-Musiker, selbst wenn sie sich gern hinter ihrer Naivität verstecken. Auf die Frage, ob es naiv gewesen sei, die Riefenstahl-Bilder im Video zu „Stripped" (1998) zu verwenden, das ihnen den Vorwurf einbrachte, in die rechte Ecke zu schielen, den sie nie ganz loswerden sollten, antwortete Lindemann: „Das mag sein, aber wenn man seine Naivität verliert, zieht man ein Korsett an, aus dem man so schnell nicht mehr herauskommt. So kann sich Kunst nicht entfalten."[11] Die Band war, wie Richard Kruspe erläuterte, von der Ästhetik der Riefenstahl-Bilder fasziniert, ohne deren Bedeutung zu sehen oder sehen zu wollen: „Für uns war es einfach ein ästhetisches Bild, ohne politische Inhalte. Für uns hat die Verbindung von unserer Musik und diesen Bildern einfach funktioniert, dass wir überhaupt nicht darüber nachgedacht haben."[12] Auch Philipp Stölzl, der Regisseur des Videos, sah hinter den verwendeten Bildern aus Leni Riefenstahls zweiteiligem Film *Olympia – Fest der Völker / Fest der Schönheit* (1938) erst einmal nicht die politische Bedeutung, sondern die Attraktivität der filmästhetischen Strukturen: „Das Riefenstahl-Zeug ist einfach so monolithisch in seinen verrückten Schnittideen.

Da ist einfach unheimlich viel Filmästhetik drin, die eigentlich total viel mit Musikvideo zu tun gehabt hat – die Heroisierung des Sängers, die nicht-linearen Schnitttechniken, wo du sagst, du gehst auf Rhythmus und Collage, vorwärts-rückwärts. Und du gehst so frei, bauhaus-artig mit dem Material um. Das hat sie ja alles gemacht und erfunden und auf die Spitze getrieben."[13]

Zudem verweist er darauf, dass die Bilder ja nur durch den nationalsozialistischen Kontext kompromittiert sind: „In der Pop-Collage ironisiert sich ja eigentlich sowieso alles und fügt sich neu zusammen. Und da habe ich immer gedacht, es muss erlaubt sein, auch die schrägsten Experimente zu wagen."[14] Auch Schlagzeuger Christoph Schneider argumentierte in diese Richtung, wenn er sagt: „Wir haben in dem Video versucht, die Ästhetik zu transportieren und die komplette Symbolik total herauszunehmen."[15] Nicht bedacht ist bei dieser Argumentation, dass in der Kunst die stärksten und wirkungsvollsten Bilder ihre Wirkung gerade daraus beziehen, dass sie ihre Kontexte mit sich tragen und eben nicht einfach nur eine leere Konfiguration darstellen, die erst der Kontext, in den sie gestellt werden, beliebig mit Inhalt füllt. Gerade weil die filmische Riefenstahl-Ästhetik so brillant ist, lässt sie sich von dem nationalsozialistischen Kontext, in dem sie entstanden ist, nicht lösen. Das sagt zunächst noch nichts über RAMMSTEIN, zumal es mit „Stripped" von Depeche Mode nicht einmal einer ihrer eigenen Songs gewesen ist, der mit diesen Bildern illustriert wurde. Aber die Reaktionen konnten trotzdem nicht überraschen, denn die rasant geschnittenen heroisierten Körper transportieren in ihrer ausgestellten Nacktheit und Natürlichkeit ein Menschenbild, in dem sich die nationalsozialistische Blut-und-Boden-Ideologie spiegelt. Lindemann gestand an anderer Stelle, erneut danach befragt, die Grenzüberschreitung dann auch zu: „Meine Tochter – das Liebste, was ich habe – kam damals zu mir und fragte: ‚Sag mal, spielst du in einer Nazi-Band?' Das war ein Punkt, an dem ich mir gesagt habe, da haben wir eine Grenze überschritten."[16]

Obwohl „Links 2 3 4" als einer der Songs mit der eindeutigsten Aussage aus dem RAMMSTEIN-Repertoire herausragt, ist auch in diesem, wie immer bei RAMMSTEIN, nichts einfach so, wie es aussieht. Live stolzieren die Musiker auf der Bühne bei dem Song im chaplinesken Marschschritt auf der Stelle, während sich Keyboarder Flake Lorenz im paillettenbesetzten Glitzeranzug auf dem Laufband abstrampelt. Die ganze Inszenierung ist derart skurril, dass das militante Getöse des „*Links zwei drei vier*" zur Groteske wird. Allerdings erfolgt schon zur zweiten Refrain-Zeile auf der Bühne eine nochmalige Drehung, die dem Ganzen die urkomische Harmlosigkeit sofort wieder nimmt. Der Text hebt ganz unschuldig mit einem „*Links zwei, links zwei*" an, bevor es mit dem „*Links zwei drei vier*" weitergeht. Live überlässt die Band das „*zwei*" an dieser Stelle dem Publikum. Pflichtgemäß brüllt das dann auch nach dem „*links*" lauthals sein „*zwei*" und reißt dazu die Arme hoch. Man muss in Deutschland schon sehr geschichtsvergessen sein, um bei der von einer Masse mit hochgerissenen Armen gebrüllten „zwei", das für sensible Ohren wie „Heil" klingt, nicht die Bilder der Massenaufmärsche der Nazizeit zu assoziieren und dabei zu schaudern.

Doch ist auch das nicht so, wie es aussieht, denn schließlich ist es eben trotz der phonetischen Nähe kein „Heil", was da zu hören ist, und das Publikum huldigt auch nicht einer Führerfigur auf der Bühne. Man muss sich schon Mühe geben, das misszuverstehen, zumal Bühnen-Rambo Lindemann bei diesem Lied auf die von ihm ansonsten gewohnten martialischen Gesten verzichtet. Stattdessen rudert er mit den Armen und sieht dabei aus, als würde er einen Mädchenchor dirigieren. Es ist das effektvoll gesetzte Lichtgewitter an dieser Stelle, das das Publikum mit seinem Schrei begleitet. Dennoch sind die unheilvollen Reminiszenzen natürlich kein Zufallsprodukt.

Was der Song und seine Inszenierung auf der Bühne ungeachtet der Ambivalenzen zum Ausdruck bringen, ist allerdings weder „Rechts" noch „Links", so oft das „Links" auch wiederholt wird, insgesamt 42 Mal. Eher schon passt dazu die Sprachprovokation des österreichischen Dichters Ernst Jandl, der daraus ein „lechts und rinks" gemacht hat. Musik, Text und Performance verbinden sich zu einem entfesselten Spiel von Mehrdeutigkeiten und Widersprüchen.

Bei allem Humor, der dabei stets am Werke ist, und ungeachtet der Ironie und Selbstironie scheint die Band geradezu ängstlich darauf bedacht, alles zu vermeiden, was in ihren Songs nach Verkündigung aussehen könnte. Statt erbaulicher Botschaften wird das Publikum mit einer ausufernden und sich widersprechenden Symbolik konfrontiert. Die vom Schlagzeug getriebenen hypnotischen Gitarrenriffs ziehen es dabei in einen perfekt inszenierten Erlebnisraum hinein, aus dem es bestenfalls geläutert wieder herauskommt. Schlimmstenfalls versetzt es sich durch Identifikation mit dem martialischen Bühnengeschehen selbst in einen Machtrausch, hinter dem dann freilich nichts anderes als die Kompensation einer Ich-Schwäche steht, wie sie eine auf permanente Selbstoptimierung getrimmte Gesellschaft als Kollateralschaden nun einmal mit sich bringt. Die Unschärfe zwischen Gebrauch und Missbrauch, Gelingen und Misslingen ist freilich das Schicksal jeder Kunst, ein „Wirkung garantiert“ gibt es da nicht.

Auch das von dem Ludwigsburger Videoregisseur Zoran Bihać aufwendig inszenierte Video zu „Links 2 3 4“ greift die Widersprüchlichkeit des Songs auf, transformiert sie aber auf eine weitere Ebene und sorgt damit für eine neuerliche Drehung des Sinnkarussells. Der Reiz des Videos besteht in der geschickten Übertragung der Bilder, die Text und Musik assoziieren, ins Tierreich – Ameisen, real und computeranimiert, beherrschen das Geschehen. Die Militanz des Marschrhythmus wird durch einen von Disneys Animationsfilmen ausgeliehenen spielerischen Witz aufgefangen. In der Eingangssequenz des Videos zu dem martialischen Intro des Songs spielen reale Ameisen Fußball – aus Dutzenden Stunden aufgenommenen Videomaterials herausgeschnitten und entsprechend montiert. Als computeranimierte Wesen strömen sie im Verlauf des Videos in Massen in ein RAMMSTEIN-Konzert, um als eifrig mitzappelndes Ameisenpublikum die Band zu bejubeln. Wenn im weiteren Verlauf dann ein in Formationen marschierendes Ameisenheer auf den Plan tritt, um feindliche Eindringlinge in den Ameisenbau abzuwehren, hat unübersehbar Leni Riefenstahls *Triumpf des Willens* (1935) Pate gestanden. Die rechteckig ausgerichteten Marschblöcke der computeranimierten Ameisenkolonnen erinnern an die Formationen auf dem Nürnberger Parteitagsgelände, dessen Monumentalbauten kurz im Hintergrund angedeutet sind. Als Reminiszenz an das „Links" formt sich das Logo des RAMMSTEIN-Kreuzes aus einer Überblendung des sozialistischen Hammer-und-Sichel-Symbols. Auch hier sind die Bilder mehrfach gebrochen. Die spielerische Idylle erhält mit den Beklemmung auslösenden Tunnelröhren des Ameisenbaus und angesichts der Düsternis der Bilder etwas Gespenstisches. In gleißend helles Licht getaucht ist erst das in Formation marschierende Ameisenheer, das feindliche Eindringlinge in Form großer schwarzer Käfer abwehrt. Wenn die Eindringlinge schließlich vernichtend geschlagen sind, sich die siegreichen Formationen in den Umrissen einer Blume auflösen und ein versöhnliches Ende erreicht scheint, bricht in einer weiteren Drehung die Realität in Form einer von Ameisen übersäten Leichenhand am unteren Rand ins abschließende Bild.

Weder aus dem Text noch aus der Musik, aus der Inszenierung und auch nicht aus den Bildern des Videos und schon gar nicht aus der Beziehung aller Ebenen zueinander lässt sich eine bündige Aussage destillieren. Die RAMMSTEIN-Songs gleichen mit ihren übereinander gelegten und ineinander verschachtelten Bildern, Symbolen, Verweisen, Bezügen und medialen Referenzen eher einem Vexierbild, in dem je nach Perspektive des Betrachters immer etwas anderes erscheint. Dennoch ist das, was da erscheint, bei aller Mehrdeutigkeit keineswegs beliebig. Dafür sind die Texte von Till Lindemann in ihrer Metaphorik viel zu genau. Nur lassen sie sich eben nicht über den Leisten einer eindeutigen Aussage ziehen. Christoph Schneider: „Es gibt keine Message. Interpretieren kann der Konsument."[17] Vielleicht sollte die Band ihre Platten mit dem Warnhinweis versehen: „Achtung, für den Inhalt ist jeder selbst verantwortlich."

Nun wäre es natürlich blauäugig zu übersehen, dass die Band ihr Spiel mit ästhetischen Codes und einer Symbolik betreibt, die deutliche Bezüge zur Nazizeit aufweisen. Und das meint nicht nur das berüchtigte rollende R, das – ob gewollt oder nicht – in Deutschland nun einmal mit der Hitler-Phonetik assoziiert ist. Lindemann sagte dazu 1997 der Zeitschrift MUSIK EXPRESS/SOUNDS: „Dabei ist das rollende ‚R' noch nicht einmal aus Absicht entstanden. Es kam von selbst, weil du in dieser tiefen Tonlage automatisch so singst. [...] Wir wollten damit um Gottes willen keine faschistische Attitüde erschaffen. Erst später, als wir in Interviews dazu befragt wurden, haben wir uns damit auseinandersetzen müssen."[18] Dennoch sind die frivolen Referenzen auf die Nazizeit – auf diese Zeit, nicht auf die Nazis! – unübersehbar, auch wenn ihres politischen Inhalts entkleidet und um der Provokation willen gesetzt. So schossen bei ihrem Konzert in der Berliner Wuhlheide 1998 vom Rand der Arena gewaltige Lichtsäulen in den nächtlichen Himmel und vereinigten sich über dem Arena-Rund zu einem Lichtdom, wie man ihn von Albert Speers Lichtinstallationen für die Nürnberger Nazi-Parteitage kennt. Auch im Bühnendesign der RAMMSTEIN-Shows sind Lichtsäulen ein häufig verwendetes Element. Der maskuline Körperkult auf der Bühne kann die Nähe zu den germanischen Kraftmenschen des Bildhauers Arno Breker nicht verleugnen, der aus seiner Begeisterung für die Nationalsozialisten keinen Hehl gemacht hat, was freilich weder Konrad Adenauer noch Ludwig Erhard daran hinderte, sich von ihm mit Büsten verewigen zu lassen. Von den ideologisch besetzten Körperbildern der Nazizeit im Video zu „Stripped" war schon die Rede.

Die Bühnenbilder der Band erinnern mit ihren geometrischen Stahlkonstruktionen an den Maschinen- und Technikkult der 1930er Jahre. Dem eckigen Kreuz des Logos der Band, das mit dem ebenso eckigen Anfangsbuchstaben des Bandnamens verschmilzt, kann man eine entfernte Ähnlichkeit mit dem Eisernen Kreuz zusprechen, auch wenn es wohl dem Logo der slowenischen Band LAIBACH entlehnt ist, die sich ihrerseits dafür das schwarze Kreuz des russischen Malers Kasimir Malewitsch einverleibt hat, eines Vertreters der Maler-Avantgarde im revolutionären Russland. In den RAMMSTEIN-Videos scheinen zudem immer wieder Interieurs, Outfits und Bildersprache auf, die die Aura der 1930er Jahre verströmen. All das, obwohl nicht genuin nationalsozialistisch – selbst Albert Speers Lichtdome sind ursprünglich eine Installationsidee des französischen Architekten André Granet –, ist durch seine Instrumentalisierung im Dritten Reich diskreditiert. Doch solche Bild- und Stilzitate lassen sich mit den Assoziationen, die sie auslösen, nicht einfach in die rechte Schmuddelecke kehren, schon weil diese Symbolik im Universum der RAMMSTEIN-Ästhetik eine unverwechselbare und unmissverständliche Prägung durch teils komische, teils skurrile Überzeichnung erhält. Der Klamauk der RAMMSTEIN-Shows beraubt sie aller Ideologie. Das unterscheidet die Referenzen auf die Nazi-Zeit bei RAMMSTEIN dann auch deutlich etwa von David Bowies Provokationen als „The Blond Führer" in den 1970er Jahren, seinen Auftritten mit Hakenkreuzbinde und Hitlergruß, oder von der Verwendung von Nazi-Symbolen bei THROBBING GRISTLE, Marilyn Manson und LAIBACH, die auf Schockwirkung der damit aufgerufenen Inhalte setzen. So fehlt den Lichtdom-Zitaten bei RAMMSTEIN das Moment des Erhabenen, um tatsächlich den unheilvollen Geist der Vergangenheit zu atmen. Sie lassen zwar eine vage Erinnerung erstehen, aber die ist in einem Show-Spektakel aufgehoben, in der das üppige Feuerwerk einen deutlichen Gegenpol setzt. Der maskuline Körperkult ist gebrochen in der grellbunten Maskerade seiner Kostümierung, in einem operettenhaften Outfit, das von der Lederhose bis zur rosa Felljacke, vom Tirolerhut bis zum Stahlhelm, von der Gruftikluft bis zu Uniformversatzstücken, von Springerstiefeln bis zum Glitzeranzug, von der Brokatjacke bis zum Schlangenledermantel so ungefähr alles versammelt, was nicht zusammenpasst. Durch Lindemanns notorisches Schenkelklopfen erhält das Muskelspiel obendrein noch eine groteske Komponente, mit der die Slapstick-Einlagen von Keyboarder Flake Lorenz im Hintergrund korrespondieren, seine Ertüchtigungsübungen auf dem Laufband oder seine quirligen Zappeleien an den Keyboards.

Andererseits sind die ästhetischen Strategien der Inbetriebnahme des Faschismus – die Monumentalisierung des Profanen, der Gigantismus, die Heroisierung des maskulinen Körpers, das Pathos der

Sinnlichkeit, die Bildersprache und Klangmuster der Überwältigung – heute in der Popkultur und Werbung längst allgegenwärtig und frönen dort fernab von allem Faschismusverdacht nur einer einzigen Ideologie: der des Konsums. Dass RAMMSTEIN sich der Ideologie des anstrengungslosen Konsums im Gewand der Unterhaltung nun gerade nicht verschrieben hat, dass die Musiker die an sich sattsam bekannten ästhetischen Strategien aus der scheinbaren Harmlosigkeit, die sie im popkulturellen Kontext der Gegenwart angenommen haben, wieder herausreißen, ist dann wohl auch das eigentliche Skandalon. Statt möglichst hirnfreier Unterhaltung inszenieren sie in ihren Shows ein auf die Spitze getriebenes sinnliches Erlebnis, das den Einzelnen in seinen Bann zieht und zum Element einer begeisterten Masse macht. Aber diese Masse ist unpolitisch, eine Masse, wie sie sich als Publikum bei jeder Musik-, Kultur- oder Sportveranstaltung wiederfindet, wenn sie denn erfolgreich ist. Auf den Punkt gebracht hat es der Philosoph Slavoj Žižek, als er in einem Gespräch mit der Berliner TAGESZEITUNG taz formulierte: „So wie Charlie Chaplin in ‚Der große Diktator' Hitler zwischen Gebrabbel nur ‚Apfelstrudel' und ‚Wiener Schnitzel' sagen lässt, so sabotiert RAMMSTEIN auf obszöne Weise die faschistische Utopie."[19]

In der zeitweise geradezu hysterisch geführten Debatte um die Nazi-Symbolik im RAMMSTEIN-Œuvre ist zudem übersehen worden, dass die Band auf dieses Element nicht reduziert werden kann. In jeder Hinsicht unzulässig ist es, daraus auf eine rechte Gesinnung der Musiker zu schließen. Doch das mildert die Brisanz des Tabubruchs nicht und nimmt ihm auch nicht die Fragwürdigkeit – würdig zu sein, hinterfragt zu werden. Das frivole Zitieren und Entkontextualisieren ästhetischer Codes, die durch ihre faschistische Indienstnahme kontaminiert sind, ist nicht frei von der Gefahr, dass die entleerte Hülle wieder zu ihrem einstigen Kern findet – und wie es scheint, gibt es längst ernst zu nehmende Anzeichen dafür. Dennoch drängt sich der Eindruck auf, als habe die ganze Aufregung viel eher etwas mit einem kollektiven Entlastungsvorgang zu tun gehabt, der von nichts mehr etwas wissen will, was auch nur im Entferntesten an Deutschlands Vergangenheit erinnert, egal, in welchem Kontext. Ist erst einmal alles im Orkus der Geschichte entsorgt, delegiert an die offiziellen Monumente staatlich organisierter Erinnerungskultur, entfällt auch die Notwendigkeit, sich selbst als unlösbar eingebettet in die eigene Geschichte zu begreifen, als „deutsch" mit allen Facetten, die dieses Wort als Resultat dieser Geschichte in sich trägt. Nachdem sich die Vergangenheit inzwischen unübersehbar aufgemacht hat, der Geschichte wieder zu entsteigen, ist die Frage aktueller denn je, was dieses Eingebettetsein in die eigene Geschichte eigentlich bedeutet. Insofern ist die Konfrontation mit einer Symbolik, die der dunkelsten Seite dieser Geschichte entstammt, eine Provokation, die zur Auseinandersetzung mit dieser Frage zwingt.

Auch wenn der Affront ja durchaus dieses Ziel erreicht hat, wie die Debatten belegen, hat die Band es inzwischen zu vermeiden gelernt, ausgerechnet mit Nazi-Symbolik zu provozieren. Sie kann sich als bloßer Strippenzieher solcher Provokationen nicht heraushalten, will sie nicht in Verdacht geraten, mit den Gehalten der in Szene gesetzten Symbolik zu sympathisieren. Paul Landers hierzu: „Wir sind damals etwas ungestüm in verschiedene Fettnäpfchen getrampelt. Die sind in Deutschland aber auch leicht zu finden." Und weiter: „Als wir dann merkten, was wir bei manchen Leuten hervorrufen, für Gedanken oder für Verdächtigungen, haben wir zwar erst einmal so weitergemacht. Dann haben wir aber gedacht, irgendwas stimmt hier nicht, entweder wir sind doof, oder die Leute sind doof."[20]

„AMERIKA WAR IMMER DER TRAUM“
AUF DEM GIPFEL DES RUHMS

24 LKWs mit über 50 Tonnen Equipment rollten durchs Land, als die Band im April und Mai 2012 ihre Nordamerika-Tour mit 21 Konzerten in den USA und Kanada absolvierte. Zwei der 40-Tonner waren allein den beiden Megawatt-Aggregaten vorbehalten, die pro Stunde 1000 Liter Diesel schlucken. Sie brauchte es, um die 380 000 Watt-Anlage zu speisen, damit in den Städten, in denen RAMMSTEIN auftritt, das Licht nicht ausgeht. Flake Lorenz: „Es ist einfach zu oft passiert, dass wir irgendwo gespielt haben, und dann ging im ganzen Stadtteil das Licht aus.“[1] Der Rest der Kolonne, die durch die Weiten des Kontinents zog, transportierte die 120 Lausprecherboxen der PA, die 130 Scheinwerfer der tonnenschweren Lichtanlage, die Pyrotechnik sowie die Einzelteile einer der größten transportablen Bühnen, mit denen eine Band damals unterwegs war – 24 Meter breit, 15 Meter hoch, 12 Meter tief. Unterstützt von 120 Motoren hievte die Crew beim Aufbau diverses Equipment in die Höhe. Die Crew, das waren hier 60 Leute, unterstützt von 150 Helfern vor Ort. Gemessen an dem Aufwand, den sie sieben Jahre später für ihre *Europa Stadion Tour* trieben, war das eine allerdings geradezu bescheidene Ausstattung, denn da brauchte es dann schon 120 Sattelschlepper, um das Equipment zu transportieren. Das Nordamerika-Äquivalent der *Stadion Tour* erforderte 2022 eine Flotte von sieben Boeing 747, um alles über den Atlantik zu bringen.

Die Tournee 2012 sollte ein einziger Triumphzug durch das Mutterland der Popmusik werden, und das, obwohl ihre Texte dort keiner versteht. Schon im Dezember 2010 hatte die Band mit einem inzwischen legendär gewordenen Konzert im New Yorker Madison Square Garden, einer Mehrzweckhalle in Manhattan, die sich selbst als „The World's Most Famous Arena" vermarktet, den Gipfel des Olymps bestiegen, der im Showgeschäft den größten Ruhm auf Erden verheißt. Die 18 000 Karten waren damals sehr zur Überraschung der Musiker binnen zwanzig Minuten ausverkauft. Christoph Schneider: „Für jeden von uns gibt es noch Momente, wo wir innehalten und sagen: Wahnsinn. Wir kommen aus der DDR, wir sind alle keine exzellenten Musiker. Aber wir können genau das. Wir sind zwar begrenzt in unseren musikalischen Ausdrucksmöglichkeiten, aber mit der Show und diesem Gesamtpaket haben wir etwas Außerordentliches erreicht."[2] Zwei Jahre später zogen sie mit den Songs ihres Kompilationsalbums *Made In Germany* durch 21 der größten Arenen der USA und Kanadas und waren dort angekommen, wo wohl jede Rockband hin will. Richard Kruspe: „Ich glaube, dass jeder, der Musik macht, irgendwie immer den Traum hat, auch in Amerika Erfolg zu haben."[3]

Fast zwanzig Jahre waren damals vergangen, seit sich im Februar 1993 die FEELING B-Musiker Paul Landers, Christian „Flake" Lorenz und Christoph „Doom" Schneider gemeinsam mit FEELING B-Gründer Aljoscha Rompe und Tontechniker Andreas „Vadda" Vater – er sollte später bei RAMMSTEIN als Systemtechniker für den Ton zuständig sein – vom Prenzlauer Berg in den Südosten der USA aufmachten, in der Hoffnung, die Amerikaner von ihrer Musik überzeugen zu können. Damals ist nichts daraus geworden. Sie hatten während der zwei Monate zwar ihren Spaß und konnten hinterher sagen, dass FEELING B auf USA-Tour war, doch die wenigen Auftritte mit geborgtem Equipment, die überhaupt zustande kamen, haben lediglich bei den Musikern selbst ihre Spuren hinterlassen. Christoph Schneider: „Wir haben in kleineren Clubs gespielt, alles war selbst organisiert. Wir haben sehr viele Bands gesehen, die uns mit ihrer Professionalität inspiriert haben. Da spielen Bands vor zehn Leuten so, als wären 3000 da. Das hat uns sehr beeindruckt und motiviert."[4]

Auch die andere Hälfte von RAMMSTEIN befand sich nahezu zur selben Zeit in den USA, im Südwesten des Landes. Richard Kruspe, Till Lindemann und Oliver Riedel waren an die Quellen von Country & Western gereist, um die dortige Musikszene zu erkunden. Richard Kruspe sagte später: „Mir wurde klar, dass die Musik, die ich bis dahin gemacht habe, nichts mit mir zu tun hatte. So bin ich nach Deutschland zurückgekehrt, und mir kam die Idee, ein Projekt zu schaffen, das mit deutscher Musik zu tun hat. Ich wollte versuchen, Maschinen und Gitarren zusammenzubringen, harte Gitarren. Das war die Grundidee."[5] Dass sie damit in den USA derart erfolgreich werden würden und das auch noch mit deutschsprachigen Songs in einem Land, das bis dahin lediglich Kraftwerk und Falco mit zumindest halb deutschsprachigen Songs akzeptiert hatte, war freilich nicht vorauszusehen.

Dass kein Geringer als Hollywood-Regisseur David Lynch ihnen 1996 mit seinem Film *Lost Highway* gleichsam einen roten Teppich ausgerollt hatte, erleichterte ihnen den Einstieg in den schwierigen amerikanischen Musikmarkt erheblich. „Rammstein" und „Heirate mich", die beiden Lieder aus dem Soundtrack zu *Lost Highway*, liefen anschließend im US-Radio rauf und runter und verschafften der Band dort einen beträchtlichen Bekanntheitsgrad. Ende 1997 erschien dann noch der Soundtrack zu dem Actionfilm *Mortal Kombat 2 – Annihilation* des Regisseurs John R. Leonetti. Der Film war zwar nicht unbedingt ein Kassenschlager, dafür sollte das Album *Mortal Kombat: Annihilation* von TVT Records mit dem Soundtrack des Films umso erfolgreicher werden, ein Techno-Metal-Punk-Mix, der RAMMSTEINS „Engel" von ihrem zweiten Album *Sehnsucht* enthielt.

Als die Band 2012 ihren Triumphzug durch Amerika antrat, hatte sie bereits auf der ganzen Welt eine Spur des Erfolges hinterlassen. Es begann 1995 mit der *Herzeleid*-Tour durch die Schweiz, Tschechien und Polen, setzte sich schon 1996 mit Hongkong, Großbritannien, den Niederlanden und Österreich fort. Nach Tourneen in den folgenden Jahren durch ganz Europa, Brasilien, Argentinien und Mexiko führte es sie 2011 auf die andere Seite der Welt nach Australien, Neuseeland und Ozeanien. Insgesamt sind die sechs Musiker in den dreißig Jahren des Bestehens der Band durch 54 Länder auf allen Erdteilen getourt, die meisten davon haben sie mehrfach besucht. Auch das ein einsamer Rekord für eine deutsche Band.

Zum ersten Mal in den USA aufgetreten war RAMMSTEIN im September 1997 im Rahmen der „CMJ College Radio Conference" in New York City, „vor 7 bis 70 Leuten",[6] so die Band. Das CMJ steht für College Media Journal, ein Branchenblatt für die in den USA sehr wichtigen College Radios, das sich später zu einer Holding entwickelte, die diverse Online-Medien und die Organisation von Musik-Events umfasste, bevor der Geschäftsbetrieb 2010 eingestellt wurde. Tastenmann Flake Lorenz: „Bei unserem ersten Gig, vor vielen Jahren in New York, haben wir nachts um vier in einem winzigen Club vor sieben Mann gespielt. Glücklicherweise war einer davon von der Plattenfirma. Er war hellauf begeistert und sagte, wir müssen unbedingt wiederkommen."[7] 1997 war das CMJ für den Einstieg in den US-Musikmarkt ein perfekt gewählter Partner. Noch im selben Jahr, im Dezember, stand die Band in den USA dann erneut auf der Bühne, als Vorgruppe der Hamburger Industrial Band KMFDM. Ihre erste US-Tour als Headliner 1998 mit der US-Metal-Band HANZEL & GRETYL als Support führte RAMMSTEIN 1998 nach San Francisco, Los Angeles, Denver und Chicago. In Chicago mussten sie allerdings ohne ihr Feuerwerk auskommen, da hier seit einem verheerenden Großbrand im 19. Jahrhundert, der die Innenstadt fast vollständig vernichtete, der Umgang mit offenem Feuer auf Bühnen verboten ist. Richard Kruspe: „So waren wir gezwungen, ein komplett showfreies Konzert abzuliefern ... Übrigens das erste, seit wir als Rammstein auf der Bühne stehen. Es war total ungewohnt, und wir konnten uns voll auf das Musikalische konzentrieren."[8] Übrigens auch ohne Show ein gewaltiger Erfolg. Die Tour endete im populären New Yorker *Hammerstein Ballroom*, einem Anfang des 20. Jahrhunderts von dem Theaterproduzenten Oskar Hammerstein als Opernhaus errichteten Ballsaal im New Yorker Manhattan Center, der seit 1997 auch als Spielstätte für Rock- und Popkonzerte genutzt wird.

David Fricke, Musikredakteur des amerikanischen ROLLING STONE, erinnerte sich in einem Text, den er 2011 für die deutsche Ausgabe des ROLLING STONE schrieb, an seinen damaligen Eindruck vom Auftritt der Band im *Hammerstein Ballroom*: „Zu ihrem Headliner-Debüt in New York kamen die Deutschen so, wie man es von ihnen erwartet hatte: mit einem Höllen-Spektakel und grimmig-militaristischem Auftreten. Laser-Pointer und Feuer-Säulen illuminierten eine Bühne, die mit so vielen Rohren und Gerüsten vollgestopft war, dass man eine ganze Öl-Raffinerie damit hätte bestücken können. Die Band, perfekt futuristisch gekleidet, setzte eine überdimensionale Marsch & Metal-Maschinerie in Gang, die von satanischem Synthesizer-Staub berieselt wurde. Der Gesang passte genial zum schneidigen Befehlston, der – für amerikanische Ohren zumindest – bei deutschen Texten fast unvermeidlich scheint. Sänger Till Lindemann ließ zwischen seinen grunzenden Urlauten zwar jede Melodik vermissen, wirkte mit seinem melodramatischen Auftreten aber gleichzeitig wie ein Opernsänger, ein Opernsänger aus der Klapsmühle – ein Mann, dem man besser nie ‚Nein' sagen sollte. Als dann noch die Gitarristen Richard Z. Kruspe und Paul H. Landers in die Chant-ähnlichen Gesänge einstiegen, fühlte man sich in eine Wagner-Oper versetzt, für die Nine Inch Nails als musikalische Begleitung verpflichtet wurden."[9]

Ebenfalls 1998 schloss sich noch ein Auftritt auf der ersten, von der kalifornischen Nu-Metal-Band KORN ins Leben gerufenen *Family Values Tour* an, ein Rap-Metal-Paket, das neben RAMMSTEIN Auftritte von ICE CUBE, INCUBUS, LIMP BIZKIT und ORGY umfasste und durch 27 Städte führte. Die bis 2013 jeweils im Herbst stattfindende Tour war 1993 mit dem Ziel initiiert worden, unbekannte Bands im Schlepptau von einigen Big Names einem möglichst großen Publikum bekannt zu machen. Auch wenn das Nu-Metal- und Rap-Publikum für RAMMSTEIN nicht optimal war, die Tour brachte ihrem zweiten Album *Sehnsucht* in den USA Platin-Status, gleichbedeutend mit einer Million verkaufter Platten. Richard Kruspe erklärte dem Magazin BREAK OUT 1999 den Erfolg der Band in Amerika trotz des dort fehlenden Zugangs zu ihren Texten: „Es ist so, dass die Amerikaner Rammstein nur als Sound hören, völlig losgelöst vom textlichen Hintergrund, den sie nicht verstehen. Tills Stimme ist für sie nur ein Sound, ein eigenes Instrument. Es ist das Gesamtbild, das für sie zählt, und das ist bei Rammstein eben ziemlich groß. Wenn man es genau nimmt, kann man sogar sagen, wir sind in Amerika erfolgreicher als in Deutschland und zwar ganz einfach deshalb, weil es viel schneller ging."[10]

1999 folgte eine große Nordamerika-Tour mit RAMMSTEIN als Headliner und den Support Bands SOULFLY, einer Trash-Metal-Band um den brasilianischen Gitarristen Max Cavalera, und SKUNK ANANSIE, einer britischen Politrock-Band um die farbige Sängerin Deborah Anne Dyer. Für Sänger Till Lindemann und Keyboarder Flake Lorenz sollte die Tour mit einem mehr als denkwürdigen Ereignis verbunden sein – sie landeten für eine Nacht im Knast und kassierten schließlich eine Verurteilung zu je 25 000 Dollar Strafe und sechs Monaten Bewährung. Im prüden Amerika hatten die Behörden von Worcester, Massachusetts, Anstoß an ihrer Einlage zu „Bück dich" genommen, bei der Lindemann mit umgeschnalltem Riesendildo Analverkehr an Lorenz simuliert, den er dabei an einer Hundeleine über die Bühne führt. Die örtlichen Behörden sahen darin den Tatbestand der Sodomie erfüllt. Der Band brachte der Vorfall Publicity ohnegleichen. Ganz so frei, wie es RAMMSTEIN später in ihrem Song „Amerika" nicht ohne Ironie besungen haben – „*Wir bilden einen lieben Reigen, die Freiheit spielt auf allen Geigen*"[11] – ist Amerika dann eben doch nicht. Tastenmann Flake Lorenz schrieb 2001 in einem Erlebnisbericht für die Zeitschrift ROLLING STONE zu dem Vorfall: „Gleich nach dem Gig ging's in den Knast. Nicht mal duschen durften wir! Die U-Haft war wirklich kein Spaß. In unserer Zelle gab es ein paar extrem aggressive Typen. Ich hatte wirklich Schiss, weil einem klar wird, dass man hier keinen bequatschen kann, sondern ausschließlich deren *good will* ausgeliefert ist. Ein scheiß Gefühl! Nachdem wir 12 000 Dollar Kaution gestellt hatten, durften wir zwar raus, mussten aber an jedem *day off* nach New York fliegen und uns melden.

Am Ende bekamen wir sechs Monate Bewährung – und haben uns in dieser Zeit natürlich nicht sehen lassen. Denn eins hab ich gelernt: Wenn die Amis dich auch nur beim Pinkeln an der Straßenecke erwischen, sitzt du im Knast."[12]

Das amerikanische Publikum feiert die Band nicht zuletzt deshalb so begeistert, weil sie ein Klischee des Teutonischen bedient, das Hollywood seit Jahrzehnten in unzähligen, meist weniger guten Filmen in die US-Kinos bringt. Die doppelbödigen Songtexte spielen dabei keine Rolle, es reicht, wenn sich „RRRRammstein" voller Inbrunst mitsingen lässt. Die auf Slash Records im August 1997 erschienene US-Version ihres zweiten Albums *Sehnsucht* enthielt als Bonustracks mit „Engel" und „Du hast" zwei in Englisch eingesungene Titel. Richard Kruspe: „Zum einen haben wir es gemacht, weil die amerikanische Plattenfirma das so wollte, zum anderen von uns aus, um zu sehen, ob sich der Charakter der Songs verändert, was er meiner Meinung nach auch getan hat. Nach der Veröffentlichung von ‚Sehnsucht' ist aber Folgendes passiert. Die DJs und Fans wollten von uns gar keinen englischsprachigen Song hören. Sie wollten uns deutsch hören ... Auch nach den Konzerten sprachen uns die Kids an und sagten, dass wir es bleiben lassen sollen, in Englisch zu singen. Somit war das Thema, englisch zu singen, auch hinfällig geworden."[13]

Und Flake Lorenz: „Für die Amerikaner ist das ‚Teutonische' in unserer Musik das Einzige, was sie wirklich dingfest machen können. Die schätzen es, wenn deutsche Bands *deutsch* klingen – und eben nicht amerikanisch! Praktisch jeder Amerikaner, den wir treffen, sagt erst einmal: ‚Achtung!' ‚Verboten!' – und findet das dann saukomisch. Uns irritiert das nicht, wir vertrauen ganz auf unsere Musik und wissen ja, dass wir nicht vordergründig Marschmusik in unsere Songs einbauen, nur um die vordergründigen Klischees und Erwartungshaltungen zu bedienen."[14] Die WASHINGTON POST widmete Ende Juli 2001 der Band einen längeren Artikel, der ihre Rezeption in den USA auf den Punkt brachte: „Mit Springerstiefel-Rhythmen und jeder Menge teutonischer Wut marschierte das Sextett [...] 1993 [sic!] aus Deutschland heraus und stürmt seither die Charts rund um den Globus. Die Musik ist so roh wie eine ungekochte Bratwurst, mit Synthesizern, die für ein paar Industrial-lastige Melodien sorgen. Feuer ist der wichtigste visuelle Aufhänger, aber Rammstein bietet auch etwas, wonach sich das amerikanische Publikum offenbar sehnt: die Möglichkeit, die Faust zu ballen und auf Deutsch zu singen. […] Warum? Weil Metal auf Deutsch einfach besser klingt, genauso wie Punk mit einem bissigen britischen Akzent besser klingt und Country-Musik einen schleppenden Dialekt braucht. […] Die Stimmung bei den Auftritten der Band liegt irgendwo zwischen einer Schwulenbar und einer Kundgebung der Hitlerjugend. Das hat in Deutschland, wo man empfindlich auf alles reagiert, was auch nur im Entferntesten an das Dritte Reich erinnert, zu anprangernden Artikeln geführt, die Band aber auch hier in Schwierigkeiten gebracht. […] Nach dem Columbine-Massaker geriet Rammstein in den Fokus der Medien, als bekannt wurde, dass die Highschool-Mörder Eric Harris und Dylan Klebold Rammstein-Fans waren. Rammstein, mit anderen Worten, gibt Kindern eine Möglichkeit, ihre Eltern zu ärgern, indem sie auf etwas abfahren, das noch beunruhigender ist als Gangsta-Rap."[15]

Nach der ersten Erfolgswelle, die 2001 in ihrer großen Amerika-Tour durch die USA, Kanada und Mexiko kulminierte, ließ sich die Band dann fast ein Jahrzehnt nicht mehr vor US-Publikum sehen. 9/11 und die in den USA um sich greifende Sicherheitshysterie führten zur Entfremdung. Zudem wollte es der Zufall, dass ihr Video zu „Ich will" in den USA einen Tag vor dem 11. September 2001 erschien – ein denkbar schlechtes Timing. Das Video ist eine Satire auf einen Bankraub, in dem Keyboarder Flake Lorenz am Ende als eine Art Kamikaze-Terrorist auftritt. Nicht nur, dass die US-Medien aus naheliegenden Gründen die Ausstrahlung damals verweigerten, die Band geriet wegen des Videos auch noch in den Verdacht, mit Selbstmordattentätern zu sympathisieren. Als die Band dann auf der *Pledge Of Allegiance* Tour im November 2001, einem Heavy-Metal-Paket mit Bands wie SLIPKNOT und SYSTEM OF DAWNS, das den Opfern der Tragödie vom 11. September gewidmet war, auch noch anklingen ließ, sich

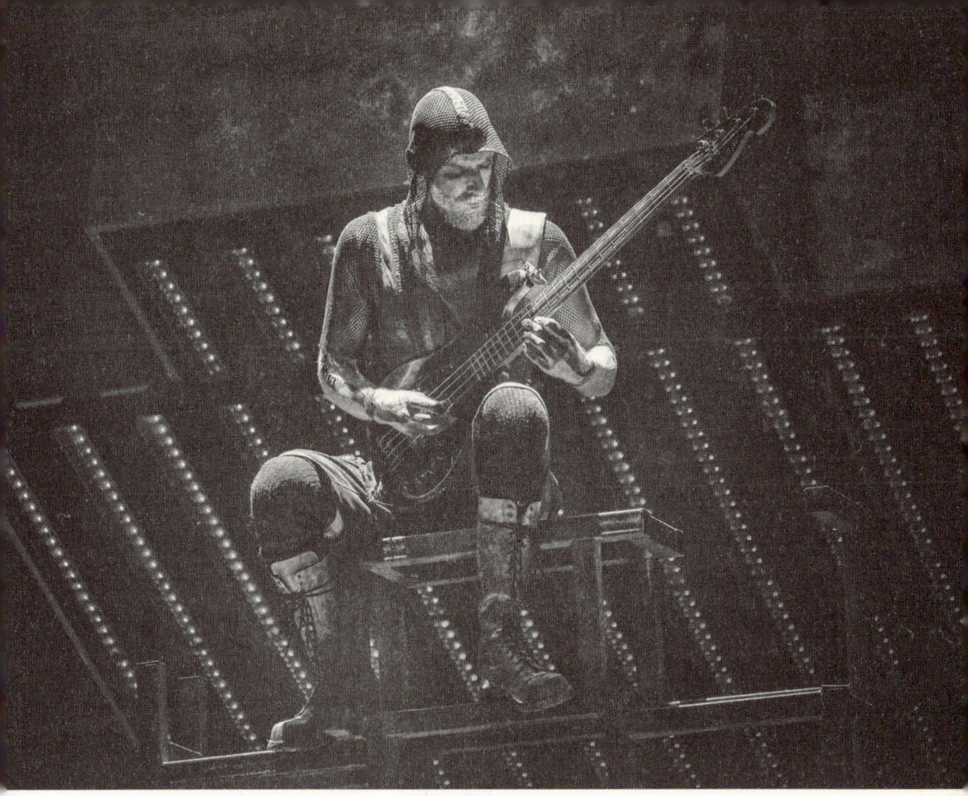

Oliver Riedel

von dem nun einsetzenden amerikanischen Nationalismus nicht vereinnahmen lassen zu wollen, kühlte das Verhältnis zwischen RAMMSTEIN und dem US-Publikum merklich ab. Paul Landers: „Nach dem 11. September haben wir eine große Tour gehabt mit Slipknot … und zum Anfang der Tour wurde die Nationalhymne gespielt, und dann hat Slikpknot jedes Mal so 'ne betroffene Sache erzählt in der Mitte, ‚Ja wir müssen', und alle haben geschrien ‚ja' – ‚Wollte ihr den totalen Krieg' so in der Art –, und da war uns wichtig, dass wir danach doch etwas klarstellen, dass wir schon 'nen anderen Standpunkt haben, als so jetzt in Amerika gerade gang und gäbe ist."[16] Damit gingen auch die Medien auf Distanz, und so machte die Band fortan erst einmal einen Bogen um die USA. Christoph Schneider: „Danach haben wir aufgegeben und gesagt: ‚Scheiß auf Amerika!'"[17]

Umso triumphaler war 2010 dann die Rückkehr, was die 2015 erschienene DVD *Rammstein in Amerika* mit einem Mitschnitt ihres

Konzerts im Madison Square Garden eindrucksvoll dokumentiert. Noch einmal Christoph Schneider: „Zu ‚Liebe ist für alle da' haben wir in Kanada vor 100 000 Menschen gespielt, darunter viele angereiste Amerikaner. Da dachten wir, vielleicht geht da doch noch was. So entstand die Idee mit der Show im Madison Square Garden. Wir wollten ein Zeichen setzen. Mal sehen, ob wir die Halle ausverkauft kriegen, eine Art Comeback. Hat ja geklappt."[18]

Auch wenn die Begeisterung für Rammstein in den USA inzwischen keine Grenzen mehr zu kennen scheint, vor allem ein Song, „Amerika", lässt seit seinem Erscheinen 2004 das amerikanische Publikum regelrecht ausflippen, da sein Refrain in den USA wie nirgends sonst zum Mitsingen provoziert:

We're all living in Amerika
Amerika ist wunderbar
We're all living in Amerika
Amerika, Amerika.[19]

Die unüberhörbare Ironie dieser Zeilen stört überhaupt nicht, sondern wird vom Publikum regelrecht in Grund und Boden gebrüllt. Dass der Song eine deutliche Distanzierung von dem Land zum Ausdruck bringt, dass da besungen wird, spielt in den USA keine Rolle – *fun* ist *fun*, mit oder ohne Ironie. Dabei hat die Band für das amerikanische Publikum sogar extra eine englischsprachige Version erstellt. Paul Landers: „Lustigerweise mögen die das Lied, weil der Amerikaner an sich ist der Ironie nicht so aufgeschlossen, die versteht er nicht so. Und er denkt ja, alles ist gut, alles ist schön."[20] Christoph Schneider zufolge war der Song allerdings gar nicht für das amerikanische Publikum gemacht: „Der Song ist für mich auch nicht für Amerika geschrieben. Es ist die europäische Sichtweise auf die Dinge, wie die amerikanische Kultur Europa überflutet und halt die ganze Welt irgendwo beeinflusst."[21]

„Amerika" erschien im September 2004 als zweite Single-Auskopplung aus dem vierten Studioalbum *Reise, Reise*. Das Album debütierte unmittelbar nach Erscheinen am 27. September 2004 in Deutschland,

Österreich, in der Schweiz, Finnland, Island, Estland und Mexiko auf Platz 1 der jeweiligen Album-Charts. „Amerika" ist in der Mitte des Albums – nicht ohne Hintersinn – unmittelbar vor „Moskau" platziert. Es ist der RAMMSTEIN-Song, der einem explizit politischen Statement am nächsten kommt, einem Statement freilich ganz nach RAMMSTEIN-Art voller Ironie, die selbst noch einmal ironisch gebrochen ist, eine doppelte Volte also. Paul Landers: „Wir sind keine Band mit Statements und Botschaften, höchstens ‚Fleisch, Fleisch', oder ‚Jaaa', ‚Ich will'. Aber in dem Fall mussten wir mal 'ne Ausnahme machen. Weil in der Zeit, wo die Platte entstand, hat Amerika dermaßen rumgenervt."[22] Es waren die Bilder aus dem Irakkrieg, dem dritten Golfkrieg 2003, der die Band nicht unberührt gelassen hat. Oliver Riedel: „Das war auch noch nie, dass wir im Proberaum standen und es wurde so massiv ein Krieg geführt."[23] Vergleichbar ist der Song in seiner Direktheit allenfalls noch mit „Zerstören", der 2005 auf *Rosenrot*, dem fünften Studioalbum der Band, erschien und als Kommentar zum Irakkrieg verstanden werden kann (*„Ja, ja, ja, ich muss zerstören, doch es darf nicht mir gehören*"[24]). „Deutschland" (2019) von ihrem unbetitelten siebten Studioalbum ist zwar nicht minder direkt, durch den Selbstbezug und die Komplexität seiner Aussage aber ein Kapitel für sich.

Der ursprüngliche Text von Till Lindemann zu „Amerika" war seinen Bandkollegen allerdings zu politisch, sodass sie ihn gemeinsam umformulierten. Bassist Oliver Riedel: „Es gab da in der Band einige Diskussionen, weil wir ja noch nie politische Statements abgegeben haben, aber in der Zeit, in der wir die Platte aufgenommen haben, war gerade der Irakkrieg im Gange, und wir fanden das alles so gemein und ungerecht, dass dann dieser Text entstanden ist. Aber weil wir nicht mit erhobenem Zeigefinger kritisieren, sondern das Ganze eher ironisieren, ging der Text dann halt in diese Richtung."[25] Die politische Aussage wurde zwar nicht aufgegeben, aber nun auf eine andere, allerdings nur scheinbar unpolitische Ebene verschoben. Christoph Schneider: „Wir haben eine gute Variante gefunden in unserer Sprache, die immer doppeldeutig war und die Dinge nie so direkt beim Namen genannt hat, uns dem Thema zu nähern."[26] So geht es in dem Song dann gar nicht mehr um den Irakkrieg, vielmehr ist er eine Satire auf das globale Expansionsbestreben der USA:

We're all living in Amerika
Wenn getanzt wird will ich führen
auch wenn ihr euch alleine dreht
Lasst euch ein wenig kontrollieren
Ich zeige euch wie es richtig geht

Und es werden die Seltsamkeiten der amerikanischen Kultur aufs Korn genommen, die mit Coca-Cola, Mickey Mouse, Santa Claus und Wonderbra einen Siegeszug um die Welt angetreten haben:

Nach Afrika kommt Santa Claus
Und vor Paris steht Mickey Maus
We're all living in Amerika
[…]
Coca-Cola, Wonderbra
We're all living in Amerika
Amerika, Amerika

Dennoch ist der Satire trotz aller Ironie der Ernst nicht abzusprechen, heißt es doch zum Schluss dann:

We're all living in Amerika
Coca-Cola, sometimes war
We're all living in Amerika
Amerika, Amerika[27]

Der Song ist eine böse Hommage an die USA, die mit einem Kunstgriff noch einmal gebrochen wird. Schon der Refrain ist musikalisch mit allen Insignien eines Kinderliedes ausgestattet und überzieht damit das doppelbödige „*We're all living in Amerika*" mit einer infantilen Unbekümmertheit, die offen lässt, ob hier das Resultat eines aggressiven Amerikanismus beschrieben oder ironisch doch eher das Gegenteil gemeint ist, dass wir eben gerade nicht alle in Amerika leben. In der Bridge des Songs wird die ironische Ebene verlassen und, hervorgehoben durch den Wechsel ins Englische, der Song nun selbst besungen. Hier heißt es jetzt mit einer für RAMMSTEIN schon ungewöhnlichen Deutlichkeit für den Fall, dass jemand die Ironie, mit der der Text Amerika zu bejubeln scheint, nicht mitbekommen haben sollte:

This is not a love song
I don't sing my mother tongue
No, this is not a love song[28]

Den Kennern unter ihren Fans ist natürlich nicht entgangen, dass dieses Statement die Titelzeile eines amerikakritischen Songs der britischen Postpunk-Band PUBLIC IMAGE LTD. zitiert. Dass da der Vorwurf des Antiamerikanismus geradezu reflexhaft zur Hand war, ist angesichts des notorisch schlecht gelaunten deutschen Feuilletons nicht wirklich überraschend, während die Amerikaner der Band den Song mitnichten übelgenommen haben.

Das von dem Hamburger Werbefilmer Joern Heitmann zum Song produzierte Video legt noch eine weitere Ebene darüber. Sie zeigt die Band nach einer Mondlandung in Raumanzügen. Gedreht wurde in einer stillgelegten Halle des Zementwerkes Rüdersdorf bei Berlin, in die 240 Tonnen Aschesand gekippt wurden, um die Mondoberfläche zu imitieren. Das Video ist mit doppelter Geschwindigkeit gedreht, um die geringere Schwerkraft auf dem Mond zu simulieren. Die normale Wiedergabegeschwindigkeit ergibt dann die langsameren, leicht schwebenden Bewegungen, wie sie bei geringerer Schwerkraft entstehen. Echt sind nur die von der NASA ausgeborgten Raumanzüge, wofür mit Randy Pike eigens der NASA Space Suits Operator aus den USA eingeflogen wurde. Man kann das Video, wie geschehen, als eine Illustration der schon seit Jahrzehnten durch die Öffentlichkeit geisternden These obskurer Verschwörungstheoretiker sehen, nach der die Mondlandung ein Fake gewesen sei, gedreht unter strikter Geheimhaltung in einem von Hollywoods Filmstudios. Richard Kruspe: „Wir haben uns überlegt, wie kann man diesen Song auf eine Art und Weise im Video filmen, wo es eben nicht so zeigefingermäßig rüberkommt. Und dann kam die Idee irgendwie … Es gibt ja diese wunderbare *conspiracy*-Idee, dass die Amerikaner nie auf dem Mond waren, dass es bis heute eben nicht erwiesen ist, dass die Amis damals das nicht einfach gefilmt haben."[29] Doch das kindische Herumalbern gibt der Szene eher den Charakter eines futuristisch ausgestatteten Abenteuerspielplatzes, was das Supermacht-Gehabe, das mit der Mondlandung verbunden war, ins Lächerliche zieht. Zwischengeschnitten sind Szenen aus verschiedenen Teilen des Erdballs, die mit einer durch und durch amerikanisierten Welt amerikanischen Kulturimperialismus pur zeigen.

Es sind die Gegensätze eines Landes, das mit seinem technischen Fortschritt ebenso für Schlagzeilen sorgt wie es mit einer kaum verhüllten Arroganz der Macht nicht müde wird, die Welt zu erschüttern, die RAMMSTEIN zu einem Song provozierten, der das Absurde und Skurrile ebenso wie das Größenwahnsinnige einzufangen sucht, ohne dabei in platten Antiamerikanismus zu verfallen. Flake Lorenz hat das Kunststück vollbracht, das in einem einzigen Satz lakonisch auf den Punkt zu bringen: „Selten so 'ne Pinkelbecken wie in Amerika gesehen: mannshoch, breit wie'n Cadillac, gute Spülung … Perfekt!"[30]

„… VERZERRTE GITARREN UND DIE KRAFT EINES GERADEN DRUMBEATS“ DER RAMMSTEIN-SOUND

„*Ich brauche vieles und viel davon*“[1] heißt es in „Mehr“, einem Song von ihrem sechsten Studioalbum *Liebe ist für alle da* (2009). Zwar geht es in dem Lied um hemmungslose Gier, ein Kommentar der Band zur Finanzkrise, die 2007/2008 die Weltwirtschaft erschütterte und sich zur Entstehungszeit des Songs auf ihrem Höhepunkt befand. Doch die Textzeile könnte auch als Motto über dem opulenten Sound der Band stehen, der sämtliche Register zieht, die die Audiotechnik hergibt. Die Band sieht, Oliver Riedel zufolge, in diesem Song eine Hommage an COLDPLAY: „‚Mehr‘ wurde eigentlich von Coldplay inspiriert, weil wir irgendwo gelesen hatten, dass die irgendwann einmal von einem unserer Songs inspiriert worden waren. Wir hörten uns ihre Songs an, konnten aber nicht wirklich herausfinden, was an ihrer Musik und welche Elemente von uns inspiriert waren. Also wollten wir diese kleine Hommage an Coldplay machen, um zu sehen, ob sie etwas von ihnen in unserem Song entdecken.“[2] Die Effekte des Axe-FX Ultra, eines Gitarrenvorverstärkers mit integriertem Effekt-Prozessor, den Paul Landers hier benutzt und der das Intro sowie die Gitarrenbegleitung der Strophen in „Mehr“ dominiert, erinnern an den atmosphärischen Sound voller Reverb und Delay der Gitarre von Jonny Buckland, des Gitarristen von Coldplay. Er benutzt das gleiche Gerät, nur mit anderen Gitarren, da er Telecaster und Fender spielt, nicht Gitarren von Electric Sound Products

(ESP) wie die Gitarristen von RAMMSTEIN. Aber vor allem die letzte Strophe von „Mehr“, wenn Lindemann aus seinem eckigen Deklamationsstil in einen melodiebetonten Gesangsstil übergeht, lässt mit dem Geflecht melodischer Linien über einer Synthesizer-Fläche den Sound der britischen Pop-Rock-Band mit ihren gestapelten Synthieflächen anklingen. In drastischem Kontrast dazu steht der ungewöhnliche Ein-Wort-Refrain „*Mehr*“ im brachialen RAMMSTEIN-Sound.

Live kommt dieser Sound heute aus einer gigantischen 480 000-Watt PA, die mit 200 Lautsprechern, 68 Hochleistungs-Subwoofern, 64 Stage-Boxen, vier Delay Towers auf jeder Seite der Bühne und acht Line Arrays* den nötigen Druck erzeugt. Gesteuert wird das Audio-Kraftwerk von 180 prozessorkontrollierten Verstärkereinheiten über zwei digitale 192-Kanal-Mischpulte, die auch in großen Stadien eine adäquate Realisierung der ausgefeilten Klangästhetik garantieren. Sechs Tontechniker bemühen sich bei den Liveshows der Band um den Sound. Ein Gutteil der 300 Tonnen Equipment, mit dem die Band unterwegs ist, entfällt neben der mobilen Großbühne auf die Tontechnik. Allein schon dieser Aufwand verweist auf die Bedeutung, die RAMMSTEIN dem Sound ihrer Musik zumessen. Paul Landers: „Der Klang ist das A und O. Gerade bei unserer Musik, wo jeder gegen jeden spielt, so laut er kann. Da braucht's eine gute Anlage.“[3] Die annähernd 400 Klangbestandteile, die in Form elektrischer Signale von mehreren hundert Mikrofonen oder direkt von den Instrumenten abgenommenen werden, setzt seit einigen Jahren der wohl beste deutsche Live-Mixer, inzwischen auch Produzent der Band, Olsen Involtini, am Mischpult zu den Klangskulpturen des RAMMSTEIN-Sounds zusammen. Er selbst sagt dazu: „Es ist extrem wichtig, dass die Energie der Musik von Rammstein möglichst gnadenlos auf das Publikum hereinbricht, ohne dabei die Transparenz zu verlieren. Die Schwierigkeit besteht darin, zwischen den gewaltigen Gitarrenriffs und Tills Stimme stets die richtige Balance zu fin-

---

* Zusätzliche Lautsprechereinheiten im Publikumsbereich (Delay Towers) und hinter dem Publikum (Line Arrays), welche die im Freiluftbereich über größere Distanzen unvermeidlichen Laufzeitverzögerungen des Schalls kompensieren

den. Bei einer Rammstein-Show muss ein Finger daher immer am Vocalfader kleben."[4]

Der von den Gitarren dominierte Sound, in dessen Zentrum die modulationsreiche Stimme Lindemanns steht, ist das Markenzeichen der Band, ein Amalgam aus Gefühl und Härte, Pathos und Melancholie. Er ist mit seiner Verbindung von Klangästhetik und Musiktechnologie das Kraftzentrum, der Nukleus der Musik von RAMMSTEIN, ihre musikalische DNA. Nur wenn sich eine Tonfolge im RAMMSTEIN eigenen Klanggewand gut anhört, ist sie brauchbar. Dass die Texte von Lindemann erst ganz zum Schluss der Musik aufgesetzt werden, ist die Voraussetzung dafür, dass die Songs vom Sound her konzipiert werden können. Nicht zuletzt deshalb funktionieren RAMMSTEIN-Songs auch dann so gut, wenn die Texte aus sprachlichen Gründen nicht oder kaum verstanden werden. Sie sind vom Sound her entwickelt, getragen von einer zwischen Sprechgesang und Brüllen, Zartheit, Drohen und Verführen changierenden Stimme.

Geprägt wurde der brachiale Sound der Band mit Unterstützung des schwedischen Produzenten Jacob Hellner und des niederländischen Mixing-Ingenieurs Ronald Prent. Jacob Hellner hat mit Ausnahme der beiden letzten alle Studioalben der Band sowie die drei Livealben *Live aus Berlin* (1999), *Völkerball* (2006) und *RAMMSTEIN: Paris* (2017) produziert. Er hat ein ausgesprochenes Gespür für das Klangdesign von Musik, für die besondere klangliche Atmosphäre, die jeder Song braucht, ohne den Gesamteindruck zu zerstören, der der Band ihre klangliche Identität gibt. Er selbst sagt dazu: „Es ist wie beim Malen eines Bildes. Sie sind diejenigen, die die Farbe aufs Bild bringen, und ich bin derjenige, der für die Schatten verantwortlich ist oder für die Balance. Ich bin zwar Teil des Prozesses, der das Bild entstehen lässt, aber es ist definitiv ihr Bild. Sie sind die Künstler ..."[5] Mixing-Ingenieur Ronald Prent hat die ersten beiden Alben *Herzeleid* (1995) und *Sehnsucht* (1997) abgemischt. Mit dem dritten Album *Mutter* (2001) übernahm der schwedische Toningenieur Stefan Glaumann den Mix für RAMMSTEIN, wobei mit jedem Album die Zahl der beteiligten Ingenieure und deren Assistenten sowohl für die Aufnahme wie für den Mix größer geworden ist, weil von Album zu Album der Sound komplexer wurde. Glaumann hatte in Zusammenarbeit mit Hellner schon das erfolgreiche CLAWFINGER-Album *Deaf Dumb Blind* (1993) gemixt. Er gilt als Spezialist für Lautheit, was, wenn es klingen statt zerren soll, eine technisch anspruchsvolle Aufgabe ist.

Ebenfalls mit dem dritten RAMMSTEIN-Album kam der Schwede Ulf Kruckenberg als leitender Aufnahmeingenieur hinzu. Prent erinnerte sich an die schwere Geburt des RAMMSTEIN-Sounds in den Hamburger Chateau du Pape Studios, heute H.O.M.E Studios, der Recording-Tempel des deutschen Musikproduzenten Franz Plasa: „Als wir das erste RAMMSTEIN-Album machten, wir mixten es in den Chateau du Pape Studios in Hamburg, war das Einzige, was wir wussten – der Produzent Jacob Hellner und ich –, dass sie etwas Spezielles, etwas Besonderes wollten, etwas, das anders ist. Hellner war schon da. So, du startest also mit dem Setup für den Mix, irgendwann ist er fertig. Sie kamen es sich anzuhören: ‚Oh, das klingt geil. Aber das sind nicht wir.' Du verstehst das, denn wir wussten, dass wir nach etwas Neuem suchten. Okay, also ein neuer Versuch. Am nächsten Tag, derselbe Song, und wieder ‚Das klingt fantastisch! Aber das sind nicht wir. Vielleicht könnte es ein bisschen mehr wie Bon Jovi klingen'. Also gut, ich glaubte das zwar nicht, aber lass es uns versuchen, dann eben ein bisschen mehr Bon Jovi. Und wieder kam: ‚Das funktioniert, aber das sind nicht wir.' Und so ging das tagelang weiter – vier Tage, fünf Tage, sechs Tage, sieben Tage. Ich saß mit Hellner da, und wir dachten: Was zur Hölle machen wir denn jetzt? Ich meine, ich verstehe das, ich verstehe ‚Das sind nicht wir'. Okay. Gut war, dass sie wussten, was sie nicht wollten. Und dann kam der Punkt, wo ich zu Jacob sagte: Weißt du was, es gibt jetzt nur noch eine Möglichkeit. Ich werde alles gleich laut machen, mitten ins Gesicht, eingeschlossen den Gesang. Und wir werden sehen, ob das funktioniert. Wir machen es sehr breit, und wir machen es laut. Wir machten das so, noch ein klein bisschen Hall auf den Gesang, und dann kamen sie und hörten es sich an, hörten es noch einmal und hörten noch einmal. Und wir saßen daneben und dachten, okay, war wohl wieder nichts. Doch dann kam es: ‚Das sind wir!! Kann die Stimme noch ein bisschen lauter sein, dann ist das großartig.‘ Und so ist das, du erwartest es nicht, und dann hast du Rammstein kreiert – den Sound.“[6]

Jacob Hellner ist oft gefragt worden, was das Geheimnis des RAMMSTEIN-Sounds sei. Er sagt dazu: „Es gibt in dem Sinn kein Geheimnis. Jeder will das wissen, was das Geheimnis ist. Gute Arrangements sind wahrscheinlich das Geheimnis. Du musst gute Arrangements in deiner Musik haben. Alle gute Musik, alle guten Bands haben gute Arrangements. Die Beatles hatten großartige Arrangements, die den verschiedenen Instrumenten Raum geben. AC/DC haben großartige Arrangements, Dynamik und Drama in einer einfachen Form. Dasselbe gilt auch für Rammstein – ausgezeichnete Arrangements, und die geben ihrer Musik eine unglaubliche Power.“[7] In dieser Hinsicht besitzen die RAMMSTEIN-Songs in der Tat eine Besonderheit. Paul Landers beschrieb das einmal etwas unernst mit den Worten: „Es war eine ganz einfache Form, Refrains zu bauen. Du nimmst einfach einen schönen Akkord, rufst ein Wort und lässt 'ne lustige Melodie drüberspielen und fertig haste 'nen Refrain: ‚Bück dich – dab, dab dab.‘ Das ist so praktisch unser Baukasten.“[8]

Ganz so einfach ist es natürlich nicht, aber dennoch ist an Landers Aussage etwas dran. RAMMSTEIN-Arrangements sind geprägt durch kurze und prägnante Melodie- und Wortfiguren – minimalistisch, auf das Wesentlich beschränkt und doch voller exzentrischer Opulenz dank der wuchtigen Industrial Beats und der monströsen Gitarren. Charakteristisch ist die Zurücknahme der Gitarren in den Strophen, sodass der Sänger hier häufig nur von Bass und Schlagzeug begleitet wird, bevor mit dem Refrain die Gitarren dann wieder einsetzen. Kontraste durch kurzzeitiges Weglassen ist eines der auffallendsten Besonderheiten ihrer Arrangements. Christoph Schneider: „Wir wollten einfache Strukturen in der Musik, einfache Arrangements. Viele Arrangement-Ideen haben wir von der Popmusik-Welt ausgeborgt.“[9] Die Verszeilen der Texte sind selten länger als vier oder fünf Wörter. In den Refrains dominieren Zwei-Wort-Kombinationen („*Du hast ...*"[10], „*Mutter, Mutter*"[11]), und sind sie länger, ist häufig eine Ein- oder Zwei-Wort-Figur vorangestellt („*Eins. Hier kommt die Sonne*"[12], „*Gott weiß, ich will kein Engel sein*"[13], „*Zeit, das soll immer so weiter gehen*"[14]). Sowohl die Riffs – ein- oder zweitaktige, durch Wiederholung aneinandergereihte melodisch-rhythmische Figuren meist in den Gitarren – als auch die Licks – melodische Figuren, die als Melodiebausteine dienen – sind bei RAMMSTEIN kurz, haben durch eingebaute Tonwiederholungen eine hypnotische Kraft und sind von äußerster Prägnanz. Auch als ihre Musik ab dem dritten Album *Mutter* (2001), vor allem aber dann mit *Rosenrot* (2005) komplexer und vielseitiger wurde, hat sich diese Eigenart selbst in ruhigen Titeln erhalten.

Und noch eine Besonderheit fällt beim Blick auf die Arrangements der RAMMSTEIN-Songs auf: Sie sind sehr kontrastreich gebaut. Das Spiel mit Gegensätzen gehört zur musikalischen DNA von RAMMSTEIN. Die Palette reicht von brachialer Klanggewalt über schneidende Riffs bis hin zu einer sehr deutschen wehmütigen Melancholie. Die Segmente der Songs – Verse, Chorus und Bridge – sind durch musikalische Kontraste deutlich voneinander abgesetzt oder weisen ausgeprägte Binnenkontraste auf. Paul Landers: „Unser alter Trick, was wir früher immer gemacht haben, erst leise, und dann dasselbe Thema laut – im Refrain kommen dann noch die Akkorde dazu –, das geht immer."[15] Von Album zu Album hat sich Kontrastbildung durch Lautstärke auf klangliche Kontraste verschoben, etwa durch Nutzung einer breiteren Palette von Synthesizer-Sounds und -effekten, auch durch die Einbeziehung von Streicher- und Chorpassagen oder durch die Arbeit mit kontrastierenden Akkorden. Das gibt den Arrangements ihrer Songs musikalisch jene innere Dramatik und Dynamik, von der Jacob Hellner sprach.

Obwohl die Arrangements und die Architektur der Songs einen zentralen Stellenwert besitzen, das Klangdesign der Musik, das im Aufnahmeprozess umgesetzt wird, spielt dennoch eine alles andere als sekundäre Rolle. Das 2015 anlässlich des 21-jährigen Bestehens der Band erschienene Best-of-Album *RAMMSTEIN – XXI Klavier* mit Klavier-Arrangements von dreizehn ihrer erfolgreichsten Lieder, inklusive Notenbuch, präsentiert RAMMSTEIN-Songs ohne RAMMSTEIN-Sound. Die Piano-Versionen sind auch auf einigen Singles zu hören. Das französische Duo Jatekok, bestehend aus Naïri Badal und Adélaïde Panaget, das mit RAMMSTEIN-Songs für Klavier zu vier Händen die Stadion-Tour der Band 2019 eröffnete und mit dem Cover-Album *Duo Jatekok Plays Rammstein* (2022) einige ihrer populärsten Songs in Piano-Versionen eingespielt hat, vermittelt einen Eindruck davon, wie RAMMSTEIN ohne RAMMSTEIN-Sound klingt. So interessant dieses Experiment auch ist, die zwingende Wirkung der Songs geht dabei verloren. Auch die ganze Feuerteufelei ist ein zwar faszinierender, aber letztlich äußerlicher Effekt. Er vermag nicht minder so gefangen zu nehmen wie dieser Sound, der in Form eines entfesselten Klanggewitters auf das Publikum niedergeht. Die Band ist nicht einfach nur extrem laut, agiert nicht, wie die meisten Heavy-Metal-Bands, in einem statischen Klangkorsett. Ihr Sound ist hinter seiner stählernen Oberfläche von einer feingetunten Plastizität, die sich der Körper bemächtigt, die sich auf die Klangdiktatur von RAMMSTEIN einlassen, in sie hineinkriecht und sie mitreißt. Den Totalitarismus ihrer Klangästhetik, die gnadenlos auf Überwältigung zielt, erklären sie selbst mit ihrem biografischen Hintergrund. Richard Kruspe: „Wenn man im Osten aufgewachsen ist und mit dem realen Sozialismus konfrontiert war, stellt man irgendwann fest, dass bestimmte Strukturen von totalitären Ästhetiken in der DDR weitergeführt wurden. Es ist einfach eine Ästhetik, mit der wir aufgewachsen sind.“[16]

Der RAMMSTEIN-Sound ist von kristalliner, aber facettenreicher Härte, Resultat einer unermüdlichen Feinarbeit am Klang. Dafür treiben die sechs Musiker einen immensen Aufwand. Bevor sie ins Studio gehen, bereiten sie über Monate die Aufnahme ihrer Songs zusammen mit ihrem Produzenten mehr als gründlich vor. Diese Phase der Produktionsvorbereitung, in der die Arrangements der Songs verfeinert, gegebenenfalls überarbeitet und so lange geprobt werden, bis der Sound stimmt, kann bis zu zwei Jahren dauern. Sein Anteil als Produzent veranschlagt Hellner bescheiden mit den Worten: „Es sind ihre Arrangements. Alles, was jeder spielt, steht fest, wenn sie in den Probenraum kommen, jedenfalls zu 95 Prozent, die Vocals vielleicht 85 Prozent. Die Arbeit im Probenraum läuft dann immer so ab, dass der Song gespielt wird, um ein Feeling für ihn zu bekommen, ein Gefühl für die Länge entsteht, ob am Ende des Chorus vielleicht noch etwas fehlt, dass der Riff genau angeschaut wird, ob der Song in diese oder vielleicht in jene Richtung geht."[17] Den maßgeblichen Einfluss, den Hellner seit dem ersten Album auf RAMMSTEIN hatte, kann das aber nicht in Abrede stellen. Roland Prent gab mit Bezug auf die Zusammenarbeit bei den ersten beiden Alben einmal zu Protokoll: „Die Song-Ideen, die die Band hatte, brachte Hellner in eine Song-Struktur. Ich denke, das Verdienst von Jacob bei den ersten beiden Alben ist, dass er alle ihre Songs zu wirklich guten Stücken gemacht hat. Eine Band kann gute Songs schreiben, braucht aber einen guten Produzenten."[18]

Auch im Sound der Band nimmt das Spiel mit Mehrdeutigkeiten und Ambivalenzen, das für RAMMSTEIN insgesamt so charakteristisch ist, einen zentralen Platz ein. Trotz der Verortung der Band im Industrial Metal entzieht sich ihre Musik einer eindeutigen Zuordnung im stilistischen Universum des Heavy Metal. Das Genre Industrial Metal, wie es durch MINISTRY, NINE INCH NAILS oder Marilyn Manson repräsentiert wird, ist mit rasant gespielten kurzen und permanent wiederholten Gitarrenriffs, dominanten Rhythmusgitarren, einem hohen Lärmanteil durch exzessiven Gebrauch von Verzerrern, Sequenzern und Synthesizern, gesampelten Maschinenlärm-Loops und extremen Lautstärken eigentlich als eine dezidierte Anti-Musik konzipiert. RAMMSTEIN bedient zwar die Standards des Genres, verfremdet sie aber durch ein Gemisch aus Pathos und Melancholie sowie einem Vokalstil, der zwischen Gebrüll und Flüstern, Sprechgesang und opernartigem Belcanto changiert. Die Melancholie, die vor allem die ruhigeren RAMMSTEIN-Songs mit ihrem eigenen eigenwilligen Romantizismus ausstrahlen, verweist eher in Richtung des musikalischen Erscheinungsbildes der Gothic-Szene, von dem auch das düstere Outfit der Band inspiriert ist.

Eine entscheidende Abweichung von den Metal-Standards repräsentiert das Zusammenspiel von Gitarren und Schlagzeug bei RAMMSTEIN. Die Riffs der in leeren Quinten parallel geführten Gitarren über den im unteren Oktavabstand mitlaufenden Bass, die in allen Metal-Spielarten zur Erhöhung der Spannung das minimal verzögerte Schlagzeug ziehen, sind bei RAMMSTEIN umgekehrt von einem Groove getrieben, den das opulent ausgestattete Schlagzeugkit mit zwei Bass Drums, Snare sowie zahlreichen Toms und Cymbals liefert. Leadgitarrist Richard Kruspe: „Das Besondere unseres Sounds ist, dass er [Schlagzeuger Christoph Schneider; Anm. PW] sehr auf dem Beat ist. Wenn er es nicht ist, wird er technisch auf den Beat gesetzt! Ich versuche, etwas laid back direkt hinter der Snare Drum zu bleiben, was bestimmten Riffs ein anderes Gefühl gibt.“[19]

Im Gegensatz zu dem High-Energy-Level des Industrial-Sounds stehen auch die melodieorientierten Synthesizer-Einlagen die von zwei Keyboards kommen und die typischen Heavy-Metal-Klangkomponenten mit einer Prägung versehen, die musikalisch eher einem synthetisch-futuristischen Hightech-Zusammenhang entstammt. Das Maschinelle ihrer hyperpräzisen Rhythmik wird im Laid-back-Spiel der Leadgitarre gebrochen, die technoide Wucht des Schlagzeugs durch den dominant gehaltenen Sound der Akustikinstrumente des Schlagzeugkits aufgefangen, und den brachialen Gitarrenriffs kontrastieren die Synthesizer-Girlanden und Sampler-Effekte im spielerischen Techno-Feeling, eingeschlossen immer wieder zu hörende rückwärtslaufende Klänge, die eher an House Music erinnern. Der RAMMSTEIN-Sound ist ein Gemisch aus Klangkonzepten, die in unterschiedliche Richtungen weisen und den Songs auf diese Weise einen weitgehend offenen Assoziationsraum bereitstellen.

Das Fundament des RAMMSTEIN-Sounds sind die im Oktavabstand unisono geführten Gitarren, unter denen der Bass mit maschinengleicher Präzision pulsiert. Die Klänge der verzerrten Gitarren, die wie stählerne Säulen im Raum stehen, wirken in RAMMSTEINS Musik durch ihre pure Materialität. Die Musik bezieht daraus eine Wirkung, die die Songs allein niemals hätten. Die Gitarren werden in der Regel tiefer gestimmt, um dem Sound die für RAMMSTEIN charakteristische Massivität zu geben. Schon auf den ersten beiden Alben *Herzeleid* (1995) und *Sehnsucht* (1997) sind die Gitarren überwiegend mit heruntergestimmter tiefster Saite des Instruments (E-Saite) gespielt, in sogenannter Drop D-Stimmung (E-Saite nach D gestimmt), etwa bei „Du riechst so gut" oder „Engel". Gleiches gilt für fast alle Songs von *Mutter* (2001). Das erleichtert das Spielen von Power Chords – terzlosen Akkorden mit oktavverdoppeltem Grundton –, die besonders wuchtig klingen und im Heavy Metal stilprägend sind. Seit *Reise, Reise* (2004) bevorzugen die RAMMSTEIN-Gitarristen eine Stimmung, bei der die untere Saite der Gitarre gegenüber der Standard-Stimmung sogar um zwei, alle anderen um einen Ganzton tiefer gestimmt sind (Drop C-Stimmung). Die heruntergestimmten Saiten liefern gegenüber der Standard-Stimmung die gleichen Töne mit einem tiefenbetonten Frequenzanteil, was sie schwergewichtiger klingen lässt, ohne dass ihr Profil verloren geht. Die Melodik der Riffs bleibt so auch in tiefen Lagen klar und transparent, statt zu verwischen. Live müssen dafür dann die Gitarren gewechselt werden, weil man sie auf der Bühne ja nicht umstimmen kann.

Die Kombination verschiedener Gitarrenmodelle mit unterschiedlichen Verstärkertechnologien ergibt die Kompaktheit des Sounds, der auch bei extrem hohen Lautstärken klare Konturen und eine ausdifferenzierte innere Dynamik besitzt. Hellner verweist jedoch zu Recht darauf, dass die Gitarren letztlich immer nur so klingen, wie sie gespielt werden. „Der Gitarrensound von Rammstein resultiert aus der Art und Weise, wie sie sie spielen. Sie haben zwei großartige Gitarristen, von denen jeder auf seine Weise macht, was er machen muss."[20] Sowohl Richard Kruspe als auch Paul Landers spielen seit 1997 als Hauptinstrument eine Sonderanfertigung des US-amerikanischen/japanischen Herstellers Electric Sound Products (ESP), ein Signature-Modell, das ihren Namen trägt. ESP-Gitarren sind aus speziellen Hölzern gefertigt und durch die verwendeten Tonabnehmer ideal für ein lautes und präzises Spiel. Richard Kruspe spielt sie hauptsächlich über einen Mesa Boogie Rectifier MKII C+, einen analogen Röhrenverstärker, Paul Landers über einen digitalen Tech21 SansAmp, kein herkömmlicher Verstärker, sondern eine als Fußpedal ausgeführte Kombination aus Multieffektgerät und transistorbasierter Verstärkeremulation. Mit dem SansAmp FlyRigPL1 Paul Landers nutzt er seit 2018 ein Signature-Modell, das der New Yorker Hersteller Tech 21 in enger Zusammenarbeit mit ihm entwickelt hat. Richard Kruspes Gitarre ist im Studio häufig über eine Split-Box parallel etwa im Verhältnis 80/20 sowohl über den Mesa Boogie Rectifier als auch über einen digitalen SansAmp geschickt. Das verdoppelt sie im Klangbild und führt durch die unterschiedlichen Ansprechzeiten von analogen und digitalen Verstärkern zu jener Homogenität des Gitarrensounds, der zum Markenzeichen von RAMMSTEIN geworden ist. Der schnellere digitale SansAmp liegt im Mix tiefer, sodass die sich langsamer ausbreitenden tiefen Frequenzen mit den mittleren und hohen Frequenzen, die auf den analogen Verstärker gelegt sind, im Klangbild synchron laufen. Das ergibt dann diesen homogenen und ungemein kompakten Gitarrensound, der mit mindestens zwei Mikrofonen von den Boxen der Gitarrenverstärker abgenommen wird. Insbesondere Richard Kruspe als Leadgitarrist nutzt darüber hinaus die unterschiedlichen klanglichen Eigenschaften diverser Verstärkermodelle. Zu nennen sind hier insbesondere der Friedman Amplifier von Dave Friedman, einem legendären US-Sounddesigner, der 25 Jahre die Verstärker von Rock-Schwergewichten wie Eddie Van Halen oder Steve Stevens feingetunt hat, bevor er sich 2008 mit einem eigenen, von Hand gefertigten Röhrenverstärkermodell einen Namen machte, und der vor allem für den Live-Einsatz optimale digitale Kemper Profiling Amp des Frankfurter Elektronikgenies und Firmengründers Christoph Kemper, der mit Hunderten eingebauten Klangprofilen eine Vielzahl von Gitarrenverstärkern digital emulieren kann, die damit nicht mehr auf die Bühne geschleppt werden müssen.

Jacob Hellner erzählte 2017 im Rahmen eines Workshops, den er am SAE Creative Media Institute in Amsterdam für angehende Audioingenieure abhielt, wie er zu dem RAMMSTEIN- spezifischen

Gitarrensound gelangt ist: „Wir benutzten dafür Großmembran-Kondensatormikrofone wie das U49, U47, U67 und M149. Aber wirklich entscheidend ist die Platzierung dieser Mikrofone. Es muss ja sehr laut sein, aber alles, was sehr laut ist, ist schwierig aufzunehmen. Ich habe dafür ein bewegliches Mikrofon entwickelt. Wir haben das Mikrofon auf eine Konstruktion mit einem elektrischen Antrieb gesetzt, sodass wir es vom Kontrollraum aus steuern konnten, um den richtigen Aufnahmewinkel zu finden. Im Prinzip geht es dabei um die verschiedenen Arten von Verzerrung. Der Rectifier beginnt mit der Verzerrung erst bei extrem hohen Lautstärken. Das nennt man auch ‚PowerAmp'. Das bedeutet, man bekommt den gewünschten Ton erst, wenn man wirklich extrem laut ist. Traditionelle Rockstars wie AC/DC nutzen Vorverstärker-Verzerrung. Die haben kaum Verzerrung, und das passt zu deren Art von Knackigkeit. Das heißt, der Verstärker selbst muss dabei nicht unbedingt laut sein, und das ist leicht aufzunehmen. Was es hier aber brauchte, ist PowerAmp-Verzerrung, PowerAmp-Sättigung […] Was wir also machten: Wir nahmen diese beweglichen Mikrofone, mit denen wir den Winkel aus dem Kontrollraum heraus genau einstellen konnten. […] Wenn du im Kontrollraum bist und hörst den Sound und gehst raus, um das Mikrofon leicht zu verstellen, weil er dir nicht gefallen hat, und dann gehst du zurück, überlegst es dir aber schließlich anders und willst es vielleicht wieder so, wie es vorher war, dann ist das normalerweise schwierig, denn wir reden hier über winzigste Bewegungen der Mikrofone. Wir haben das mit unseren beweglichen Mikrofonen zwei volle Tage gemacht. Dann hatten wir es, und dann war es einfach."[21]

Bei den meisten Songs sind die Gitarren, wie im Heavy Metal üblich, mindestens zweimal aufgenommen und dann im Mix auf die zwei Stereospuren heruntergemischt. Da die Leadgitarre parallel über beide Verstärkertypen läuft, ergibt das insgesamt sechs Gitarrentracks. In Einzelfällen, so Richard Kruspe, gehe das sogar bis zur 24-fachen Mehrfachaufnahme der Gitarren, um einen für die Songs maßgeschneiderten Gitarrensound zu erhalten. Solche Mehrfachaufnahmen erlauben mit jeder Aufnahme nicht nur eine unterschiedliche Positionierung des Klangs im Stereoraum, was diese wandartige Wirkung des Sounds ergibt. Sie erhöhen auch den Druck, weil mit jedem Einspielen der Aufnahme mehr Schallenergie zur Verfügung steht, ohne dass deshalb lauter gespielt werden muss. Vor allem aber reichert die Mehrfachaufnahme den Klang an, macht ihn „fetter", denn selbst bei präzisestem Spiel sind schon zwei Aufnahmen derselben Passage nie deckungsgleich.

Auch die Singstimme ist mehrfach aufgenommen, allerdings nicht um sie zu doppeln, sondern um den Vokalpart mit weiteren Aufnahmen in höheren oder tieferen Registern, mit anderer Stimmgebung wie Flüstern, Schreien oder eben auch mit ganz klarer Intonation im Mix anreichern zu können. Lindemanns Stimme ist fast immer mit einem Vintage-Mikrofon der Berliner Georg Neumann GmbH aufgenommen, dem Neumann M49, dessen Entwicklung auf das Jahr 1949 zurückgeht, kombiniert mit einem High-End-Vorverstärker derselben Firma. Das Mikrofon ist eine Legende und gilt aufgrund seiner überragenden Klangeigenschaften noch immer als das beste Gesangsmikrofon der Welt, das von Elvis Presley über Aretha Franklin, John Lennon, Michael Jackson, Bob Dylan bis hin zu Taylor Swift für die Aufnahme großer Hits benutzt worden ist und wird. Für Lindemann ist es mit einem eigentlich für den Spracheinsatz im Rundfunk konzipierten Kompressor kombiniert, der die eckige Artikulation vor allem der Sprechgesangpassagen betont. Diese Kombination von Mikrofon, Vorverstärker und Kompressor lässt den Lindemann-typischen Vokalsound entstehen.

Unter den Mikrofonen fällt ansonsten das einer Fahrradlampe ähnliche Gesangsmikrofon von Paul Landers auf, das er auf der Bühne benutzt. Es ist ein Modell des amerikanischen Herstellers Shure, das wegen seines Aussehens auch als „Green Bullet" bekannt ist und eigentlich für die Mundharmonika entwickelt wurde. Es passt perfekt zwischen Hand und Mundharmonika und ist mit einem integrierten Lautstärkeregler ausgestattet, der bei Nichtbenutzung des Mikrofons, auf null gedreht, das leidige Rückkopplungsproblem auf der Bühne beseitigt. Als Gesangsmikrofon ist es aufgrund seiner Frequenzcharakteristik eigentlich nicht optimal, aber gerade deshalb für bestimmte Stimmklangbilder, vor allem aber für verzerrten Gesang und hohen Pegel besonders gut geeignet – für die zweite Gesangstimme bei RAMMSTEIN also die perfekte Wahl.

Die Bassgitarren, die Oliver Riedel bevorzugt, sind Instrumente des Braunschweiger Herstellers Sandberg. Am häufigsten spielt er einen Viersaiter mit H-, sprich ohne G-Saite aus Erlenholz mit Ebenholzgriffbrett, den er sich hat auf den Leib schneidern lassen, ausgestattet mit Tonabnehmern auf Hals und Steg, die das untere Ende des Frequenzspektrums besonders deutlich abbilden, ohne dass der Ton verwaschen wird. Der Bass läuft, wie übrigens auch die Gitarren, in der Regel über einen analogen, jedoch digital programmierbaren Vorverstärker. Über diesen wird dann ein Bolide unter den Bassverstärkern angesteuert, der es auf 1000 Watt Ausgangsleistung bringt und selbst übersteuert noch einen sauberen Klang liefert. Im Studio ist das Signal allerdings in der Regel direkt vom Instrument abgenommen (Direct Injection), da so die Einschwingspitzen der Saiten und Artikulationsnuancen der Spielweise am deutlichsten rüberkommen und das Spiel so an Präzision gewinnt. Den Klang erhält der Bass dann per Equalizer und Kompressor, da er von RAMMSTEIN vor allem rhythmisch und als Stütze für die Gitarren behandelt wird. Lediglich in bassbetonten Überleitungspassagen oder um den Text zu unterstreichen, ist er mit einer ganz eigenen Klangcharakteristik ausgestattet. Auf das bei Heavy-Metal-Bands übliche Hinzumischen eines vom Verstärker per Mikrofon abgenommenen Signals wird im Studio zumindest verzichtet.

Den Groove liefert ein Schlagzeugkit mit zwei Bass Drums, vier unterschiedlich großen Toms und zwei Snares, aktuell die SQ2 Serie von Sonor, einem deutschen Hersteller, der mit einer patentierten Kombination von Schlagfellaufhängung, Kesseldurchmesser, Material des Kessels und Fellspannung einen einzigartigen Sound für das Schlagzeug entwickelt hat. Zuvor war Schlagzeuger Christoph Schneider mit Kits des kalifornischen Herstellers DW unterwegs, der für einen kraftvollen Sound bekannt ist, und mit einer

Kombination des japanischen Herstellers Tama, dessen Kits einen glasklaren Klang liefern. Die Cymbals, darunter ein großes, handgehämmertes 22-Zoll-Ride-Becken, zwölf Crash-Becken verschiedener Größe und drei Hi-Hat-Becken, sind von dem kanadischen Hersteller Sabian, der einzige weltweit, der die Metall-Legierungen für seine Becken noch selbst mischt und auch die Rohlinge selbst gießt. Diese Becken sprechen extrem schnell an, reagieren nuancenreich und zeichnen sich mit ihrer speziellen Kupfer-Zinn-Legierung durch einen obertonreichen Klang von besonderer Brillanz aus. Außerdem werden sie nicht nur in allen denkbaren Größen, sondern auch in einer außergewöhnlich breiten Palette von Klangvarianten hergestellt. Christoph Schneider trommelt mit an seine Schlagweise angepassten Signature Sticks des amerikanischen Hersteller Vic Firth, die aus American Hickory, einem uralten Walnussgewächs, hergestellt werden, ein schweres und dichtes Holz, das ungeheuer schlagfest ist und ein sehr druckvolles Spiel erlaubt.

Dazu gibt es noch eine zweite – elektronische – Ebene im Schlagzeug. Neben einem Sampling-Pad, das eine Schlagfläche wie eine Drum hat, aber zuvor eingespeicherte Samples wiedergibt, sind die Bass Drums, die Toms und die Snare mit Triggern ausgestattet, die es ermöglichen, synchron zu den Schlägen elektronische Klänge und Samples in Echtzeit hinzuzumischen. Die Nutzung von Samples ist zwar im Heavy Metal und seinen Subgenres nicht unüblich. Sie werden aber normalerweise zur Anreicherung des Schlagzeugklangs von fremden Quellen abgenommen. Jacob Hellner: „Ich benutze Samples, aber nie aus Sound-Bibliotheken, sondern immer vom bandeigenen Schlagzeug."[22] So ist der Schlagzeug-Sound stärker fokussiert und dringt durch den Mix, ohne dafür Frequenzen aus dem Gitarrenklang herausnehmen zu müssen, die den Schlagzeugsound oder zumindest Teile dessen sonst zudecken würden. Den enormen Druck, der die Rammstein-Songs antreibt, liefert das Schlagzeugkit akustisch, die perkussive Klangfarbe dagegen kommt von den getriggert zugemischten Samples, und ergänzt wird das alles durch die vom Sampling-Pad generierten Drum-Loops. Christoph Schneider:

„Wir spielen quasi alle Tracks zum Computer, da bestimmte Sounds vom Computer kommen und auch das Licht programmiert ist und da mitläuft.“[23]

Die Rhythmustracks, berichtete Jacob Hellner verschiedentlich in Interviews, sind auch bei RAMMSTEIN, wie im Heavy Metal üblich, mit zwei über dem Schlagzeugkit platzierten Stereo-Overheadmikrofonen aufgenommen, die einen hohen Resonanz- und Raumanteil einfangen, der das Schlagzeug besonders „fett“ – sprich frequenzreich – klingen lässt. Jedoch ist mit beträchtlichem technischen Aufwand dem diffusen, weil frequenzreichen Klangbild von Drums und Toms eine ungewöhnlich markante Konturenschärfe gegeben. Realisiert wird das durch die Nutzung einer Reihe unterschiedlich positionierter Mikrofone jeweils für Bass Drums, Toms und Snare, sodass sie im Mix ein individuelles Klangprofil erhalten können. Die sechzehn Cymbals sind zusätzlich zu dem, was die Overheadmikrofone einfangen, mit Spot-Mikrofonen aufgenommen – Distanzmikrofone, deren Aufnahmecharakteristik eine präzise Ausrichtung auf die aufzunehmende Klangquelle ermöglicht. Ergänzt ist dieses Setup durch ein ausgefeiltes Nahmikrofonierungskonzept. Die Snare wird durch ein Loch in der Zarge mit einem Innenmikrofon abgenommen. Die Bass Drums werden gleich doppelt, innen und außen nahmikrofoniert. Die besonders tiefen Frequenzen (unter 100 Hz) liefern Sub-Kick-Mikrofone vor den Bass Drums. Insgesamt sind es vierzig Einzelsignale bzw. Kanäle, aus denen der Klang des Schlagzeugs im Mixer zu einer einzigartigen Klangskulptur zusammengesetzt wird. Vierzig Spuren sind bei der Aufnahme damit allein dem Schlagzeug vorbehalten. Die klanglich konturierten Perkussionsinstrumente ermöglichen im Zusammenwirken mit den von einem Sampling-Pad generierten Drum-Loops einen Rhythmus von maschinengleicher Präzision. Dessen Basis ist ein explosiver Vier-Viertel-Beat, wobei der explosionsartige Klang ein Resultat der Nahmikrofonierung der Bass Drums und ihres digital generierten Klangprofils ist. Das Schlagzeug erhält so nicht nur die nötige Durchschlagskraft, um sich gegen den kompakten Gitarrensound zu behaupten, sondern auch den brachialen Druck, der den RAMMSTEIN-Sound auszeichnet. Die nachgerade rigide Präzision, mit der das Schlagzeug auf einem Sechzehntel-Raster gespielt wird, sodass es fast wie ein Drumcomputer klingt, obwohl es das akustische Schlagzeugkit ist, das den Sound dominiert, ist eine Besonderheit von RAMMSTEIN.

Die Synthi-Einlagen kommen live wie im Studio von zwei Keyboards, einem Roland-Synthesizer, der mit Orgel, Piano und Synthi über drei verschiedene, untereinander kombinierbare Soundbereiche verfügt, sowie einem Sampling und Sequenzer Keyboard, einem Ensoniq ASR-10, das über eine interne Effekteinheit verfügt und dem High-Energy-Level des RAMMSTEIN-Sounds das Electro-Feeling gibt. Auf Tour benutzt Tastenmann Flake Lorenz bei Bedarf auch ein digitales MIDI Keyboard als Eingabe-Controller. Daran kann alles Mögliche angeschlossen werden, und es kann, wie etwa bei „Reise, Reise“ auf der *Reise, Reise*-Tour auch senkrecht am Körper gehalten und wie ein Akkordeon gespielt werden. Er nutzte es damals auf diese Weise, um während der zweiten Hälfte der Tour das defekte digitale Roland-Akkordeon zu ersetzen. Früher war er auch mit MIDI Keyboards von Korg und Oberheim unterwegs, alles pianoähnliche Tastatur-Controller, die mit Software-Synthesizern wie Absynth oder FM8 von Native Instruments und digitalen Soundmodulen oder Sound-Bibliotheken betrieben werden. Ergänzt durch die Presets eines AKAI S 950 Vintagesamplers eröffnet das eine faktisch unbegrenzte digitale Klangwelt, von der RAMMSTEIN allerdings ebenso zurückhaltend wie überlegt Gebrauch macht.

Doch das ist nur das Skelett des RAMMSTEIN-Sounds, der durch digitale Plug-Ins sowie Feinbearbeitung mit der Audiosoftware ProTools erst sein unverwechselbares Profil erhält. Frequenzfilterung, Kompression, Phasenlage und Verzögerungen im Millisekunden-Bereich geben jedem Ton im Mix eine genau auf den Gesamtsound abgestimmte Färbung. Häufig wird ein Parallelsignal direkt hinter den Instrumenten abgenommen, durch ein entsprechendes digitales Plug-In geschickt und dann dem Klang dosiert zugefügt, um den Instrumenten eine jeweils auf den Song abgestimmte klangliche Charakteristik zu geben. Ab dem dritten Album *Mutter* (2001) ist der Sound zusätzlich mit Orchester- und Chorpassagen angereichert, die live als digitale Samples und Effekte hinzugemischt sind, entweder als zusätzliche Klangebene im Hintergrund, wie etwa das Frauenchor-Sample in „Du hast" vom Album *Sehnsucht* (1997), oder als Mittel der Klangfärbung.

Der Schwerpunkt liegt bei RAMMSTEIN-Produktionen ganz traditionell auf der Aufnahme und nicht, wie bei vielen Metal-Bands, auf dem Prozess des Abmischens und der digitalen Nachbearbeitung. Jacob Hellner dazu: „Auch wenn der Riff durch den gesamten Song hindurch mehr oder weniger immer der gleiche ist, allenfalls vielleicht mit ein paar Variationen, es ist niemals ein Copy-und-Paste-Ding. Mach dir die Mühe und nimm den ersten Teil des Songs auf, den ersten Chorus und den ersten Riff, und dann den zweiten und so weiter. [...] Selbst, wenn es immer genau derselbe Riff ist, der Schlagzeuger wechselt vielleicht von einer Hi-Hat auf die andere, oder vielleicht spielt er das Ride-Becken im zweiten Teil des Chorus. Es gibt immer diese Farbwechsel, die den Song emotional vorwärtsbringen. Die Musiker müssen sich darauf einlassen können."[24] Welches Equipment jedoch in einem Song jeweils für den RAMMSTEIN-Sound genau zum Einsatz kommt, live wie im Studio, bleibt ihr Geheimnis. Der Aufwand, den sie im Studio für einen ebenso unverwechselbaren wie innovativen Sound betreiben, erklärt, warum live dann ein derart gigantisches Audiokraftwerk aufgefahren werden muss, um das im Studio erzielte Resultat reproduzieren zu können.

Das klangliche Rhythmusdesign mit tiefenbetonten doppelten Bass Drums und einem pistolenschussartigen Klang der sampleunterstützten Snare im Zentrum des Klangbildes evoziert mit seiner Wucht und Härte sowie der maschinengleichen Präzision weltweit bekannte Stereotype des Deutschtums, die das Signum des „Teutonischen" tragen und auch so gemeint sind. Das Label „Neue Deutsche Härte" hebt darauf ab. Die eckige Artikulation der Sprechgesangpassagen, die durch den für den Spracheinsatz im Rundfunk konzipierten Kompressor technisch noch verstärkt wird, sowie das drohend gerollte

„R" an den Wortanfängen, das, wenn nicht Hitlers Deklamationsstil, dann Kasernenhof assoziiert, weisen in dieselbe Richtung. Dass sich die Singstimme meist im selben Rhythmus und mit gleicher Betonung wie die Gitarren bewegt, führt zu jenem militaristischen Feeling, das RAMMSTEIN oft nachgesagt wird. Mit dem Einsatz der Singstimme fast immer auf der schweren ersten Zählzeit im Takt wird dieser Eindruck noch verstärkt, denn das gibt ihr einen aggressiven, stellenweise bellenden Charakter, der kommandoartig wirkt.

Einen entscheidenden Anteil am Klangdesign der RAMMSTEIN-Songs haben neben Produzent, Mixing- und Aufnahmeingenieuren auch die Mastering-Ingenieure, die für das technische Feintuning der Aufnahme vor der Erstellung des Tonträgers verantwortlich sind. Das abschließende Mastering ist als Finishing unverzichtbar. Das brauchen selbst die perfekteste Aufnahme und der perfekteste Mix, damit der Sound genau mit jener inneren Dynamik und Präsenz auf dem Tonträger erscheint, die er haben soll. Auch wenn das ein technischer Prozess ist, der mit Equalizern und Kompressoren zu tun hat, er ist von eminenter musikalischer Bedeutung und von kaum zu überschätzendem Einfluss auf den Sound des Endprodukts. Der RAMMSTEIN-Sound muss mit maximaler Präsenz, Lautheit und Kompaktheit aus den Lautsprechern oder Kopfhörern kommen, ohne dass es die Geräte zerlegt und ohne seine Transparenz und innere Dynamik zu verlieren. Da der häusliche Gerätepark hier technische Grenzen setzt, muss der abgemischten Sound ein solches Finishing erhalten, dass er seine Eigenschaften innerhalb dieser Grenzen behält.

Es gibt wohl keinen, der das besser kann als Howie Weinberg von den New Yorker Masterdisk Studios, inzwischen mit eigener Firma nach Los Angeles gewechselt, dessen Name sich auf Hunderten Platin- und Gold-Alben befindet, darunter Veröffentlichungen von NIRVANA, der BEASTIE BOYS, PUBLIC ENEMY, SLAYER, Prince, Björk, RUSH, OASIS und vielen anderen mehr. In seinen Händen lag das Mastering der RAMMSTEIN-Aufnahmen von *Mutter* (2001), *Reise, Reise* (2004) und *Rosenrot* (2005). Die Vorgänger sind von Ronald Prent (*Herzeleid*) und Björn Engelmann (*Sehnsucht*), einem schwedischen Mastering-Ingenieur, gemastert worden. Weinberg ist ein großer Analog-Fan, was den Aufnahmen, bei denen das Mastering in seinen Händen lag, auch anzuhören ist, selbst wenn sie zum Schluss natürlich wieder digitalisiert werden. Die Analogtechnik liefert die fetten Tiefen, die es für den RAMMSTEIN-Sound braucht. Zugleich kann sie eine Aufnahme sowohl superlaut als auch superclean machen, ohne dabei deren Klang selbst zu verändern, jedenfalls, wenn Howie Weinberg an den Reglern sitzt. Das Album *Liebe ist für alle da* (2009) haben dann die schwedischen Heavy-Metal-Spezialisten Eric Broheden und Henrik Jonsson von Masters of Audio in Stockholm gemastert, in der Musikwelt ebenfalls hochgeschätzte Experten für laute, Gitarren dominierte Aufnahmen. Das unbetitelte siebte Studioalbum (2019) ist ebenso wie das aus Anlass des 25-jährigen Erscheinens digital remasterte Debütalbum der Band *Herzeleid – XXV Anniversary Edition* (2020) von dem Finnen Svante Forsbäck gemastert worden, der in den letzten zwanzig Jahren seine Handschrift auf über 3000 Alben hinterlassen hat, darunter mehrere hundert, die mit Gold oder Platin geadelt wurde. RAMMSTEINS bislang letztes Album *Zeit* (2022) hat Jens Dreesen gemastert. Der als Schlagzeuger ausgebildete und als Toningenieur diplomierte jüngere Vertreter seiner Zunft kann zwar noch nicht auf eine ellenlange Liste gemasterter Alben zurückblieben, ist dafür jedoch 2023 an die Düsseldorfer Musikhochschule als Professor für Musikproduktion berufen worden.

Aber nicht nur das Personal hat sich von Album zu Album verändert. Auch der Sound hat Revisionen erfahren, ohne dass die Band ihre klangliche Identität dabei verloren hätte. Das erste Album *Herzeleid* (1995) – aufgenommen in den Polar Studios (Schlagzeug) und dem BomKrash Studio Stockholm, abgemischt in den Hamburger Chateau du Pape Studios – hat mit seinen schneidenden Gitarrenriffs und brachialen Schlagzeugrhythmen die Grundlage für einen ungemein energiegeladenen Sound gelegt, rebellisch und aggressiv. Aber schon auf *Sehnsucht* (1997) – aufgenommen in den Temple Studios in Malta und dem Wisseloord Studio im niederländischen Hilversum, abgemischt in den Chateau du Pape Studios – sind die

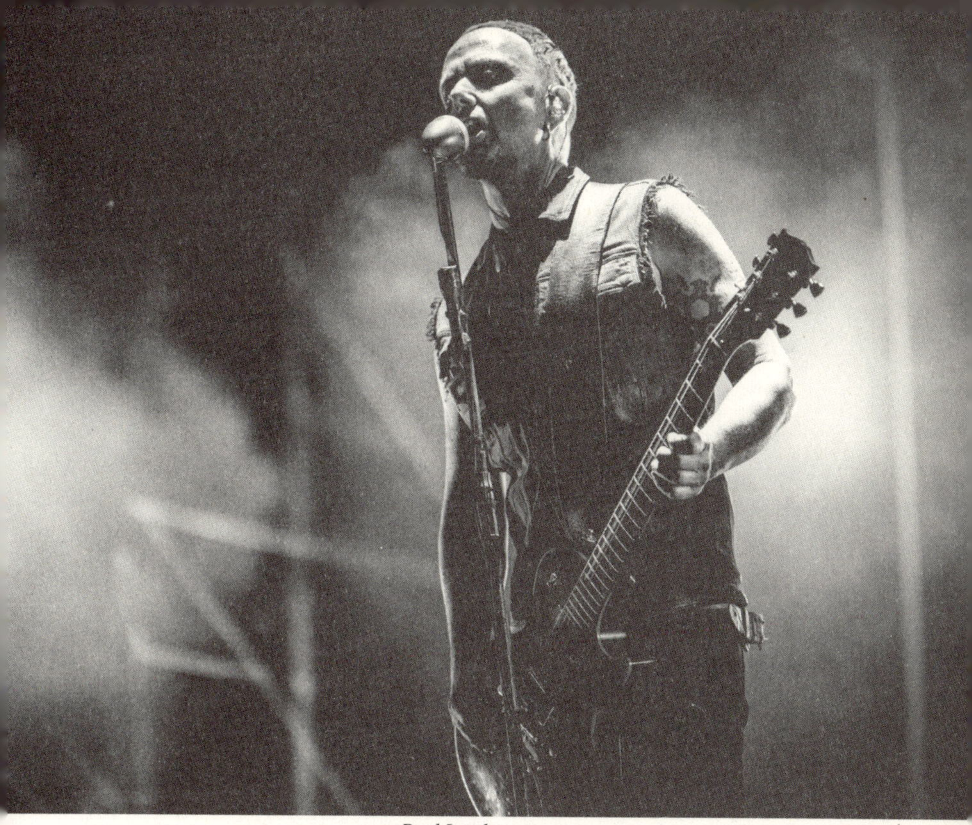

Paul Landers

Gitarren nicht mehr ganz so dominant, dafür nehmen die Synthesizer-Passagen und -flächen mehr Raum ein.

Mit dem dritten Album *Mutter* (2001) – aufgenommen in den Miraval Studios im südfranzösischen Correns, abgemischt in den Stockholmer MVG Studios – löst sich die Band von den wuchtigen Gitarrenriffs und den messerscharf gesetzten elektronischen Beats der beiden Vorgänger. Richard Kruspe: „Wir wollten von dieser Abhängigkeit wegkommen und die Rolle der elektronischen Beats abschwächen und Songs schreiben, die mehr auf Instrumenten basieren. Das Ergebnis ist, dass die Songs reifer geworden sind."[25] Es sind die ersten Schritte in musikalisch und thematisch neue Richtungen. Die Arrangements sind komplexer, und mit dem Schweden Stefan Glaumann war auch ein neuer Toningenieur für den Mix verantwortlich. Der Sound des Albums ist orchestral unterfüttert, mit viel

Raum für andere Klangfarben wie den satten Streicherteppich und die verhallten Streicher-Pizzicatos in „Nebel". Die Streicherarrangements und orchestralen Parts, um die der RAMMSTEIN-Sound von nun an ergänzt ist, geschrieben von Olsen Involtini, ihrem Front-of-the-House-Mixer und späteren Produzenten, hat das Filmorchester Babelsberg eingespielt, live sind es Synthesizer-Effekte, aber eng an die Naturinstrumente angelehnt. Überhaupt ist im Sound des Albums das Bemühen erkennbar, akustische Klangfarben stärker zum Tragen zu bringen. Christoph Schneider: „Man kann sagen, dass das unser schwerstes Album war. Das sagt man ja oft, das dritte Album ist das schwerste. Wir mussten komplett neue Titel schreiben, wir hatten nichts mehr übrig aus der Entstehungsgeschichte der Band und waren fast zwei Jahre damit beschäftigt."[26] Dabei soll es dem Vernehmen nach immer wieder zum Richtungsstreit gekommen sein, der die Band nahe an den Rand der Auflösung führte. Richard Kruspe: „Es war so eine Situation in der Band, wo es wirklich auf der Kippe stand, macht man weiter oder hört man auf."[27] Bei der mehrmonatigen Arbeit im Studio hatte sich bei allen Bandmitgliedern aber die Einsicht eingestellt, dass RAMMSTEIN zu einem Teil der Identität jedes einzelnen von ihnen geworden war. Bassist Oliver Riedel: „Im Prinzip war es nicht sicher, wie lange es uns nach der dritten Platte noch geben würde, denn jeder hatte andere Ambitionen, doch diese Platte hat uns wieder zusammengeschweißt. Relativ sicher ist, dass wir weiterhin gemeinsam Musik machen wollen, dass es weitergehen wird und dass wir das noch lange machen möchten."[28]

Das mit Chören und Orchester in Szene gesetzte vierte Studioalbum der Band, *Reise, Reise* (2004) – aufgenommen im El Cortijo Studio im spanischen Malaga, abgemischt in den Stockholmer Toy-Town Studios –, knüpft im Sound an das dritte Album an, aber der Gitarrensound ist wieder robuster, das Schlagzeug in den Vordergrund gerückt. Erhalten geblieben sind die epischen Synthesizerflächen des Vorgängers und die eingefügten Streicherpassagen. Mit Chorpassagen wie in „Morgenstern" oder „Dalai Lama" ist nun ein deutlicher Gegenpol zu den Gitarren gesetzt, was den Sound insgesamt lockerer, weniger monolithisch und damit facettenreicher macht. Mit *Rosenrot* (2005) – aufgenommen im El Cortijo Studio in Malaga und dem Berliner Teldex Studio, abgemischt in den Toy-Town Studios in Stockholm – wurde fortgesetzt, was die Band mit dem Sound von *Reise, Reise* angefangen hat, der hier aber noch einmal deutlich atmosphärischer ist. Die trashigen Gitarren sind stark zurückgenommen, klingen eher nach einem modernen Rock-Sound, während die Keyboards mit ihren elektronischen Klängen in den Vordergrund gerückt sind.

Liebe ist für alle da (2009) – aufgenommen in den Henson Studios, Los Angeles, (Schlagzeug) und den Sonoma Mountain Recording Estate Studios, San Francisco, abgemischt in den ToyTown Studios in Stockholm – ist das klanglich wohl am wenigsten innovative der RAMMSTEIN-Alben. Der Sound wirkt wie eine Zusammenfassung seiner Vorgänger. Von der Akustikgitarre über die elektronischen Streicheremulationen bis zu den sägenden Riffs und dem knalligen Schlagzeug ist alles vorhanden, was den RAMMSTEIN-Sound ausmacht, aber eben auch nicht mehr. Ihr unbetiteltes siebtes Studioalbum (2019) – aufgenommen in den Studios de La Fabrique in südfranzösischen Saint-Rémy-de-Provence, abgemischt in den ToyTown Studios in Stockholm – hat dagegen einen sehr modernen, knackigen, in seiner Perfektion stellenweise fast poppigen Sound, der aber bei aller Opulenz ein Stück weit zu Lasten der Energie und Aggressivität geht, die sich die Band ungeachtet aller Veränderungen erhalten hat. Schlagzeuger Christoph Schneider sagte dazu: „Ich habe mich bei diesem Album mit meinem Instrument sehr zurückgenommen, um mich so einzubringen, dass es dem jeweiligen Song dient. Mir war es nicht wirklich wichtig zu zeigen, was ich kann – ich spiele auf dem Album nur das, was wirklich erforderlich ist."[29] Doch nicht nur der Sound ist renoviert, auch musikalisch ist das Album um einiges vielfältiger als seine Vorgänger, wartet mit verschiedenen Tanzmusikanleihen auf, die in reizvollem Kontrast zu den Brachial-Riffs der Gitarren stehen.

Zeit (2022) – aufgenommen in den Studios de La Fabrique in Saint-Rémy-de-Provence, abgemischt in Svante Forsbäcks Studio im finnischen Espoo – knüpft im Sound wieder deutlicher an das von RAMMSTEIN Gewohnte an, obwohl es ein Album ist, das mit dem Thema Vergänglichkeit eine bis dahin ungewohnte Seite im RAMMSTEIN-Universum fokussiert. Nach mehrjähriger Corona-bedingter Abstinenz kommt das Album erstaunlich reflektiert daher und stimmt über weite Strecken einen elegischen Ton an, der nicht recht zur Härte des RAMMSTEIN-Sounds zu passen scheint, dennoch aber so austariert ist, dass ein einheitliches Ganzes entsteht. Der Synthesizer spielt im Sound hier eine ausgesprochen prominente Rolle. Es ist das erste Album der Band, das in Dolby Atmos, einem dreidimensionalen Soundformat, abgemischt ist und mit geeigneter Hardware ein unvergleichliches Klangerlebnis bietet.

Rückblickend stellt sich über die dreißig Jahre RAMMSTEIN-Sound der Eindruck einer erstaunlichen Konsistenz im Wandel ein. Das erklärt sich aus dem Herangehen der Band an ihre Musik, das Richard Kruspe einmal so beschrieben hat: „Du bist Teil einer Maschinerie, und die Musik gibt dir vor, wo sie eigentlich hinwill, wo sie sich hinbewegen will. Und gerade in Sachen des Sounds ist es so, wenn du einen Song hast, dann gibt die Musik dir vor, soll es ein getragener Song werden, soll es ein aggressiver Song werden, soll es ein rhythmischer Song werden oder was immer. Die Musik gibt dir immer etwas vor, und wenn du das erkennst, wenn du so sensibilisiert bist, dann kannst du eigentlich nichts falsch machen. Das haben wir am Anfang falsch gemacht. Da haben wir gedacht, wir müssen alles irgendwie reinpressen. Das schaffst du nicht. Du kannst nur folgen."[30] Sie sind bei ihrem Sound geblieben, aber dabei der Richtung ihrer Lieder gefolgt. Das Resultat ist Kontinuität im Wandel.

„WIR LASSEN FLAMMEN FÜR UNS SPRECHEN" ZWISCHEN GROSSER OPER UND MUPPET SHOW

Die Zeitschrift ROLLING STONE schrieb einmal: „Rammstein, das ist heute mehr denn je ein choreographiertes Kunstprojekt, die große Oper gewissermaßen, auch wenn viele Elemente in ihrer grotesken Überinszenierung mehr Züge von Kabarett tragen als von Wagner."[1] Oder kurz und bündig in den Worten von Till Lindemann: „Liveshows sind für mich wie ein Theaterstück."[2] Rammstein ist perfekt gemachtes Theater, das von ihrem Sound getragen und von seiner inneren Dynamik vorangetrieben wird – Richard Wagner für das 21. Jahrhundert, voller existenzieller Wucht, teutonischer Mythologie und der invasiven Materialität heroisierter Klangmassen. Kein Wunder also, dass sich Katharina Wagner, die Urenkelin Richard Wagners und künstlerische Leiterin der Bayreuther Festspiele, 2009 gegenüber der B.Z. als Rammstein-Fan outete: „Ich bekenne, ich bin seit langem ein Fan der oft als ‚Krawall-Rocker' verschrienen deutschen Band, der manch einer noch immer gern angebliche ‚rechte' Tendenzen unterstellt und die im allgemeinen Weichspülsound unserer öffentlich-rechtlichen wie privaten Rundfunkanstalten auffällig gemieden wird. Ursächlich mögen die Entrüstung über scheinbare Amoralität, die Aufregung über vermeintliche Gewalttätigkeit und vordergründige Sexualisierung mit der ausgeprägten Humorlosigkeit in deutschen Landen zu tun haben. Sie treffen frontal den richtigen Nerv."[3]

Ein wesentlicher Bestandteil von RAMMSTEIN sind die Inszenierungen ihrer Songs auf der Bühne und im Video. Die Performance ist bei RAMMSTEIN nicht nur eine unvermeidliche Begleiterscheinung, weil man ja irgendetwas auf der Bühne machen muss, wenn man schon dort steht. Ebenso gehört das Video im heutigen Multimedia-Zeitalter dazu, nur dass es für RAMMSTEIN nicht bloß eine Zutat ist. Bei ihnen fügt sich das alles zu einer Einheit, auch wenn sie die Vermutung, dass hinter all dem eine Art Gesamtkonzept steht, immer wieder energisch zurückgewiesen haben. Richard Kruspe: „Es gibt kein Konzept. Angefangen haben wir mit einer Wunderkerze, daraus hat sich dann nach und nach diese Show entwickelt."[4] Das ist auch durchaus glaubhaft. RAMMSTEIN ist nicht LAIBACH, deren Shows mit einem programmatischen Konzept als politisches Manifest inszeniert sind, auch wenn der Einfluss der slowenischen Band nicht zu leugnen ist. Genau genommen ist RAMMSTEIN das Gegenteil von LAIBACH. Walt Miller hat es in dem US Underground-Musikmagazin INDUSTRIALNATION einmal so formuliert: „Rammstein ist Laibach für Heranwachsende, und Laibach ist Rammstein für Erwachsene."[5] Bei RAMMSTEIN dominieren das Spielerische, die Spontaneität und der skurrile Klamauk auf der Bühne. Lindemann: „Die Show ist zur Hälfte sehr ernst gemeint, zur Hälfte aber auch sehr ironisch. Wir versuchen teilweise ja schon, ein bisschen – ein bisschen – lustig zu sein."[6] Mit dem richtigen Gefühl dafür, wann die Dinge stimmen, und mit einer sicheren Auswahl der Partner, auf die man sich für Cover Art, Video und Stage Production einlässt, fügt sich auch ohne konzeptionelle Vorarbeit im Detail alles so zu einer Einheit, dass es hinterher den Eindruck vermittelt, genau so sei es von vornherein geplant gewesen. Dass die Musiker alle Entscheidungen immer gemeinsam und im Konsens fällen, spielt dabei sicher eine wichtige Rolle. Christoph Schneider: „Wir sind ein ziemliches Kommunisten-Kollektiv. Alles wird gemeinschaftlich entschieden."[7] Und Richard Kruspe ergänzt: „Wir sind eine demokratische Band, deswegen dauern Entscheidungen bei uns sechsmal so lange. Aber letztlich sind es auch wieder diese verschiedenen Ansichten, durch die Rammstein funktioniert."[8]

Die Gigantomanie ihrer Shows, die getreu dem Motto „Andere Bands spielen, RAMMSTEIN brennt" mit Feuereffekten nicht sparen, ist zu einem herausragenden Markenzeichen der Band geworden. Ohne Rumms und Knallerei wäre RAMMSTEIN nicht RAMMSTEIN. Die Shows stehen bei allem Spektakel und Bombast dennoch voll und ganz im Dienst der Musik, sind eine wohlüberlegte Inszenierung ihrer Präsentation. Der Sound ihrer Musik ist mit einer ausgefeilten inneren Dynamik auf Theatralität hin angelegt. Auf ihn beziehen sich alle Elemente der Bühnen-Performance, aus ihm sind sie abgeleitet. Die Architektur der Songs folgt dem Sound, der wiederum das Skript seiner Inszenierung immer schon in sich trägt. Die Performance ist in jedem Fall kompromisslos aus der Musik abgeleitet. Christoph Schneider: „Wichtig ist es, diese drei wichtigen Aspekte, das Licht, die Pyrotechnik und die Musik, in Einklang und alle in ein gutes Timing zu bringen, dass jedes Element seinen Platz kriegt und zusammen funktioniert. Das ist eigentlich das Geheimnis. Und dafür sind dann am Abend schon so hundert Leute im Einsatz."[9]

Alles ist aufeinander bezogen und steht damit für den Anspruch, als Gesamtkunstwerk wahrgenommen zu werden. Richard Kruspe: „Rammstein funktioniert nämlich nur in der Gesamtheit, wenn man etwas davon wegnimmt, dann geht das gar nicht mehr so richtig. Da gehört alles zusammen, auch die Bühnenkleidung ..."[10] Zu ihrem Bühnenoutfit sagte Lindemann einmal: „Wir haben uns mit unserem Bühnenoutfit einen Rahmen gebaut für das Bild, das wir malen. Dazu gehören eben auch die Kriegsbemalung und die nackten Oberkörper. ‚OF' nennen wir das, oberkörperfrei. Wir fragen uns in der Umkleide vor den Konzerten: Machst du heute OF? Nee, bin zu dick geworden, nächste Woche wieder."[11] Das Spektakel auf der Bühne gibt der Klanggewalt ein stützendes Gerüst, an dem sich die Wahrnehmung festhalten kann, um nicht in den Klangfluten, die RAMMSTEIN freisetzt, zu versinken. Bezogen auf das Licht brachte das ihr früherer Manager Emanuel Fialik einmal so auf den Punkt: „Licht transportiert eigentlich all das, was von uns gewünscht in der Musik von den Leuten wahrgenommen werden soll. Eine schlechte Lichtshow oder sagen wir eine Lichtshow, die nicht auf den Punkt mit dem Rhythmus der Musik in Übereinstimmung gebracht wird, macht Rammstein-Musik auf der Bühne weniger verständlich."[12]

Und dafür treiben sie einen immensen Aufwand, der mit jeder Show, mit der sie auf Tour gegangen sind, größer geworden ist. Für ihre *Europa Stadion Tour*, die ursprünglich zwischen Mai 2019 und September 2020 geplant war, Corona-bedingt aber abgebrochen werden musste, 2022 fortgesetzt und dann bis Ende Juli 2024 verlängert wurde, haben sie alle bis dahin bestehenden Rekorde gesprengt. Die beteiligten Firmen – die französische Firma L-Acoustics und die britische SSE Audio Group (inzwischen Teil des US-Giganten Solotech) für den Sound, die britischen Firmen Woodroffe Bassett Design für das Licht und Wonder Works Technical Design and Production für die Bühnentechnik, die Berliner FFP Spezialeffekte und Veranstaltungslogistik von Nicolai Sabottka für die Pyroeffekte und die Münchner Firma Wieder Design des Designers und TV-Produzenten Florian Wieder für das Stage und Production Design –, sie haben alle erklärt, nie zuvor an einer größeren Produktion beteiligt gewesen zu sein, obwohl sie zu der Handvoll Firmen auf dieser Welt gehören, die überhaupt Musikveranstaltungen in solchen Größenordnungen realisieren. Mehr als 120 Sattelschlepper transportieren das Equipment und die 300 Tonnen schwere, sechzig Meter breite mobile Bühne mit ihrem vierzig Meter hohen Mittelturm, an dem das RAMMSTEIN-Logo am Beginn der Show zur Feuerwerksmusik von Georg Friedrich Händel auf einem Videoschirm in die Höhe und Lindemann anschließend auf einem Podest nach unten auf den Performance-Bereich befördert wird. Das Equipment, das zum Veranstaltungsort transportiert werden muss, besteht aus über 300 Lausprechern sowie den dazugehörigen Verstärkereinheiten samt zweier 192-Kanal-Mischpulte für den Ton, über 1000 computergesteuerten Scheinwerfern, fast 700 Meter LED-Tape, 36 Nebelmaschinen, 5 Lichtpulten, der Spezialtechnik für die Pyroeffekte und den beiden Generatoren, die für den Strom sorgen. Allein die Lichtanlage verlangt 2,4 Megawatt Elektroenergie, insgesamt sind es 1700 Megawatt, die für eine RAMMSTEIN-Show zur Verfügung stehen müssen. Drei der 40-Tonner sind nur mit Pyrotechnik vollgestopft. Am Veranstaltungsort entsteht dann für ein paar Tage eine regelrechte Kleinstadt. Paul Landers. „Das ist ein bisschen so wie ein Zirkus, der auf Reisen ist. Komplett, wie eine Stadt, mit einem Bürgermeister, das ist der Tourleiter. Der hat Sekretärinnen und so Angestellte, dann werden Telefonverbindungen hergestellt, ein kleines Büro."[13] Vier Tage braucht es, um das Ganze aufzubauen, zwei um es wieder abzubauen. Deshalb muss das meiste dieses riesigen Aufwandes doppelte vorhanden sein, damit während des Abbaus am nächsten Ort der Tour schon wieder aufgebaut werden kann. Das ist nicht nur große Oper, das ist ganz große Oper!

Eine besondere Rolle spielt dabei Nicolai Sabottka mit seiner Firma FFP Spezialeffekte und Veranstaltungslogistik, denn die Pyroeffekte sind ein Kernelement der Show, das aus Brandschutz- und Sicherheitsgründen die Anforderungen für alles andere setzt. Sabottka ist mit dem zweiten Standbein seiner Firma, der Veranstaltungslogistik, auch der Tour-Produzent und damit verantwortlich für den Gesamtablauf. Der Band ist er schon seit 1995 verbunden, damals als Tour Manager für Paul Landers. Er war es, der das Benzin von der Tankstelle holen musste, das Landers dann im Saal vergoss und Lindemann zum ersten Song mit Feuerwerkskörpern in Brand schoss – der Beginn ihres Spiel mit dem Feuer. Erwartungsgemäß ging das nicht lange gut. Auf einer Händlertour mit Vertretern von Plattenfirmen und Plattenläden gab es einen Unfall, der sehr böse hätte ausgehen können. Paul Landers: „Jedenfalls an dem Abend haben wir das wieder gemacht, und dann ist da dummerweise so eine Frau von einem Plattenladen in München angebrannt. Die trug ein Nylonkleid. Das ist versengt, sie hat sich die Beine verbrannt und musste ins Krankenhaus."[14] Sie verlegten sich dann aufs Experimentieren mit Feuerwerkskörpern auf der Bühne, wofür Lindemann extra einen Pyroschein machte. 1997 sagte er der Zeitschrift METAL HAMMER dazu: „Den musste ich machen, weil es permanent Stress mit den Veranstaltern und mit der Feuerwehr gab. Ich war dazu gezwungen. Mittlerweile muss ich aber nicht mehr alles allein machen. Wir sind schon professioneller geworden. Früher saß ich vor der Show zwei Stunden backstage und habe diesen ganzen Mist gebastelt. Das hat tierisch genervt."[15] Als 1998 bei einem Konzert eine brennende Tafel auf die Bühne und von dort ins Publikum fiel, ließ sich Sabottka auf der Dresdner Sprengschule zum professionellen Pyrotechniker ausbilden, um die Pyroeffekte künftig besser kontrollieren zu können, spektakulärer zu machen und vor allem für die Band weiterzuentwickeln. Die Pyro- und Feuereffekte wurden fortan zum Markenzeichen der RAMMSTEIN-Shows. Lindemann: „Am Anfang war das auch immer mit sehr viel Angst verbunden, weil ich mich oft verletzt habe. Man hampelt jetzt so viel mit Feuer herum, dass man den Überblick behalten muss, bei der ganzen Sache, und dass es nicht zu so 'ner Zirkusnummer ausartet."[16]

Neben Feuersäulen, Funkenregen, Flammenwänden und Nebelkanonen auf der Bühne hat Lindemann von Show zu Show immer ausgefeiltere Flammenwerfer in der Hand, vom Minigerät, das als Maske vors Gesicht gesetzt und per Fußpedal ausgelöst wird, über diverse Handgeräte, den mit Feuerdüsen versehenen Feuerbogen, die feuerspeienden Riesenflügel bis zum Flammenwerfer-Rucksack und dem Flakkanonen-Imitat, das bei der *Europa Stadion Tour* zum Einsatz kommt. Auch die beiden Gitarristen sind mit entsprechend gestalteten Gerätschaften, die sie an den Arm geschnallt bekommen, in die Feuershow einbezogen. Selbst die Mikrofonständer standen schon in Flammen, ebenso wie die Gitarren, freilich für diesen Zweck reservierte Modelle aus dem Billigsektor. Sabottka hatte mit *Evolution Pyrotechnics* in den USA eine Firma aufgetan, die die nach seinen und Lindemanns Ideen entwickelten Pyroeffekte und Effektgeräte eigens für die Band herstellt. Sabottka: „Uns hat immer genervt, dass wir nicht die Pyroeffekte haben konnten, die wir uns vorgestellt haben."[17] 13 Pyrotechniker verfeuern mehr als 1000 Liter Brennstoff bei jeder Show. Gesteuert wird das Feuerwerk aus einem unter die Bühne gebauten kleinen Bunker, der mit Monitoren und zahlreichen Schalthebeln ausgestattet ist, über die punktgenau auf den Rhythmus der Musik die Pyroeffekte ausgelöst werden, sodass die Feuerfontänen immer genau auf dem Beat meterhoch in den Himmel schießen. Vor allem aber sind sie im Live-Geschehen auch als ein klangliches Element in die Musik einbezogen. Ihr früherer Manager Emanuel Fialik sagte dazu: „Ich habe begriffen, dass Pyrotechnik und Pyrotechnik nicht das Gleiche ist, dass man Pyrotechnik zu der Musik, wie sie Rammstein macht, ganz anders einsetzen kann und die Musik eigentlich rhythmisiert, was bei anderer Musik gar nicht gelingen kann, beziehungsweise die Art und Weise, wie andere die Pyrotechnik benutzen, eigentlich nur Show ist, nur Dekoration. Während es bei uns, weil die Pyrotechnik auch Geräusche macht, eben auch Klangbild ist."[18]

Die Ideen der Band sind ausgefallen und auch nicht unbedingt ungefährlich. Paul Landers erzählt: „Ich hatte mal kurz einen Flammenwerfer ins Gesicht bekommen und mich ziemlich erschrocken, es war enorm heiß. Manchmal, wenn es Effekte mit Funken gibt, springen die Funken in meinen Kragen. Dann kommt es darauf an, wie groß der Funke ist und wie lange er noch am Körper weiter brennt, man kann dann einfach nichts machen, spielt weiter und lässt sich nichts anmerken. Es ist immer schön, wenn der Schmerz dann nachlässt. Bei ‚Du riechst so gut' gibt es zum Beispiel eine Stelle, an der Richard und ich am Rande der Bühne stehen. Der Rauch der Fontänen ist hochgiftig und darf eigentlich im Umkreis von 10 Metern nicht verwendet werden. Der Rauch ist beißend und ätzend, und wenn man genau hinsieht, erkennt man, dass Richard und ich richtig um Luft ringen. Bei ‚Feuer frei' mit dem Gesichtsflammenwerfer gerade bei Festivals, wenn der Wind falsch steht, bekommen wir die Flammen mitten in die Fresse. Das ist wirklich nicht so geil."[19]

Zum Song „Mein Teil", den Song über den Kannibalen von Rotenburg, wird ein riesenhafter Kochkessel auf die Bühne gerollt, in den Keyboarder Flake als Opfer hineinsteigt, während der blutverschmierte Till Lindemann ihm mit einem Flammenwerfer ordentlich einheizt. Dass solchen Einlagen eine beträchtliches Unfallpotenzial innewohnt, hat Flake anhand eines Vorfalls geschildert, der ihm übel mitspielte: „Es gibt doch die Nummer, wo ich im Kochtopf stecke und unser Sänger mich mit dem Flammenwerfer brät. Wir haben das mal einen ganzen Vormittag lang geprobt. Kochtopftag. Als ich aussteigen wollte, habe ich auf den Rand gefasst, wo das Metall noch fast geglüht hat. Ich bin dann ohne Fingerkuppen auf die Tour gefahren, dafür mit Brandblasen und barbarischen Schmerzen."[20] Immer wieder einmal hat er sich auch auf der Bühne bei dieser Nummer die Finger verbrannt, oder ihm sind die Haare im Kessel angesengt worden, weil Lindemann mit dem Flammenwerfer nicht genau genug gezielt hat. „Das ist sauheiß, und wenn ich da anfasse und aufstehe, verbrenn ich mir immer die Fingerkuppen an dem Topf, und wenn ich nicht aufpasse, schießt mir Till ins Gesicht, oder die Haare brennen ab. Ich kann ausrutschen oder den Grill beim Aussteigen verfehlen und stürzen – es kann alles Mögliche passieren. Manchmal zünden die Pyrotechniker die Raketen zu früh, und diese schießen mir ins Gesicht. Das ist alles schon passiert."[21] Dass man selbst bei dieser Nummer noch eins draufsetzen kann, demonstrieren die Musiker seit 2019 auf der *Europa Stadion Tour*, denn hier wird Flake im Stahlkocheranzug mit einem Feuerball aus einem zum Flammenwerfer umgebauten Flakgeschütz im Kochtopf beschossen.

Es versteht sich, dass es für dieses Treiben zumal in Deutschland, aber nicht nur hier, eine Unmenge an Formularen und behördlichen Genehmigungen braucht. Paul Landers: „Es ist immer ein immenser Verwaltungsaufwand. Jede einzelne Rakete, die wir abschießen, muss vorher angemeldet werden."[22] Sabottka eilt in der Branche dann auch der Ruf voraus, wahre Wunder bei den Behörden zu vollbringen. So schrieb die US Branchen-Zeitschrift BILLBOARD über ihn: „Die meisten Leute in diesem Pyrogeschäft können auch, was Nicolai kann. Aber nur er kann den Fire Marshall davon überzeugen, es zu akzeptieren."[23] Auch Lindemann kommt bei diesen Shows nicht heil davon: „Ich hab des Öfteren paar Brandblasen gehabt, an den Armen und auf dem Rücken, und die waren dann schon ziemlich derb. Wenn man dann auf Tour ist, dann eitert das so vor sich hin, und beim nächsten Mal dann noch mal wieder denselben Fleck drauf. Ich hab Fontänen manchmal ins Gesicht gekriegt. Mit der Zeit lernt man, damit umzugehen und diese Gefährlichkeitsvarianten so ein bisschen außen vor zu lassen."[24]

Sind die Pyroeffekte bei den Shows schon eine Herausforderung für die Musiker, so sind sie es bei den Videodrehs in einem noch viel höheren Maße, denn hier schießt die Feuersäule nicht nur für zehn Sekunden in die Höhe, sondern wieder und wieder, bis die Einstellung stimmt. Christoph Schneider: „Bei so einem Dreh spielst du den Song mindestens sechzig Mal."[25] Paul Landers berichtete von den Aufnahmen für das „Feuer frei!"-Video, das ihnen 2002 Rob Cohen, der Regisseur des amerikanischen Blockbuster *XXX* (2002), gedreht hat. Der Clip ist als Performance-Video gestaltet, das heißt, die Band wiederholt den Titel auf einer eigens dafür errichteten Bühne so oft, bis alle Einstellungen im Kasten sind. „Wir hatten vorne unsere Gas-Anlage, und hinter uns war vom Film eine ganze Flammenwand. Und die Flammenwand war so heiß, dass das nicht auszuhalten war, deswegen mussten wir ein Stück nach vorne gehen. Vorne waren aber unsere Flammen. Und am schlimmsten war es, wenn beides zugleich an war. [...] Wir haben dann immer so getan, als ob nichts ist, aber auf dem Rücken der einzelnen Protagonisten war dann schon das eine oder andere Brandmal. Unser Flammenmann weiß ungefähr, was wir so abkönnen, wann die Augenbrauen abschmelzen. Das wusste der Film-Mann nicht, der hat dann einfach immer schön Gummi gegeben."[26]

Neben dem Riesenaufwand bei den Shows wird jedes Mal auch ein ganzes Arsenal von Requisiten aufgefahren – der Kochtopf für die Schlachterszene bei „Mein Teil", die Peniskanone, mit der Schaum zu „Pussy" ins Publikum gespritzt wird, der überdimensionierte Puppenwagen für den Song „Puppe" und vieles mehr. Für den Song „Rammlied" (2009) ließ Lindemann sich eigens ein Loch in die Wange piercen, durch den ein Draht hindurchgeführt werden konnte, über den eine LED im Mundraum des Sängers beim Singen zum Leuchten gebracht wurde. Paul Landers: „Er hatte die Idee, unbedingt aus dem Mundraum zu leuchten. Wir haben ihm gesagt: ‚Till, es reicht, wenn du dir hier einen fleischfarbenen Draht legst. Das sieht kein Schwein live. Die ersten Leute sind fünf Meter weg. Das sieht man nicht. Kannst du machen.‘ ‚Nee, nein, möcht ich nicht. Ich möchte hier ein Loch in der Backe haben. Dann machen wir so ein Loch rein, Lochöse, und dann machen wir einen Draht durch.‘“[27]

Fester Bestandteil ihrer Shows ist seit „Seemann“ (1997) auch der Schlauchbot-Ritt, mit dem Flake Lorenz im Schlauchboot über die Köpfe des Publikums gereicht wird. „Das ist ein Albtraum. Man stürzt ja immer wieder ab mit dem Boot, vor allem hinten in der Halle, wo nicht mehr so viele Leute stehen. Ich hab mir schon das Schlüsselbein gebrochen, Knie verstaucht, die Schulter verletzt. Da ist oft was passiert.“[28] Richtig schiefgegangen ist es einmal in Toronto: „Die Menschen haben mich alle nach hinten weitergereicht und dann über einen Zaun gekippt, wo das Gelände einfach zu Ende war. [...] Lustig war es nicht, ich habe mir das Knie ramponiert und musste hinter dem Zaun um das ganze Gelände herum bis zum Bühneneingang laufen, wo man mich zum Glück an den Klamotten erkannte und wieder reinließ.“[29] Zwischenzeitlich hat Oliver Riedel diesen Part übernommen, der als Zwei-Meter-Mann nicht so leicht kippt. Er beschreibt, wie er das Boot über der wogenden Zuschauermasse lenkt: „Ich habe schon viele Techniken probiert, das Boot zu navigieren, aber letzten Endes ist das auch ’ne mentale Sache, und ich bilde mir dann ein, dass ich die Massen steuern kann mit meinen Gedanken – und das Boot damit. Wenn ich weit genug draußen bin, dann denke ich, so jetzt müsste ich doch zurück, und kann gar nicht so richtig beschreiben, wie das funktioniert, dass man auf einmal wieder zurückfährt. Man kann das Gewicht verlagern, das haut auch manchmal hin. Aber irgendwie ist es dieses Chaosprinzip, dass alle irgendwie wissen, was sie zu tun haben, und das automatisch auch machen und dich dann wieder zurückbringen.“[30] Inzwischen aber sitzt Flake wieder in einem allerdings verbesserten Boot, jetzt mit festem Boden, sodass es stabiler ist. Doch der „Seemann“ ist seit 2019 von ihrer Setlist endgültig gestrichen, nachdem er schon seit der

Mutter-Tour 2001/2002 nicht mehr im Programm war, bei der *Festival Tour 2016* allerdings noch einmal auftauchte. Heute surft Flake zum „Haifisch" im Schlauchboot über den Köpfen des Publikums.

Die Shows hat die Band stetig fortentwickelt, ohne die Elemente, die funktionieren, aufzugeben. Vieles ist ursprünglich aus einem spontanen Einfall heraus oder schlicht aus pragmatischen Gründen entstanden. So ist die besonders brutal und nahezu manisch wirkende Geste Lindemanns, beim Singen mit der Faust auf die Oberschenkel zu schlagen, eigentlich einer Knieverletzung geschuldet: „Soweit ich mich erinnern kann, hatte ich während der ersten Platte und relativ danach, als wir auf Tournee gingen, mehrere Knieoperationen hinter mir. Das fing mit einer Miniskus-Verletzung an, die vom Schwimmen herrührte von früher. Ich hatte daher extrem überdehnte Kreuzbänder an dieser Seite, und bei gewissen Konzerten, wenn ich blöd dastand, musste ich mir das Knie mehr oder weniger nicht einrenken, aber dagegen dreschen, damit es wieder auf die Kniescheibe ging. Dann habe ich da drei-, viermal gegen gedroschen, dann war es halt wieder drin. Paul sagte immer: ‚Mach das doch öfter, das sieht geil aus.' Und dann ist das zur Angewohnheit geworden."[31] Flake Lorenz wiederum berichtete aus der Anfangszeit der Band: „Da gibt es diesen wunderbaren Fallschirmspringernebel. Das sind Granaten, die, wenn sie gezündet werden, fünf Minuten lang ganz dichten orangefarbenen Rauch ausstoßen. Als wir die testweise mal bei einem Konzert ausprobierten, konnten wir nach kurzer Zeit nichts mehr sehen. Wir bekamen auch überhaupt keine Luft mehr und sanken röchelnd zu Boden. [...] Dann berieten wir, wie es weitergehen sollte. Kurz zuvor sahen wir auf einer Fahrt zum Konzert eine verlassene LPG, das heißt Landwirtschaftliche Produktionsgenossenschaft und hat nichts mit dem Biomarkt oder diesem Autogas zu tun, und da waren in einer Scheunenwand zwei große Ventilatoren zum Entlüften eingebaut, die sich noch träge im Wind drehten. Wir bauten sie kurzerhand aus und stellten sie auf die Bühne. Dann klebten wir die Nebelgranaten an den Ventilatoren an, und wenn wir sie gezündet hatten, steckten wir die Stecker in die Steckdose. So wurde der

Nebel von uns weg ins Publikum geblasen."[32] Die beiden Großventilatoren blieben dann die Jahre über Teil ihrer Bühnendekoration, auch wenn die Nebeleffekte inzwischen professioneller gehandhabt wurden, sodass es sie eigentlich nicht mehr brauchte, um die Bühne rauchfrei zu halten. Aber sie gaben der RAMMSTEIN-Bühne jene retrofuturistische Fabrikhallen-Atmosphäre, die an Fritz Langs Film *Metropolis* erinnert und schrittweise ausgebaut wurde.

Die Gitterbühne aus Fußboden- und Lüftungsgittern, die sie 2004 für die *Reise, Reise*-Tour bauen ließen und seither Schritt für Schritt erweiterten, greift mit ihren beiden Ebenen ebenfalls auf dieses Ambiente zurück. Florian Wieder, der das Stage Design für die *Europa Stadion Tour* gemacht hat, setzte mit der maschinellen Opulenz seines Bühnenaufbaus dann direkt bei Fritz Langs Film an: „Die Inspiration war im ersten Schritt der Film *Metropolis* aus den 1920er Jahren. Das ist dann konsequent in eine Richtung weiterentwickelt, die für RAMMSTEIN unique ist. Ich habe auch bewusst Elemente integriert, die man in etwas anderer Form bereits aus vergangenen Konzerten kannte …"[33] So sind etwa die riesigen runden Gestelle zur Scheinwerferaufhängung für die Gegenlichteffekte, die an Operationslampen erinnern, in einer deutlich kleineren Ausführungen schon auf der *Liebe ist für alle da*-Tour zu sehen gewesen.

Mit anderen Worten: Es ist mehr oder weniger immer dasselbe Stück, das RAMMSTEIN inszeniert, nur dass es mit jeder Inszenierung immer perfekter geworden ist. Immer geht es um die Produktion eines Erlebnisraumes auf der Bühne, in dem sich die existenziellen Nöte des Einzelnen, die in den Songs zur Sprache kommen, gegen die gigantische Maschinerie der Special Effects und die schiere Wucht des Sounds behaupten müssen. Deshalb die oft geradezu berserkerhafte Performance von Lindemann. Die sketchartigen Einlagen sorgen dafür, dass die Düsternis nicht überwiegt und dass das Kontrastprinzip, das auch ihre Arrangements prägt, in den Shows erhalten bleibt. Der industrielle Look, eine moderne Bühnenästhetik in knallbunten Farben und das unablässige Feuerwerk der Pyroeffekte ziehen sich als Konstante durch alle ihre Shows hindurch. Passend zum Titel der Tour wird neben den Showeinlagen zu einzelnen Songs dem Bühnenspektakel jeweils ein entsprechendes Opening vorangestellt, etwa wenn bei der *Mutter*-Tour die sechs Musiker nur mit einem Lendenschurz bekleidet einer nach dem anderen aus einer von oben einschwebenden riesigen Gebärmutter entsteigen oder sich bei der *Liebe ist für alle da*-Tour mit langstieligen Äxten durch die rückwärtige Bühnenwand zum Publikum vorarbeiten. Dabei sind sie sich der Gefahr sehr bewusst, dass das Spektakel zur bloßen Dekoration werden kann, in der die Songs unterzugehen drohen. Richard Kruspe: „Dieses ganze Ding mit Show und Feuer ist zu einem Teil von Rammstein und auch ein bisschen zu einer Belastung geworden, denn es ist unser Job, die Balance zu halten zwischen Show und Musik. Und manchmal befürchte ich, die Show und alle die Feuerelemente heben ab, und man muss dann sehr aufpassen, die Balance zu halten, denn ansonsten wird man zum Zirkusclown."[34]

Vieles er-improvisieren sie sich live auf den Konzerten im Kontakt mit dem Publikum, sodass es – von den Showeinlagen abgesehen – dann eben auch nie einstudiert wirkt. Lindemann: „Ich hab ein Schema im Kopf; wir haben ja meistens Probetage, bevor wir eine Tour anfangen. Dann laufe ich da im Kopf schon mit diesen ganzen Dingern umher und überlege, ob das auch so geht und merk' dann in den ersten fünf Konzerten eigentlich, das funktioniert, das nicht, und probier' das halt aus. Mir hilft das, 'ne Kontinuität hereinzukriegen. Da ist auch ganz viel Unsicherheit mit bei, wo ich dann nicht weiß, steh ich jetzt rum, tut das dem Gesang jetzt Abbruch, wenn ich mich bewege, weil ich keine Luft krieg', die Vokale nicht aussingen kann. Das muss man sich alles halt überlegen, und nach fünf bis zehn Konzerten hat man diese Schritte oder diese Choreographie drin, und dann macht man die halt jeden Abend."[35] Und Flake Lorenz sagt dazu: „Ich liebe die ersten Konzerte von einer neuen Tour am meisten, weil niemand weiß, was passiert, weil man noch nicht die Bewegungen hat, man geht nach rechts, und dann trifft man sich mit dem, und dann geht man zusammen dahin. Bei den ersten Konzerten weiß das noch keiner, und dann passieren natürlich auch viele lustige oder peinliche Sachen, wenn man irgendwo in der Ecke steht und nicht abgeholt wird. Oder dass man im Dunkeln steht. Ich bin mit dem Segway weggefahren, und dann hat die Band gesagt, kannste nicht mal aufhören, sieht aus, als ob du Rasen mähst. Das geht überhaupt nicht. Ich dachte, ich mach was Gutes und fahr hin und her. Und die: Das ist unmöglich, denk dir was anderes aus. Dann stand ich da und sagte, was soll ich denn machen. Na fahr rückwärts. Bin ich ein Stück rückwärts gefahren. Fand ich auch albern …“[36]

So locker sie das auch angehen, der Riesenapparat, den sie bei ihren Shows in Bewegung setzen, verlangt natürlich nach Planung und auch nach einem vorab feststehenden Ablauf. Ein ganzes Jahr ist schon zu veranschlagen, bis das Design steht, die bei der Umsetzung beteiligten Firmen zusammengeführt und Bühnentechnik, Ton, Licht sowie die Pyroeffekte aufeinander abgestimmt sind, nicht zu reden, von der aufwendigen Logistik. Nicolai Sabottka, der langjährige Tour-Produzent der Band: „Die Zeit der Vorbereitung ist immer die mit Abstand intensivste. Das Produktionsteam ist dann in der Regel noch nicht vollzählig am Start, und ich bin zu Beginn erst einmal damit beschäftigt, die Grundlagen zu schaffen. Also das vom Promoter vorgeschlagene Routing mit der Trucking-Firma zu prüfen, Hotels anzufragen und zu buchen, bevor der Ticket-Vorverkauf startet, sowie Busse und Trucks zu bestätigen. Dann geht es an die Hauptarbeit, nämlich das Design mit Band und Designteam abzustimmen und die entsprechenden Dienstleister auszuwählen, die dieses dann umsetzen sollen. Während oder auch vor dem eigentlichen Umsetzen des Designs müssen alle Spielstätten besucht werden, um vor Ort zu prüfen, ob sich alles so durchführen lässt.“[37] Roland Greil von der britischen Firma Woodroffe Bassett Design, der das Licht-Design für die *Europa Stadion Tour* gemacht hat, beschrieb kurz vor dem Start der Tour die Zusammenarbeit mit der Band: „Die Entwicklung und das Design einer solchen Show ist von Anfang an Teamwork und eine Kollaboration mit den Bandmitgliedern. Daher ist es auch essentiell, dass man sich versteht und eine gemeinsame Sprache spricht. Eine gehörige Portion Vertrauen in unsere Arbeit ist aber natürlich auch vonnöten.“[38] Und auch Florian Wieder, verantwortlich für das Stage und Production Design der Tour, verweist auf die Mitwirkung der Band: „Die Band bringt sich sehr stark in den Inszenierungsprozess ein. Sie haben eine sehr klare Vorstellung davon, was sie gut finden und was nicht. Das Spannende ist, dass es innerhalb des Creative-Teams keine Hierarchie gibt. Das erlaubt eine gewisse Dynamik und ist am effizientesten: Letztendlich ist es egal, wer eine Idee hatte – wenn es alle gut finden, wird es gemacht. Die finale Entscheidung trifft aber natürlich immer die Band, im Fall von RAMMSTEIN als Kollektiv. […] RAMMSTEIN versteht sich als Gesamtkunstwerk. Sprich: Ihre Musik und visuellen Inszenierungen sind nicht voneinander trennbar.“[39]

Dennoch bleiben die Einzelheiten, die Details der Ästhetik in den Händen der jeweiligen Spezialisten, ohne dass sich die Band einmischt. Roland Greil hat am Beispiel des Licht-Designs erklärt, wie so etwas abläuft: „Im ersten Schritt setzt man sich mit dem Song auseinander: Welche Message hat der Song, welche Stimmung vermittelt er? Ist es eher ein Uptempo-Song oder eine Ballade? Aus diesen Faktoren ergibt sich ein Gesamtlook, den man für den Song anstrebt. Im nächsten Schritt bricht man den Song herunter. Man analysiert also die musikalischen Parts, welche dann die Grundlage für Akzente und verschiedene Looks darstellen. Ganz wichtig ist auch, dass das jeweilige Design für einen Song in die Gesamtdramaturgie der Show passt. […] Selbst bei RAMMSTEIN, wo der Fokus ganz klar auf der Gesamtinszenierung liegt, muss die Band immer im Mittelpunkt stehen.“[40] Analog vollzieht sich das auch in den anderen Bereichen bis hin zu den Kostümen, die seit 2001 von der aus Frankreich gebürtigen Wahlberlinerin Sophie Onillon kommen, die auch für Fernsehshows, Werbung, Theater und für verschiedene andere Bands von Universal schneidert.

So sehr die Band auch darum bemüht ist, sich das Moment des Spontanen auf der Bühne zu erhalten, am Ende zwingt sie der von ihnen in Bewegung gesetzte Apparat live dann schon in ein recht enges Korsett: „Ein Großteil der Show läuft automatisiert mit Timecode. Nach wie vor sind aber Teile der Show manuell gesteuert, daher ist für die Kollegen an den Pulten ein gutes Verständnis für die Musik und die Show sowie ein gewisses musikalisches Grundtalent unabdingbar."[41]

Mit ihren Shows legt sich eine Ebene über die Musik, die ein gewisses Maß an Eigenständigkeit besitzt, dennoch aber in ihren Songs verankert bleibt. Das gilt in gleicher Weise auch für die Videos. Es sind Minifilme mit einer durchgehenden Erzählung, ausgenommen der von Jonas Åkerlund gedrehte Clip zu „Ich tu dir weh" aus ihrem Album *Liebe ist für alle da* (2009), bei dem es sich um ein reines Performance-Video handelt, und Rob Cohens Video zu „Feuer frei!" von ihrem dritten Studioalbum *Mutter* (2001), ein Performance-Video mit zwischengeschnittenen Bildern aus Cohens Film *XXX* (2002). Rammsteins Musikvideos folgen einer Erzählstruktur, die mit den Songs zwar verbunden ist – nicht zuletzt über die Kopplung von Bildschnitten und Musik –, ohne den Text jedoch einfach nur zu bebildern. Philipp Stölzl, der nicht nur bei dem Skandal-Video zu „Stripped" (1998) Regie führte, sondern auch für das „Engel"-Video als Art Director fungierte und vor allem dann die Videos zu ihren Mega-Hits „Du hast" (1997) und „Du riechst so gut" (1998) gedreht hat, sagte einmal dazu: „Bei Rammstein spürt man sofort, dass es sehr filmische Musik ist. Man spürt sofort, ja, da kann ich gut drauf schneiden. Oder das Bild wird aufgeladen durch die Musik."[42] Als Anker fungieren die Atmosphäre, die der Text vermittelt („Mein Herz brennt", „Mutter"), oder auch zentrale Textphrasen („Deutschland", „Engel").

Das Video zu „Mein Herz brennt" aus *Mutter* (2001), das erst 2012 entstand und veröffentlicht wurde, greift das Angstgefühl des kindlichen Albtraums aus dem Song auf und entfaltet ein Schreckensszenario, das immer nur punktuell, vor allem dann gegen Ende, wenn sich die von Lindemann gespielte Zentralfigur das Herz aus dem Leib reißt, und in der Schlusssequenz, wenn das Gebäude schließlich in Flammen aufgeht, ganz direkt an den Text angeheftet ist. Der Clip war ursprünglich von dem spanischen Fotografen Eugenio Recuenco gedreht worden, der der Band auch das Artwork für *Liebe ist für alle da* (2009) gestaltet hat. Es nutzt die Beelitzer Heilstätten, eine verlassenen Klink vom Ende des 19. Jahrhunderts in der Nähe von Berlin, als gespenstische Kulisse für das albtraumhafte Geschehen. Da die Band vom Ergebnis nicht völlig überzeugt war, hat Zoran Bihać, der Regisseur von „Links 2 3 4“, das Video unter Verwendung von Recuencos Material um einige nachgedrehte Szene erweitert. Bindeglieder zwischen Video und Song, visueller und musikalischer Ebene, sind hier die Atmosphäre, die der Text aufbaut, zentrale Sprachbilder aus dem Text – das aus der Brust gerissene Herz, das Kriechen des Monsters aus dem Kellerschacht, der Brand des Herzens – und der Rhythmus. Der Rhythmus der Bildschnitte ist mit der Musik, den Abschnittswechseln, im Refrain auch mit dem Rhythmus der Riffs und Melodiefiguren, synchronisiert. Dennoch hat das Video auf der Erzählebene einen eigenen Rhythmus von einer Dynamik, die eine regelrechte Sogwirkung entfaltet.

Das von Zoran Bihać gedrehte Video zu „Mein Teil“ (2009), das wegen seines Inhalts von der Bundesprüfstelle für jugendgefährdende Medien für Zeiten vor 22 Uhr gesperrt wurde, legt einen eigenen Schnittrhythmus über die Musik, während es mit Bildassoziationen arbeitet, die zwar vom Text inspiriert sind, aber ebenfalls eine wortwörtliche Auslegung vermeiden. Das Video zu „Sonne“ auf ihrem dritten Studioalbum *Mutter* (2001) von Joern Heitmann benutzt das Titelwort als Schnittstelle zwischen dem Song und der an das Märchen von Schneewittchen angelehnten Geschichte, die das Video erzählt. Eigentlich ist „Sonne“ als Boxerlied für die Klitschko-Brüder zum Einmarsch in den Ring geschrieben worden, in dem die Sonne für strahlende Siegesgewissheit steht. Denen hat das Lied aber wohl nicht gefallen, jedenfalls ist es nie zum Einsatz gekommen. Mit seinem darauf abgestellten Text war der Song nun allerdings ziemlich festgelegt. Über das Titelwort ist er von Heitmann sehr geschickt mit dem Märchen von Schneewittchen verbunden worden. Von dieser Wortverbindung abgesehen folgt die Video-Erzählung ihrer eigenen Logik, hält auch hier die Verbindung zum Song ansonsten hauptsächlich über den Rhythmus.

Folgt die Videoerzählung tatsächlich einmal weitgehend dem Wortlaut des Songtextes, wie etwa in dem von Joern Heitmann gedrehten Video zu „Zick Zack" von ihrem Album *Zeit* (2022), einer grotesken Persiflage auf die Schönheitsindustrie, dann werden Verfremdungseffekte eingesetzt, um die Eigenständigkeit der Bildebene herzustellen. Bei „Zick Zack" sind das die Kostümzitate aus der Zeit des Rokoko mit Gehrock und Herrenperücke, die die Bildebene vom Wort lösen und gegenüber dem Text wieder verselbständigen. Philipp Stölzl hat sich für „Du riechst so gut", ein 1998 nachträglich gedrehtes Video für den 1995 auf *Herzeleid* erschienenen Song, der gleichen Gestaltungstechnik bedient. Hier ist die Titelzeile wörtlich genommen und einem Wolf zugeschrieben, durch Verpflanzung des Videos in ein Rokoko-Setting mittels Kostümzitaten aus dieser Zeit aber so weit verfremdet, dass Textebene und Erzählebene eigenständig funktionieren.

Diese Gestaltungsstrategien haben den Effekt, mit der zusätzlichen Ebene, die sie über die Songs legen, das Provokationspotential noch einmal zu potenzieren, denn die Videos enthalten selbst wieder Trigger, die geeignet sind, auch unabhängig von den Songs die Empörungsindustrie in Gang zu setzen. Paul Landers: „Wir versuchen generell, einen Videoclip nicht als Eins-zu-eins-Textübersetzung umzusetzen. Der Zuschauer soll zum Text Bilder bekommen, die eine weitere Ebene schaffen, auf die er ohne Bilder nie und nimmer kommen würde."[43] So liefert etwa das von Joern Heitmann zu „Ausländer" gedrehte Video überraschenderweise eine Rassismus-Satire, die den woken Postkolonialismus-Diskurs aufs Korn nimmt. Eigentlich kommt der Song von ihrem siebten unbetitelten Studioalbum (2019) wie ein Urlaubssong daher:

Ich reise viel, ich reise gern
Fern und nah und nah und fern
Ich bin zu Hause überall
Meine Sprache: international[44]

Die Satire des Videos, die die Band inmitten eines nicht näher bestimmten indigenen Volksstamms platziert, lässt kein Klischee aus: der weiße Mann, der sich eine schwarze Frau nimmt; der weiße Mann, der mit den Ureinwohnern ums Feuer herumspringt; der weiße Mann, der ihnen die Kunst nahebringt, der weiße Mann, der Bildung und den rechtschaffenen christlichen Glauben bringt; der weiße Mann, der die wilden Tiere jagt. Und obendrein wird auch noch mit dem Flüchtlingsmotiv gespielt, indem die Band im Video in einem Schlauchboot übers Meer kommend die Ureinwohner auf dem Land erreicht, was der Gesellschaft die Bilder nur mit vertauschten Rollen zurückspiegelt, die sie am Mittelmeer nahezu täglich selbst produziert. Joern Heitmann dazu: „Was man bei dem Titel Ausländer machen muss, ist, Rammstein in ein Gummiboot setzen mit Schwimmweste und übers Meer paddeln lassen, weil es das ist, was du absolut nicht tust. Deswegen wollte ich es gerade machen, weil das ist für mich Rammstein: Du haust der Gesellschaft ihre eigenen Bilder vor den Latz."[45] Die Wirkung war ebenso prompt wie garantiert, obwohl die Ironie in dem Ganzen unübersehbar ist, mit dem alles andere als unwillkommenen Nebeneffekt, dass die ganze Welt mal wieder über RAMMSTEIN redete.

Häufig enthalten die Videos mehr oder weniger deutliche Filmzitate, die sich als weitere Ebene über sie legen. In „Ausländer" ist es die Schlussszene, die an *Fluch der Karibik* (2003) erinnert. Während die Band im Schlauchboot davonrudert, bleibt einer, Flake, zurück und wird, wie Johnny Depp in dem Piratenfilm von Gore Verbinski, von den Einheimischen zum Häuptling gekürt. Nachgerade exzessiv sind solche filmischen Referenzen in dem neunminütigen Video zu „Deutschland" (2019) von Specter Berlin eingesetzt, in dem über 20 Spielfilme mit charakteristischen Bildern und Szenen zitiert sind. Das von Hannes Rossacher und Norbert Heitker zu „Engel" (1997) gedrehte Video ist eine Hommage an Quentin Tarantinos *From Dusk Till Dawn* (1996). Manchmal sind es nur einzelne, aber deutlich erkennbare Elemente, die Verbindung zu einen Spielfilm herstellen: der Männer-Clan von sechs Gestalten in schwarzen Anzügen in „Du hast" (1997), dem Video von

Philipp Stölzl, ist eine Referenz auf Tarantinos *Reservoir Dogs* (1992). In „Angst" (2022) von Robert Gwisdek erinnern die sechs abgezirkelten Grundstücke mit den sechs Biedermännern beim Rasenmähen, Grillen und Zeitungslesen an die Filmkomödie *The Truman Show* (1998) von Peter Weir, in dem sich die Sicht auf ähnlich spießige Alltagsszenen als Teil einer Fernsehserie erweist, nur dass den Beteiligten nicht bewusst ist, dass sie in den Kulissen eines Fernsehstudios leben. „Adieu" (2022) von Specter Berlin weist in den Kampfszenen unübersehbare Anklänge an den Science-Fiction-Film *Matrix* (1999) von den Geschwistern Lana und Lily Wachowski auf. Die explodierende Bilderflut, in der die kämpfende Band hier ins Nirwana entschwindet, ist ein Zitat aus Tarsem Singhs Fantasy-Film *The Immortals* (2011). Für „Mein Land" (2019) hat die US-Fernsehserie *Baywatch* (1999–2001) mit David Hasselhoff Pate gestanden. Die bislang veröffentlichten 32 Videos von RAMMSTEIN enthalten eine Fülle solcher Verweise. Auch wenn sie vom Betrachter vielleicht nicht unbedingt entdeckt und namhaft gemacht werden können, so rufen sie doch, wie auch die Songs, im Unterbewusstsein abgelegte Medienerfahrungen ab und lösen damit entsprechende Assoziation aus.

Die Grundideen für die Videos kommen zwar von der Band, aber ihre Inszenierung und optische Umsetzung liegt dann in den Händen der beauftragten Video-Regisseure. Richard Kruspe: „Im Grunde genommen muss ich sagen, dass die Ideen, die Geschichten immer von der Band kommen. Wir setzen uns dann meist hin und überlegen, in welche Richtung können wir gehen. Das macht uns auch total Spaß."[46] Es ist dann an den ausgewählten Regisseuren, den Ideen eine drehtaugliche Form zu geben. Specter Berlin, der ihnen das opulente „Deutschland"-Video gedreht hat, verweist allerdings darauf, dass die Band dennoch immer dranbleibt: „Aber ich muss auch betonen, dass es in unserem Bereich keine Band gibt, die sich derart involviert und so interessiert ist an ihrem Produkt. Dass sechs Männer auf einem solchen intellektuellen und kulturellen Niveau mitsprechen, mir aber enorm viel Vertrauen geschenkt haben, das habe ich noch nicht erlebt."[47]

Es ist dieser Geist der Zusammenarbeit, aus denen mehrdimensionale künstlerische Gebilde hervorgehen, die als Einheit von Musik, Show und Video funktionieren, obwohl jede Ebene eigenständig ist. Und doch gehören die Ebenen zusammen, aber eben nicht auf diese simple Weise, in der eine die andere illustriert, verdeutlicht, kommentiert oder erklärt. Sie sind über Ankerpunkte im Text, im Bildgeschehen, im Rhythmus, in der Dramaturgie des Klanggeschehens miteinander verbunden, erzählen aber auf jeder Ebene eine eigene Geschichte. Das auf der Bühne als Spektakel inszenierte Klanggeschehen macht für sich genommen ebenso viel Sinn wie die Storyboards, denen die Videos folgen, oder das Grundgefühl, das die Musik vermittelt und die Worte, die aus den Texten sprechen. Nur dass das eben nicht nach den traditionellen Mustern der Rockmusik im Dienste einer einzigen klaren Botschaft steht. Aus ihrem Zusammenwirken erwächst ein Gewebe aus Sinn und Sinnlichkeit, Bedeutung und sinnlicher Erfahrung, denen jede Eindeutigkeit genommen ist. Aus jeder Perspektive schaut es nach etwas anderem aus, aber gerade daraus bezieht es seine überwältigende Wirkung, weil sich jeder, wenn er es denn will, irgendwo darin wiederfinden kann. Das Kunststück, das von allen Beteiligten dabei vollbracht worden ist, besteht darin, diese mehrdimensionalen Gewebe aus Sinn und Sinnlichkeit trotz aller Mehrdeutigkeit und Offenheit nicht in willkürliche Beliebigkeit zerfallen zu lassen.

Es ist die schockhafte Überwältigung des Publikums durch einen perfekt gearbeiteten Sound bei gleichzeitiger Distanzierung durch ein Spektakel, bei dem alle Register gezogen werden, die die Wirkung von Rammstein ausmacht. Die Homogenität des Gitarrensounds, die Unerbittlichkeit der technisch generierten Hyperpräzision des ihn einrahmenden und treibenden brachialen Schlagzeugs, die monströsen Bilder ihrer Bühnenshows und die Musikvideos mit ihrer überbordenden Bilderflut zielen mit der ihnen innewohnenden totalitären Geschlossenheit auf Überwältigung. Die Formel von der „Ästhetik der Überwältigung“[48], die in den 1930er Jahren für den damals entstehenden Tonfilm aufkam, erhält durch den Rammstein-Sound mit seiner übergriffigen Sinnlichkeit heroisierter Klänge einen neuen, zeitgemäßen Inhalt. Der korrespondiert mit ihrem Anspruch, ein Spiegel zu sein, sind es doch vergleichbare ästhetischen Strategien der Überwältigung, mit denen das alltägliche Medienspektakel seine Zumutungen maskiert. Rammstein haben nur die Inhalte ausgetauscht. Und eben deshalb treffen ihre Provokationen so zielgenau die Komfortzone des Wohlfühlkapitalismus.

„Für uns sind das Liebeslieder“
Romantik auf die harte Tour

Für den kulturbeflissenen „Besorgtbürger“ sind sie die tabubrechenden Bühnen-Rambos, denen jedes Mittel recht ist, einen Skandal zu provozieren. Und dieses Image hat sich Rammstein in der Tat hart erarbeitet. Ihren Fans aber haben sie noch eine andere Seite zu bieten. Neben den kalkulierten Provokationen zieht sich durch ihr Werk eine gebrochene und häufig auf makabre Weise besinnliche Romantik. Paul Landers: „Ich glaube, bei uns gibt es alles – und die Palette wird immer bunter. Wir sind mal ganz doll brutal und martialisch, aber dann auch wieder zart und komisch – manchmal aus Versehen. Für eine Oma sind wir einfach nur stumpfsinnig und doof, aber es gibt Leute, die das anders zu schätzen wissen.“[1] Wer sich einmal die Mühe macht, sämtliche ihrer Texte genau zu betrachten, wird auf den überraschenden Umstand stoßen, dass unter allen Schlüsselworten, die sie benutzen, das häufigste „Liebe“ ist. Lindemann besteht dann auch darauf: „Es sind Liebeslieder, in welcher dekadenten Art auch immer. Es ist halt auch eine schrille Art von Liebe existent, und die passt gut zu unserer Musik.“[2]

In vielen ihrer Songs ist die Liebe zwar in einen leidvollen, häufig brutalen Kontext gestellt, aber eben nicht in allen. Christoph Schneider: „Wir hatten immer auch eine romantische Seite. Auf jedem Album gibt es ein, zwei Songs, wo das zum Tragen kommt.“[3] Schon das erste Album *Herzeleid* (1995) enthielt mit „Seemann“ eine gefühlvolle Ballade voller Düsternis über Einsamkeit und Verlorenheit. Es ist das einzige Lied des Albums, das nicht von schneidenden Gitarrenriffs zersägt wird und sich in den Abgründen der menschlichen Seele suhlt. Durch die im Fingerpicking gespielte Bassgitarre als Begleitung der Strophen entsteht eine schwermütige Atmosphäre voller Sehnsucht und Melancholie, die so gar nicht zu dem Eindruck passt, den die anderen Songs des Albums vermitteln. Das 1996 von dem Ungarn Laszlo Kadar zu „Sehnsucht" gedrehte Video verankert den Song auf eine ganz eigene Weise dann wieder in der düsteren RAMMSTEIN-Welt. Die überwiegend in Schwarz-Weiß gehaltenen Sequenzen zeigen die Band als eine Art Galeerensklaven, die sich vergeblich bemühen, ein Schiff in Richtung auf ein nur schemenhaft erkennbares Mädchen zu ziehen, das sie offenbar erwartet. Till Lindemann: „Also eigentlich ziehen wir die Liebe hinter uns her. Und dann taucht auch immer dieses Mädchen da auf. Das Boot bewegt sich aber nicht von der Stelle, und wir ziehen uns den Wolf – eine Geschichte über Nichtankommen und Verzweiflung."[4]

Auf dem zweiten Album *Sehnsucht* (1997) ist es das mörderische Psychodrama „Klavier", bei dem sich RAMMSTEIN von einer Seite zeigt, die nicht wie mit dem Dampfhammer gemeißelt erscheint. Es ist eine sehnsuchtsvolle Ballade über eine Frau am Klavier, die nicht mehr spielt, weil sie zum Opfer desjenigen wurde, der nun vor Sehnsucht nach ihr zergeht. Die schlichten Strophen, die das Bild von der hinter einer Tür verborgenen toten Frau am Klavier erstehen lassen, sind mit einem Schlagzeug-Sample aus einer Sound-Bibliothek unterlegt. Dadurch wirken sie gespenstisch unwirklich. Unterstrichen ist das durch ein angedeutetes Pfeifen im Hintergrund – eine Reminiszenz an den Fritz-Lang-Film *M* (1931), denn es erinnert an das charakteristische Pfeifen, das dem Kindermörder in Fritz Langs Film schließlich zum Verhängnis wird. Lindemann singt „Klavier" in einem fast schon erzählenden Ton, der zuvor ebenso wenig von ihm zu hören war wie das satte Belcanto in den Refrains, die mit den in Vibrato-ähnlichen Tonrepetitionen aufgelösten Melodiebögen der RAMMSTEIN-Gitarren eine eigentümliche und zugleich irgendwie sehnsuchtsvolle Melancholie ausstrahlen.

Ihr drittes Album *Mutter* (2001) wartet insbesondere im Titelsong, aber auch in „Nebel“ und „Spieluhr“, mit einem deutlich filigraner gearbeiteten Sound auf. Mit diesem Album glimmt zaghaft auch ein klein wenig Licht in der Finsternis der RAMMSTEIN-Welt auf. Jetzt erscheinen Gefühle, die die menschliche Seele nicht mehr nur voller Abgründe zeigen. Häufiger finden sich nun ein Innehalten in leiseren, klanglich differenzierteren Tönen und eine Erzählhaltung, die die Welt nicht nur aus der Täterperspektive sieht. Hieß es auf *Herzeleid* noch „*Sex ist eine Schlacht*“ und „*Liebe ist Krieg*“ („Wollt ihr das Bett in Flammen sehen“), gibt es auf *Mutter* mit „Nebel“ nun ein berührendes Liebeslied. Ohne eine makabre Wendung geht es dabei allerdings auch hier nicht ab. Der Kuss, um den die Frau ihren Liebsten bittet und den sie schließlich auch erhält, wird ihr letzter sein, da sie im Sterben liegt. Doch das zeigt sich erst am Schluss des Liedes, denn die Geschichte ist nach dem Tode der Frau vom Ende her erzählt:

Sie trägt den Abend in der Brust
Und weiß, dass sie verleben muss.
Sie legt den Kopf in seinen Schoß
Und bittet einen letzten Kuss
[...]
Der letzte Kuss ist so lang her
Der letzte Kuss
Er erinnert sich nicht mehr[5]

Liest man den Titel des Liedes rückwärts, dann heißt es „Leben“, und letztlich geht es darum auch. Streicherflächen, geschickt verwoben mit dem Gitarrensound, lassen eine von Trauer durchzogene Melancholie aufkommen.

Der Titelsong des Albums *Mutter* ist ein Lied zu einem zwar etwas abseitigen Thema, dafür aber von ungewöhnlicher Eindringlichkeit. Ein gentechnisch geklontes Kind verzehrt sich in Sehnsucht nach einer richtigen Mutter:

Werf in die Luft die nasse Kette
Und wünsch mir, dass ich eine Mutter hätte
Keine Brust hat Milch geweint
In meiner Kehle steckt ein Schlauch
Hab' keinen Nabel auf dem Bauch

Zugleich ist es vom Hass zerfressen auf die Mutter, die es nie geboren hat:

Der Mutter die mich nie geboren
Hab ich heute Nacht geschworen
Ich werd ihr eine Krankheit schenken
Und sie danach im Fluss versenken[6]

Der sehr verhalten beginnende Song entfaltet eine Atmosphäre von überwältigender Wirkung. Nach dem kurzen Intro mit gespenstisch verhallten Babylauten, steigt Lindemann ohne jede Exaltiertheit und mit einer zarten Stimme, die man ihm kaum zugetraut hätte, in den Text der ersten Strophe ein, begleitet nur von den im Fingerpicking gespielten Gitarren. Der mit einer Schlagzeugfigur eingeleitete Refrain, der nur immer wieder das eine Wort „Mutter" wiederholt, entfaltet zwischen den wie in den Boden gerammten Schlägen der Toms auf den Taktanfängen und dem klagenden Auf und Ab einer Melodiefigur im Strudel des Gitarrensounds eine enorme Spannung. Von Strophe zu Strophe nehmen Intensität und Pathos zu, bis der Sound der dröhnenden Gitarren wie eine Wand im Raum steht. Die darin eingemeißelte melodramatische Melodiefigur gibt, gestützt von synthetischen Streicherklängen, dem Gefühl der Sehnsucht eine eindringliche Klanggestalt, in der eine grenzenlose Verlorenheit mitschwingt. Nach einem kurzen Streicherintermezzo steigert sich im zweiten Teil des Liedes die aufgebaute Klangkulisse zu einer unvergleichlichen Wucht, durch die nur noch das verzweifelt gebrüllte „Mutter" dringt.

Bemerkenswert sind hier nicht nur Emotionalität und Eindringlichkeit. Der Song verzichtet völlig auf die Ironie, die Rammsteins

Liedern ansonsten die so irritierende Uneindeutigkeit gibt. Aber in der dunklen Poetik des Textes brechen neue Abgründe auf, eingeschrieben in rätselhafte Sprachbilder von gespenstischer Düsternis, etwa wenn es gleich zu Beginn heißt:

Die Tränen greiser Kinderschar
ich zieh sie auf ein weißes Haar[7]

Der Song ist eine deutlich Kritik am technischen Machbarkeitswahn, die mit viel Gefühl der Kälte des technokratischen Allmachtstrebens entgegentritt, das nichts anderes als identitätslose Klone zu generieren vermag.

Das von Joern Heitmann gedrehte Video entfesselt dazu eine Bilderwelt, deren Dunkelheit und Düsternis Bildmotive aufscheinen lässt, die an die nächtlichen Flusslandschaften eines der Meister der deutschen Romantik, des Malers Caspar David Friedrich, erinnern – Reminiszenzen, die man in diesem Umfeld kaum erwarten würde. Sänger Till Lindemann erscheint darin mehrfach im Boot auf einem schwarzen Fluss in dunkler Nacht ins Nirgendwo treibend. Er ist die einzige Gestalt im Video, agiert hier ohne seine Bandkollegen. Das war so eigentlich nicht vorgesehen, ergab sich aber aus dem Umstand, dass die Band zuvor eine dreimonatige Amerika-Tournee absolviert hatte und der Drehtermin unmittelbar nach ihrer Rückkehr angesetzt war. Da verständlicherweise zu diesem Zeitpunkt keiner Lust auf einen Videodreh hatte, machte Lindemann es allein. In der Konsequenz löste das anschließend so heftige Diskussionen aus, dass es darüber fast zur Auflösung der Band gekommen wäre. Christoph Schneider: „Wir hatten bis dahin, bis zu diesem Punkt, immer so eine Grundausrichtung, dass die Band gleichberechtigt präsentiert wird, also dass der Sänger nicht so eine herausgehobene Stellung bekommt, die er von Haus aus sowieso schon hat, dass das dann auch noch gefördert wird. […] Das Video hat in der Band dann so viel Diskussion ausgelöst, dass es fast zu einer Trennung gekommen wäre. Das nahm dann so eine Eigendynamik auf. Irgendwann durfte aus der Band niemand mehr mitreden, und es war dann nur noch eine Sache zwischen Till und dem Regisseur."[8]

Mit spastischen Bewegungen und einer alle Grenzen des Normalen sprengenden Mimik, die jedem Bühnenschauspieler zu großer Ehre gereichen würde, gibt Lindemann hier der Atmosphäre des Songs einen an der Grenze zum Wahnsinn liegenden Ausdruck. Die Szenerie wechselt immer wieder vom Boot, das an die grausame Szene der Tötung der so innig herbeigesehnten Mutter im Fluss gemahnt, in ein klaustrophobisch enges Erdloch, das die Sicht durch kreuzweise angeordnete Gitterstäbe begrenzt. In der Schlusssequenz liegt der Sänger in Fötusstellung am Boden des Erdloches, verloren in der Einsamkeit, ergeben in das Eingesperrtsein, während die Kamera langsam aus dem Bild herauszoomt.

Im Eröffnungstrack des Albums *Mutter*, „Mein Herz brennt", hat die Band einen markanten Streichersatz in ihren gitarrendominierten Sound integriert, eingespielt vom Filmorchester Babelsberg. Dieser Song sollte ursprünglich „Sandmann" heißen, was der Band aber wohl eine etwas zu direkte Anspielung auf die bei Kindern beliebte Gestalt aus dem europäischen Volksmärchen war, die, seit sie aus dem Dunkel der Geschichte aufgetaucht ist, viele Adaptionen erfahren hat. Bei Rammstein kommt mit dem Traumsand der blanke Albtraum, zu dem die brüllenden Gitarren ihre eigene Sprache sprechen:

Sie kommen zu euch in der Nacht
Dämonen, Geister, schwarze Feen
Sie kriechen aus dem Kellerschacht
Und werden unter euer Bettzeug sehen[9]

Das ist nicht das niedliche Sandmännchen, das seit Generationen mit Traumsand Kindern den Schlaf bringt. Rammsteins Sandmann bringt den Kindern sein brennendes Herz. Das Vorbild dafür ist unverkennbar E.T.A. Hoffmanns 1816 erschienene Novelle „Der Sandmann", eine Schauergeschichte über Wahrheit und Täuschung, Verführung und Wahn. Bei E.T.A. Hoffmann mutiert der Sandmann aus einem Kindheitstrauma des Protagonisten zum Monster, das Kindern die Augen ausreißt. Das rasant geschnittene Video zu „Mein Herz brennt" voller dunkler und aggressiver Bilder in einem historischen Kinderheim-Ambiente vergrößert den kindlichen Albtraum aus dem Song ins Monströse.

Es ist nicht unbedingt überraschend, dass es die dunklen Seiten der Romantik sind, die RAMMSTEIN anziehen. Ohnehin gibt es bei der Band neben Cyberpunk-Motiven wie „Mutter" auch deutliche Anleihen bei Gothic und Dark Wave, dem Gruselkabinett der Gruftis. Schon der offizielle Schriftzug von RAMMSTEINs Bandnamen, inzwischen als ein eigener Schriftschnitt des polnischen Schriftdesigner Wojciech Kalinowski registriert, ist an den Schriftschnitt Franklin Gothic Heavy angelehnt. Dieser hat nichts mit der Subkultur Gothic zu tun, weil schon in den Zehnerjahren des letzten Jahrhunderts entstanden. Über den Mittelalter-Rock ist er in die Metal-Szene eingewandert und hat auf diesem Weg auch die namensgleiche Subkultur erreicht. Das zum Kreuz geformt „T" im Schriftzug des Bandnamens ist zwar von der slowenischen Band LAIBACH entlehnt, aber ebenfalls ein Fingerzeig in Richtung der morbiden Gräberfaszination von Dark Wave und Gothic. Auch das Bühnenoutfit enthält mit der in der Regel dunkel bis schwarz gehaltenen Kostümierung, mit Lindemanns langem dunklen Lederumhang oder der uniformähnlichen Bekleidung, den schwarz oder grau geschminkten Gesichtern, den schwarzen Lippen und dem Hairstyling deutliche Bezüge zu den Paradiesvögeln der Nacht mit ihrer mystischen Affinität zu Dunkelheit und Tod. Nur Keyboarder Flake Lorenz ist im paillettenbesetzten Glitzeranzug das Kontrastprogramm dazu und sorgt, sofern nicht gerade als Sparringpartner für Lindemanns Einlagen in Anspruch genommen, mit seinen Zappeleien an den Tasten dafür, dass auch die dunkelsten RAMMSTEIN-Kreationen doch immer irgendwie mit einem Schuss wahnwitzigen Humor durchzogen sind. Und selbst, wenn er in schwarzem Leder auftritt, er bleibt die albernde Kontrastfigur.

Auch in den folgenden Alben finden sich nun neben ihrem musikalischen Markenkern – martialische Gesänge in teutonischer Heldenpose – regelmäßig Songs, die andere Wege beschreiten, ohne dabei die Identität des RAMMSTEIN-Sounds mit den verzerrten Gitarren und der machiavellistischen Stimme im Zentrum aufzugeben. Paul Landers: „Wir haben versucht, den Gesang noch mehr in die Musik einzubetten. Oder anders gesagt: Die Musik ist mehr denn je eine Manege, in welcher der Gesang besser zur Geltung kommt."[10] Die Songs werden musikalisch und inhaltlich vielfältiger, nuancierter, an Klangfarben reicher, und die emotionale Palette wird breiter. Offenbar hatte sich als Konsequenz des Richtungsstreits in der Band seit *Mutter* auch der bandinterne Input verschoben, wie das *Reise, Reise*-Album (2004) erstmals hörbar macht. Die Credits lauten aber immer noch auf alle gemeinsam, nur dass die Namen nun aufgelistet sind. Paul Landers: „Im Gegensatz zu unseren bisherigen drei Alben wurde die neue Platte in einer anderen Konstellation geschrieben. Die, die früher viele Ideen eingebracht haben, haben sich diesmal zurückgenommen, und die, die früher wenige Songideen hatten, sind diesmal viel mehr vertreten."[11]

Das Album *Reise, Reise* präsentiert mit „Amour" einen poetischen Song über die Liebe, freilich in sprachlichen Bildern, in denen ihre zerstörerische Macht heraufbeschworen wird:

Die Liebe ist ein wildes Tier
Sie atmet dich, sie sucht nach dir
Nistet auf gebrochenen Herzen
Geht auf Jagd bei Kuss und Kerzen

Er steht ganz im Bann von Lindemanns ausdrucksstarkem, hier fast gestisch wirkendem Gesang. Unterlegt ist ein Geflecht aus elektronischen Klänge und im Fingerpicking gespielten E-Gitarren, das auf dem in den Tiefen dröhnenden Bass ruht, während sich das Schlagzeug dezent im Hintergrund hält. Erst vor der zweiten Strophe brechen die donnernden Gitarren mit Macht und maximaler Verzerrung wieder durch. Das furiose Finale offenbart mit den Worten „*Bitte, bitte gib mir Gift*" die Tragödie, um die es in dem Song eigentlich geht:

Die Liebe ist ein wildes Tier.
In die Falle gehst du ihr.
In die Augen starrt sie dir,
Verzaubert, wenn ihr Blick dich trifft.
Bitte, bitte, gib mir Gift.
Bitte, bitte, gib mir Gift.
Bitte, bitte, gib mir Gift.
Bitte, bitte, gib mir Gift.[12]

Nicht die Liebe, sondern die Qualen der Liebe zwischen Begehren und Verlust werden hier besungen.

„Ohne dich" vom selben Album ist ein monumentales Tongemälde über Liebe, Sehnsucht, Einsamkeit und Tod.

Ohne dich kann ich nicht sein
Ohne dich
Mit dir bin ich auch allein
Ohne dich
Ohne dich zähl ich die Stunden, ohne dich
Mit dir stehen die Sekunden
Lohnen nicht[13]

Lindemanns Gesang ist eingebettet in einen von Streicherklängen dominierten Sound, der von den Gitarren und einem wuchtigen Bass eingefasst ist. Das dazugehörige Video von Joern Heitmann zeigt die Band auf einer Gipfeltour in den Tiroler Alpen, das dem „Ohne dich" noch einen ganz anderen Sinn unterlegt, nämlich das Aufeinander-angewiesen-Sein im Angesicht des Risikos, durch Absturz den Tod zu finden.

„Los" wiederum, ebenfalls vom Album *Reise, Reise*, basiert auf dem virtuosen Spiel mit der Wortendung „-los" im Kreuzreim. In dem Song, in dem sich die Band erstmals selbst thematisiert, findet die Wortendung „-los" insgesamt 36 Mal Verwendung:

Wir waren namenlos
Und ohne Lieder
Recht wortlos
Waren wir nie wieder
Etwas sanglos
Sind wir immer noch
Dafür nicht klanglos
Man hört uns doch
Nach einem Windstoß
Ging ein Sturm los
Einfach beispiellos

Und selbstverständlich nimmt der Song auch die Reaktionen aufs Korn, die sich so zuverlässig einstellen, wird auch nur der Name der Band erwähnt:

Sie waren sprachlos
So sehr schockiert
Und sehr ratlos
Was war passiert
Etwas fassungslos
Und garantiert
Verständnislos
Das wird zensiert
Sie sagten grundlos
Schade um die Noten
So schamlos
Das gehört verboten
Es ist geistlos
Was sie da probieren
So geschmacklos
Wie sie musizieren
Ist es hoffnungslos
Sinnlos

Hilflos
Sie sind gott
Los
[...][14]

Am ungewöhnlichsten ist hier die Musik, die sich nach dem marschähnlichen Beginn allmählich aus dem Song herausschält – nämlich ein Blues.

Das Album *Rosenrot* (2005) lässt die romantische Ader von RAMMSTEIN noch deutlicher zutage treten. Bereits das von den Designern der Berliner Kommunikationsagentur PLANTAGE gestaltete Cover des Albums ist mit seinen Anklängen an Caspar David Friedrichs Gemälde „Das Eismeer" eine Reminiszenz an die deutsche Romantik. Christoph Schneider sagte über das Album: „Es ist schon richtig, dass wir das romantische Element diesmal mehr nach außen tragen ... Romantik war immer schon ein Bestandteil unserer Musik ... Allerdings haben damals die Gitarren vieles überdeckt. Wenn du unsere balladeskeren Stücke von früher anhörst, dann sind die einfach vergleichsweise hart und ungeschliffen. Das hat mit dem Grundgefühl zu tun, das uns damals umgetrieben hat. Gitarre an oder Gitarre aus – dazwischen gab es nichts, und genau das war Rammstein. Inzwischen haben wir den Mut, auch ganz andere Facetten zuzulassen. Wir sind ja auch alle etwas älter geworden und dementsprechend nicht mehr dieselben wie vor zehn Jahren. Damals waren wir der harten Musik verpflichtet, weil eine unheimlich beständige Aggression da war. Das hat sich jetzt doch ziemlich geändert, und diese Stimmung nun künstlich zu erzeugen, wäre Blödsinn. Wenn sie aufkommt: gut. Wenn nicht, dann müssen eben andere Seiten in den Vordergrund treten. Der Maßstab sollte immer sein, dass man sich als Musiker mit dem, was man macht, in diesem Moment wirklich wohlfühlt, und es fühlt sich einfach gut an, nun in der Lage zu sein, die unterschiedlichsten Dinge adäquat umzusetzen."[15]

So ist „Stirb nicht vor mir", auch unter dem Titel „Stirb nicht vor mir (Don't Die Before I Do)" veröffentlicht, eine schlichte Ballade über Liebe und Einsamkeit, die Sänger Till Lindemann im ausdrucksstarken Belcanto mit der schottischen Sängerin Sharleen Spiteri im Duett singt, der Text halb deutsch, halb englisch. Die zurückhaltende Musik gibt hier konsequent dem Wort und den beiden Stimmen Raum. Der ausgesprochen melodiebetonte Song geht auf eine Anregung ihres Produzenten Jacob Hellner zurück und offenbart eine Seite von RAMMSTEIN, die so zuvor noch nicht zu hören war. Gleiches gilt für „Wo bist du" vom selben Album, einer Liebesballade voller unerfüllter Sehnsucht. Sie beginnt mit einer betörenden Klarinettenmelodie, in die die Band abrupt mit Schlagzeug, Gitarren und Synthesizer einfällt, ohne freilich die Klarinette zum Verstummen zu bringen. Der Song hat einen elegischen Ton, zu dem das Ich im Text einer verlorenen Liebe nachtrauert. Die hier naheliegende Kitschgefahr hat Lindemann mit seinen lakonischen Versen, die entfernt an das „*Ich lieb' dich nicht, du liebst mich nicht*"[16] von Trios „Da Da Da" (1982) erinnern, souverän umgangen.

Ich liebe dich
Ich liebe dich nicht
Ich liebe dich nicht mehr
Ich liebe dich nicht mehr

Ich liebe dich nicht mehr
Oder weniger als du
Als du mich geliebt hast
Als du mich noch geliebt hast[17]

Auch „Te quiero puta!" (Ich liebe dich, Nutte!), ihr erstes Lied in spanischer Sprache, ist eine Art Liebeslied, das zwischen Macho-Gehabe und Zärtlichkeit schwankt und einer Prostituierten gilt. Der Song bezieht aus dem Sound der mexikanischen Mariachi-Bands, der zwischen die metallischen Gitarren gesetzt ist, einen ganz speziellen Touch. Er ist für die RAMMSTEIN-Fans in Mexiko entstanden, wo ihnen auf ihren Tourneen eine Sympathiewelle ohnegleichen entgegenschlägt. Hier ist mit den Rammexikanos einer der aktivsten Fanclubs der Band beheimatet, der auf seinem Internet-Portal akribisch die Aktivitäten der Band verfolgt, Übersetzungen der Texte präsentiert und deren Inhalte diskutiert.

Das Album *Liebe ist für alle da* (2009) wartet neben den Sex-und-Gewalt-Provokationen, die wie der Eröffnungstrack „Liebe ist für alle da", „Ich tu dir weh" oder „Pussy" reichlich für Schlagzeilen sorgten, ebenfalls mit einer leidenschaftlichen Ballade auf. „Frühling in Paris" berichtet vom Zauber der ersten sexuellen Erfahrung und der daraus hervorgehenden romantischen Liebe des Protagonisten, aber zu einer Prostituierten, womit die Geschichte von vornherein die Zeichen der Vergeblichkeit trägt.

> [...]
> *Die Lippen oft verkauft und weich*
> *Und ewig sie berühr'n*
> *Wenn ich ihren Mund verließ*
> *Dann fing ich an zu frier'n*
>
> *Sie rief mir Worte ins Gesicht*
> *Die Zunge Lust gestreut*
> *Verstand nur ihre Sprache nicht*
> *Ich hab es nicht bereut*
>
> *Oh non, rien de rien*
> *Oh non, je ne regrette rien*
> *Wenn ich ihre Haut verließ*
> *Der Frühling blutet in Paris*
> [...][18]

Diese Mischung aus Romantik und Vergeblichkeit transportiert der Song mit einer ausgefeilten Klangdramaturgie. Am Anfang ist es nur eine schlichte, aber voluminöse Akustikgitarre im Fingerpicking, die in der Begleitung eine Atmosphäre von Intimität erzeugt. Eine ganz entfernt im Hintergrund hinzutretende Synthesizer-Melodie gibt dem Klangbild räumliche Tiefe und unterstreicht so die intime Nähe, die die Stimme vermittelt. Erst in den Refrains wartet die Band dann mit allem auf, was sie klanglich zu bieten hat. Eingebaut in den Refrain ist hier ein französisch gesungenes Zitat eines der bekanntesten Chansons von Edith Piaf – „Non, je ne regrette rien". Strophe für Strophe wird durch die schrittweise zur Akustikgitarre hinzutretenden Instrumente der Sound immer kompakter, die Intensität des Liedes immer stärker, bevor es mit dem letzten Refrain schließlich ermattet in sich zusammenfällt.

Auf ihrem unbetitelten siebten Studioalbum (2019) – dem musikalisch vielseitigsten der Band – findet sich mit „Diamant" eine zweieinhalbminütige Liebesballade voller Leidenschaft und Melancholie, die ganz von der sonoren Stimme Lindemanns geprägt ist. In nur wenigen Zeilen spiegeln sich so widerstreitende Gefühle wie Faszination, Verlangen, Enttäuschung, Schmerz und Gebrochenheit.

Du bist so schön, so wunderschön
Ich will nur dich, immer nur dich anseh'n
Lässt die Welt um mich verblassen
Kann den Blick nicht von dir lassen

Und dieses Funkeln deiner Augen
Will die Seele aus mir saugen

Du bist schön wie ein Diamant
Schön anzuseh'n wie ein Diamant
Doch bitte lass mich geh'n
[…][19]

Eingebettet ist das in eine schlichte, aber einprägsame Melodie von ungemeiner Suggestivkraft. Die Begleitung dominiert Oliver Riedels im Fingerstyle mit Plektrum gespielte Bassgitarre, zu der nach

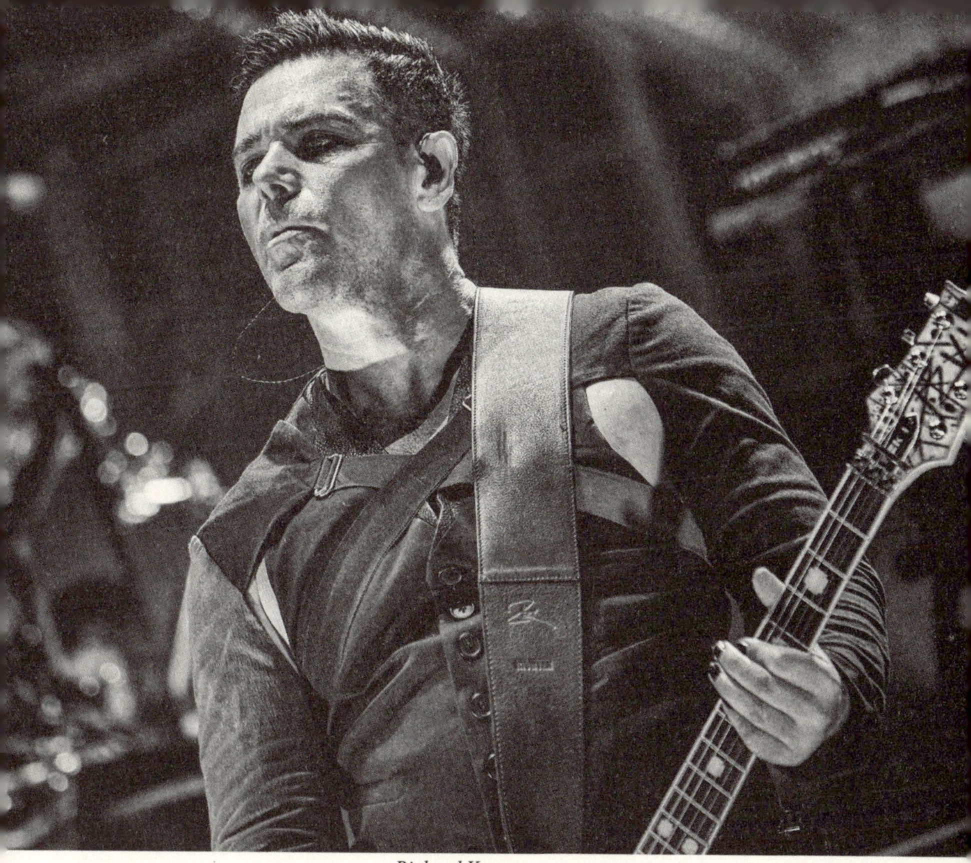

Richard Kruspe

der ersten Strophe ein Streichersatz zunächst verhalten, dann mit steigender Intensität hinzutritt. Live werden die Streicher vom Synthesizer emuliert. Der Song, der in der Studioversion fast ohne elektronisches Klangbeiwerk auskommt, ist frei von jeglichem Pathos, aber doch von ungeheurer Eindringlichkeit.

Auf ihrem 2022 erschienenen Album *Zeit* sind die martialischen Gitarrenriffs des Rammstein-Sounds zu Reminiszenzen geworden, die einem ungewohnt elegischen Ton gewichen sind, in dem Synthesizer, Piano und chorische Vokalpassagen dominieren. Im Titelsong, einer Ballade, symbolisiert eine von den sphärischen Klängen eines weiblichen Background-Chors getragene dichte Klangatmosphäre den Strom der Zeit, während die Gitarrenriffs in eine scheinbar ins Endlose reichende Synthesizerfläche eingebettet sind. Es geht um Vergänglichkeit, die Unmöglichkeit, dem Tod zu entgehen. Und es geht um so etwas wie Trost angesichts der Vergänglichkeit der Zeit, ein ganz ungewöhnlicher Ton bei Rammstein:

Manches sollte, manches nicht
Wir sehen, doch sind wir blind
Wir werfen Schatten ohne Licht

Nach uns wird es vorher geben
Aus der Jugend wird schon Not
Wir sterben weiter, bis wir leben
Sterben lebend in den Tod

Dem Ende treiben wir entgegen
Keine Rast, nur vorwärtsstreben
Am Ufer winkt Unendlichkeit
Gefangen so im Fluss der Zeit

Bitte bleib stehen, bleib stehen
Zeit, das soll immer so weitergehen
[…][20]

Seine eindringliche Wirkung entfaltet der Song vor allem im Zusammenwirken mit dem Video von Robert Gwisdek, der als Hip-Hop-Artist auch unter seinem Musikernamen Käptn Peng bekannt ist. Die monumentale Komposition aus eindrucksvollen Videobildern symbolisiert mit rückwärtslaufenden Bildsequenzen und Schwarz-weiß-Bildern im Stil der expressionistischen Filmsprache der 1920er Jahre die Unentrinnbarkeit des Todes in der Vergänglichkeit der Zeit. Im wörtlich genommenen Strom der Zeit schweben die Bandmitglieder zu Beginn leblos unter Wasser, und während die Bilder rückwärtslaufen, finden sie sich im Rettungsboot in den aufgewühlten Fluten des Zeitlaufs wieder, gegen die Widrigkeiten des aufgewühlten Zeitstroms kämpfend. Die Zeit läuft zurück bis zum Moment der Geburt, der Geburtsvorgang wird explizit ins Bild geholt, die sechs RAMMSTEIN-Leute als Geburtshelfer ihres eigenen Zur-Welt-Kommens. Von dort läuft sie wieder vorwärts und dann weit zurück in die Geschichte, die erlebbare Zeit als Teil des historischen Zeitlaufs versinnbildlichend. Als Soldaten schießen sie aufeinander, stehen im Rückwärtslauf der Videosequenz wieder auf, nur um erneut im Kugelhagel ihres Gegenübers unterzugehen. Dazwischen geht es erneut zurück – die gleiche Konstellation, nur stehen sich die späteren Soldaten jetzt als Kinder gegenüber, im kindlichen Spiel mit Stöcken aufeinander zielend. Es ist ein ständiges Vor und Zurück: auf Zärtlichkeit und Liebe folgen die Sensenmänner, nur sind es die Bandmitglieder selbst, die hier die Sense schwingen. Eine Zeitgestalt erscheint als gespensterhafter Gevatter Tod, der sich die Tochter des von Oliver Riedel gespielten Bauersmanns greift. Wie ein Monolith taucht die Zeitgestalt im schwarzen Umhang und mit leer leuchtendem Gesicht auf und entschwindet wieder. Mit ihr kommt der Lauf der Zeit, der als gewaltiger Sandstrahl wie in einer riesigen Sanduhr verrinnt, immer wieder zum Stillstand, bis in dem versöhnlichen Ende der Zeitstrom umgekehrt wird und ruhig und gleichmäßig in die Höhe steigt. Lebenszeit: Werden und Vergehen, Vergehen und Werden. Und auch das ist ein Liebeslied, nämlich eine Hommage an die Liebe zum Leben. Eingebettet in den elegischen Ton der Musik offenbart sich hier ein bemerkenswertes Stück Pop-Philosophie, das mit dem Veröffentlichungstermin am 10. März 2022 auf die Wirren der Gegenwart kurz nach Ausbruch eines Krieges in Europa maßgeschneidert zu sein schien, was in der mehr als einjährigen Produktionsphase des Videos aber nur ahnungsvoll vorweggenommen sein konnte.

Musikalisch ist RAMMSTEIN weit vielseitiger, als ihr Image erwarten lässt. Aber selbst dann, wenn sich melodischer Duktus, Instrumentierung und Arrangement deutlich vom Neue-Deutsche-Härte-Kurs entfernen, verliert die Band ihren unverwechselbaren Sound nicht. Im Klangbild von RAMMSTEIN erhalten selbst eine schlichte Akustikgitarre, ein orchestraler Streichersound oder eine einzelne Klarinette durch Fokussierung auf die Tiefen im Frequenzspektrum, die bei heruntergeregelten Mitten mit den ebenfalls eher in den extremeren Regionen betonten Höhen ausbalanciert werden, ein unverwechselbares Klangprofil, das Schwere und Härte vereint. Es braucht nicht immer das ganze RAMMSTEIN-Arsenal, um selbst in den atmosphärischen Bildern von unerfüllter Sehnsucht, dunkler Melancholie, Zweisamkeit und Romantik musikalisch das zu bleiben, was die Band so unverwechselbar macht.

„HUMOR IST FÜR UNS WICHTIG“ KLAMAUK MIT DOPPELTEM BODEN

Nicht allein die hintergründige Ironie, die viele RAMMSTEIN-Songs so mehrdeutig macht, ist ein Hinweis darauf, dass in der RAMMSTEIN-Welt nicht alles so tiefernst gemeint ist, wie es auf den ersten Blick erscheint. Die Band hat auch eine heitere Seite. Dass es bei RAMMSTEIN überhaupt so etwas wie Humor gibt, wenn auch in der Regel nicht ohne Hintersinn, mag überraschen, scheint die Band doch auf Düsternis, Leid und Sadomasochismus abonniert zu sein. Doch wenn Flake auf dem Laufband seine Turnübungen an den Keyboards macht und dabei wie ein Storch auf der Stelle stolziert, wenn er inmitten des flammenden Infernos über die Bühne hoppelt, mit eckigen Bewegungen auf der Suche nach seinem Keyboard ist, sich den Hintern versohlen lässt oder wenn Lindemann mit auseinanderfallenden Gesichtszügen den Debilen mimt, dann ist das erst einmal nur komisch, denn es steht mit den Songs in keinerlei Zusammenhang. Flake Lorenz: „Mit dem Text hat das alles überhaupt nichts mehr zu tun. Die Show entspringt mehr unserer Freude am Unfug.“[1] Reiner Klamauk ist auch die Peniskanone, mit der Lindemann zu „Pussy“ weißen Schaum im Publikum verteilt oder zu „Bück dich“ ein Penissurrogat aus der Hose zieht und damit literweise verdünnten Pernod als Spermasurrogat ins Publikum spritzt. Zwar haben solche Späße eine infantile Note, die an Schulhof erinnert. Doch das Publikum feiert diese kraftmeierische Groteske, die pubertäre Schwanzwettbewerbe anklingen lässt, allerorts frenetisch, gerade weil sie so unbekümmert gegen alle Regeln bürgerlicher Anständigkeit inszeniert ist.

Allerdings ist die Groteske dieser Szene eingebettet in ein besonders böses Bild, denn der Auftakt dazu lässt im Wortsinn das Tier im Menschen von der Leine. Die Musiker kriechen als entmenschte Wesen auf die Bühne, geführt von Schlagzeuger Christoph Schneider an einem Hundegeschirr. Er sagt zum Thema Humor bei RAMMSTEIN: „Er war immer schon da, genau wie die Romantik. Guck dir allein unsere Liveshows an: Da ist doch einiges schon ziemlich überzogen. Davon abgesehen war Rammstein meiner Ansicht nach immer dann am lustigsten, wenn wir ganz doll hart und ernst sein wollten und das Ganze gerade dadurch ins Gegenteil umkippte. Oder wenn witzige Sachen mit versteinerter Miene vorgetragen wurden. Das ist eine Frage des persönlichen Geschmacks. Feststeht: Humor ist auch für uns wichtig und gut."[2]

Witzige Pointen finden sich in einer ganzen Reihe ihrer Songs, etwa wenn es in „Sehnsucht" (1997), dem Titelsong ihres zweiten Studioalbums, heißt:

Glücklich werd ich nirgendwo
Der Finger rutscht nach Mexiko
Doch er versinkt im Ozean[3]

Oder wenn in „Pussy", einem Song von ihrem Album *Liebe ist für alle da* (2009), der den Sextourismus deutscher Biedermänner aufs Korn nimmt, die vulgäre Anzüglichkeit mit höchst ungewöhnlichen Wortkombinationen kaschiert wird:

Zu groß, zu klein
Der Schlagbaum sollte oben sein
Schönes Fräulein, Lust auf mehr?
Blitzkrieg mit dem Fleischgewehr
Schnaps im Kopf, du holde Braut
Steck Bratwurst in dein Sauerkraut[4]

Aber auch die Musik enthält bei RAMMSTEIN humorvolle Elemente. So kombiniert die Band in „Te Quiero Puta!" den Metal-Sound mit einer mexikanischen Mariachi-Kapelle, unterlegt mit einem galoppierenden Rhythmus, der vom Pferdegetrappel des Intros abgenommen ist. Dieser Clash so unterschiedlicher musikalischer Welten ist urkomisch, auch wenn der Song selbst, in dem es um die Liebe zu einer Prostituierten geht, einen weniger witzigen Hintergrund hat. In „Lügen" vom Album *Zeit* (2022), einem Song über die verlogenen Heile-Welt-Klischees von Werbung und Fernsehunterhaltung, wird der Sound der Band mit Autotune-Effekten nach und nach derart grotesk verzerrt, dass der Gesang darin regelrecht ersäuft, was umwerfend komisch wirkt.

Es versteht sich, dass bei RAMMSTEIN auch Humor nicht einfach nur Humor ist. Wenn etwa in „Ich will" von ihrem dritten Album *Mutter* (2001) das Gehabe von Rockstars aufs Korn genommen wird, dann lässt der gebieterische Kommandoton des Anfangs, der klingt, als käme er aus einem Kellerverlies, zunächst ganz andere Assoziationen aufkommen, bevor er mit Ironie ins Humorvolle gedreht wird und dabei zu erkennen gibt, dass der Song ja auch auf sie selbst bezogen werden kann:

[...]
Ich will eure Phantasie
(Ich will) ich will eure Energie
(Ich will) ich will eure Hände seh'n
(Ich will) in Beifall untergeh'n
Seht ihr mich?
Versteht ihr mich?
Fühlt ihr mich?
Hört ihr mich?
Könnt ihr mich hören? (Wir hören dich)
Könnt ihr mich sehen? (Wir sehen dich)
Könnt ihr mich fühlen? (Wir fühlen dich)
Ich versteh euch nicht
[...][5]

In dem von Joern Heitmann gedrehten Video zum Song ist dazu eine Mischung aus Terrorakt und Banküberfall inszeniert, die die sechs Musiker als finstere Terroristen vorführt, was sie nach dem Verständnis so mancher Medien offenbar ja ohnehin sind. Dabei erhält buchstäblich jedes Wort des Textes einen anderen, durch das Video gesetzten Sinn, der wiederum auf die mediale Resonanz der Band Bezug nimmt. Ist diese inszenierte Doppelsinnigkeit schon nicht frei von Komik, so wird sie vollends zur Satire, indem jede Videosequenz den doch eigentlich ernsten Hintergrund der dargestellten Vorgänge noch einmal persifliert – sei es der Aufzug der Terroristen in Frack und Fliege, die riesenhafte Bombe, die Flake als Selbstmordattentäter vor sich herträgt oder der Auftritt von Lindemann als Mafioso mit Krückstock. Ein solcher mehrfach verdrehter Humor ist typisch für RAMMSTEIN, und man muss schon mit besonderer Humorlosigkeit ausgestattet sein, um das zu übersehen. Für die Band war der Videodreh allerdings weniger lustig, wie Paul Landers berichtete: „Nach diesem Dreh würde ich jedenfalls keine Bank überfallen wollen, weil dieses Sondereinsatzkommando KSK – oder SEK oder so ähnlich – echt heftig ist. Richard meinte zu denen, dass sie keinen Schongang einlegen, sondern es echt aussehen lassen sollen. Die Typen haben uns derart brutal auf den Boden geklatscht, dass ich gleich beim ersten Dreh 'ne blutige Nase hatte. Das sieht man gar nicht im Clip.“[6]

Auch im Bühnengeschehen bricht immer wieder ein naiv-fröhlicher Unernst durch, der aus den maßlosen Übertreibungen resultiert. Eine mehr als mannshohe Feuersäule ist beeindruckend, eine mehr als zehn Meter hohe Feuersäule dagegen nicht frei von Komik, weil sie die Musiker daneben zu zappelnden Winzlingen macht. Wenn in der Eröffnungsszene der *Mutter*-Tour die sechs Musiker aus einer riesigen, aus der Höhe herabgelassenen Gebärmutter einer nach dem anderen nur mit einen Lendenschurz bekleidet auf die Bühne purzeln, dann bezieht das aus der Überdimensionierung des Ganzen ein gehöriges Maß an Komik. Gleiches gilt für den mit Kochmütze und Schlachtermesser zu „Mein Teil“ vor einem riesigen Kochtopf, in dem Flake gegart wird, blutbesudelt wütenden Lindemann, bis er schließlich zum Flammenwerfer greift, um den Garprozess zu vollenden. Und das funktioniert selbst im Ausland, also auch ohne die Sprachebene, sehr gut. In Großbritannien, wo ein Auftritt in einer fremden Sprache eigentlich als ebenso unhöflich wie unverschämt gilt und zudem ein sehr spezieller Sinn für Humor existiert, der sich Außenstehenden häufig nur schwer erschließt, schrieb die britische Tageszeitung THE GUARDIAN 2012 über ein Konzert von RAMMSTEIN in der Manchester Arena: „Eine Rammstein-Show funktioniert auf mehreren Ebenen. Sie ist düster und subversiv, machohaft und doch camp, unhöflich und doch sehr, sehr lustig, nicht zuletzt, wenn Sänger und hypnotischer Redner Till Lindemann sich eine blonde Perücke aufsetzt und Keyboarder Christian ‚Flake' Lorenz den Hintern versohlt."[7]

Nicht selten ist auch eine gehörige Portion Zynismus in der Mischung, mit der RAMMSTEIN Humor servieren. So heißt es etwa in „Zick Zack" von ihrem letzten Album *Zeit* (2022):

Wangen straffen, Jochbein schnitzen
Sondermüll in Lippen spritzen
Falten rascheln am Skalpell
Vorhaut weg, sehr aktuell
Ist die Frau im Mann nicht froh
Alles ganz weg, sowieso
Zickzack, Zickzack
Schneid' das ab

Das zielt nicht nur auf den Selbstoptimierungswahn, der immer sonderbarere Blüten treibt, sondern mit diabolischer Boshaftigkeit wird nebenher auch das Alter attackiert:

Tick-tack, tick-tack, du wirst alt
Deine Zeit läuft langsam ab.[8]

Als seien die Spuren, die die Zeit hinterlässt, mit dem nötigen Aufwand zu tilgen, was im dazugehörige Video Joern Heitmanns dann als systematische „Verschlimmbesserung" vorgeführt wird. Ohnehin geizt das Video nicht mit schwarzem Humor, wenn aus den Gesichtern der sechs Musiker verunstaltete Botox-Ruinen gemacht sind oder ein Schwein mit Schnittmarkierungen versehen ist, die den Markierungen für die Fettabsaugung auf den Körpern ähneln, nur dass sie hier die Cuts der Fleischstücke für den Metzger anzeigen.

In den Musikvideos von RAMMSTEIN ist fast immer irgendwo auch ein Witz untergebracht, wenn sie denn nicht, wie „Zick Zack" (2022), „Mein Land" (2011) oder „Ausländer" (2019), von vornherein auf Komik angelegt sind. Im „Haifisch" (2019) artet nicht nur ein Begräbnis mit anschließendem Leichenschmaus – zu Grabe getragen wird Till Lindemann – in eine Schlägerei aus, bei der die Kinder unter der Trauergemeinde stolz die ausgeschlagenen Zähne aufsammeln. Im Verlauf des Videos stellt sich heraus, dass der Sarg leer ist, während Lindemann gegen Ende des Videos an einem Traumstrand urlaubend eingeblendet wird, wo er gerade eine Ansichtskarte frankiert, auf der zu lesen ist „Viele Grüße vom Arsch der Welt". Auch die Eigenzitate hier sind nicht ohne Witz. So ist im „Haifisch" eine kurze Sequenz aus „Ohne dich" (2004) eingebaut, dem Bergsteiger-Video, in dem Lindemann abrutscht und zu Tode stürzt. Hier allerdings wird das Sicherungsseil mit einem Messer durchtrennt und so der Absturz herbeigeführt. Das Begräbnis im „Haifisch"-Video ist die Folge davon. Auch eine Sequenz aus „Amerika" (2004) wird kurz eingeblendet, nur dass der stolze Raumfahrer hier einfach umfällt, statt die Flagge zu schwenken. Geht man die RAMMSTEIN-Videos daraufhin durch, gibt es immer irgendwo solche witzigen Kuriositäten zu entdecken.

Eine ganz besondere Seite des RAMMSTEIN-Humors ist der Sexismus, der absichtsvoll mit derben Sprüchen und nicht minder derben Bildern provoziert, wobei die Band natürlich genau weiß, dass sie damit einen Nerv trifft, der vor dem Hintergrund des woken Zeitgeistes den Aufschrei besonders laut werden lässt. Nun ist Sexismus gesellschaftlich völlig zu Recht geächtet. Aber gehört seine Darstellung deswegen auch von der Bühne und aus der Kunst verbannt?

Dann bliebe auf der Filmleinwand oder der Theater- und Opernbühne nicht mehr viel übrig. Die Band weiß genau, wie krass es werden muss, um unter Schnappatmung vergessen zu lassen, dass es sich bei ihren Inszenierungen schließlich nur um eine etwas andere Form von Theater handelt. Sie kann darauf zählen, dass ihre per Musik transportierten sexistischen Provokationen als Eins-zu-eins-Ausdruck einer entsprechenden Geisteshaltung genommen werden, weil sie, in Rockmusik verpackt, Authentizität suggerieren. Paart sich das Ganze dann auch noch mit Humor und Ironie, fühlen sich die missionarischen Eiferer in Sachen Moral nicht ernst genommen und laufen Sturm. Das funktioniert nicht nur prompt, sondern beim Thema Sexismus und Frauenfeindlichkeit nachgerade reflexhaft. Textzeilen wie „*Viele Löcher sind zu stopfen*" oder „*Hoch liegt die Latte, sollte stehen*" traten unmittelbar nach Veröffentlichung des Albums *Zeit* (2022), aus dem der Song mit diesen Zeilen stammt, ihre unaufhaltsame Reise durch das Feuilleton an. Dass der ganze Text von „OK" – was für „Ohne Kondom" steht – durchaus differenzierter ist als diese aus dem Zusammenhang gerissenen Zeilen vermuten lassen, macht ihn vielleicht nicht unbedingt besser, denn einer der Glanzstücke von Lindemanns Dichtkunst ist er wohl nicht, offenbart aber den Unernst, in dem er verfasst ist.

[…]
In deiner Haut will ich gern stecken
Was sich liebt, das darf sich lecken
Man steckt nicht drin, ist kaum zu stemmen
Ich werde mich dahinterklemmen
Sehr viel Sinn ohne Verstand
Du hast mich in der Hand
[…]
Du führst mich hinter rotes Licht
Bitte lass mich sehr im Stich
Hoch liegt die Latte, sollte stehen
Sollte man nicht so eng sehen

Ich liebe dich, wenn du mich lässt
Und nagele dich drauf fest
[…]
Viele Löcher sind zu stopfen
Kein Verstand, doch sehr viel Sinn
Wird belohnt mit stetem Tropfen
Man steckt, steckt nicht drin
[…][9]

Die Provokation liegt in der ersten Person Singular, weil damit über die RAMMSTEIN typische Verwischung der Grenze zwischen Rollenspiel und vorgegebener Selbstdarstellung nahegelegt wird: Hier spricht Lindemann und nicht die Figur, die er darstellt. Diese Unklarheit aber wiederum verleiht dem Song die Komik, verweist er doch auf ein Wesen, das mit seiner Männlichkeit so seine Probleme zu haben scheint.

Die Überzeichnung ins Skurrile ist gerade bei den scheinbar platt sexistischen Songs mit ihrem derben Wortwitz ein Stilmittel, um dem Sexismus, den sie vorführen, den Ernst und durch die Ambivalenz zugleich die Eindeutigkeit zu nehmen. So wird in dem plakativ betitelten „Dicke Titten" von ihrem Album *Zeit* (2022) nach einem Blasmusik-Intro zur Melodie von „Muss I denn …", das so ordinär klingt, wie die hiesige Spaßgesellschaft sich gibt, wenn sie glaubt, ganz bei sich zu sein, mit Ironie und Humor lustvoll gegen den Stachel gelöckt. Dem RTL-gestählten Macho ist hier mit der zum Mitgrölen einladenden Sentenz „*dicke Titten muss sie haben*" ein Spiegel seiner selbst vorgehalten. Die schenkelklopfende Zustimmung der angesprochenen Klientel liegt in einer zunehmend verrohenden Gesellschaft dabei förmlich in der Luft.

Ich leb alleine schon viele Jahre
Das Leben stumpf, der Alltag grau
Verlier Geduld, Verstand und Haare
Ich hätte gerne eine Frau

Und die Hoffnung will mir schwinden
Eine Partnerin zu finden
Die mir ebenbürtig ist
Nein, da ist kein Glück in Sicht

Sie muss nicht schön sein
Sie muss nicht klug sein
Nein
Sie muss nicht reich sein
Kein Model mit langen Schritten
Doch dicken Titten
[...][10]

Und so reitet der Song von Strophe zu Strophe geradezu genüsslich auf den „dicken Titten" herum. Das Video, das Joern Heitmann dazu gedreht hat, unterstreicht die Persiflage noch dadurch, dass es sich abweichend von den meisten RAMMSTEIN-Videos beinahe schon sklavisch an diesen Text anlehnt und ihn üppig bebildert. Der Clip ist in einem alpenländischen Setting angesiedelt. Das Dorf mit Schwein, Kuh und Milchkanne heißt natürlich, wie könnte es anders sein, Rammstein. Im weiteren Verlauf wird dann nahezu jedes Klischee aufgerufen, das die Heimatfilm-Industrie hierzulande auf die Kinoleinwand gemalt hat. Ambivalent ist freilich auch dieser Text, denn die Frauenfeindlichkeit geht hier mit dem wörtlich genommenen „alten weißen Mann" von einem Lüstling aus, für den an einer Frau nur die sekundären Geschlechtsmerkmale von Interesse sind – Fettgewebe an der richtigen Stelle, mehr braucht er nicht, mehr will er nicht. Das ist Sexismus pur, zugleich aber auch ein ausgesprochen satirisches Männerbild, denn schließlich ist mit dem Ruf nach „Ebenbürtigkeit" („*eine Partnerin zu finden, die mir ebenbürtig ist*") auch dieser „alte weiße Mann" des Songs nicht mehr als ein wandelndes Geschlechtsteil. Das ist genauso männerfeindlich wie es frauenfeindlich ist.

Die Hinterlist besteht darin, dass der Song zwar auf die Empörungsreflexe spekuliert, zugleich aber auf eine Realität Bezug nimmt, die es ja angeblich bloß in der kranken Fantasie der RAMMSTEIN-Leute gibt. Doch es reicht der Blick in das abendliche Programm des Fernsehens, vom Internet nicht zu reden, um sich vom Gegenteil zu überzeugen. Im sogenannten Erotik TV, einer etablierten Programmsparte fast aller privaten Kanäle des deutschen Fernsehens, kann man mit der Klamotte *Wenn die prallen Möpse hüpfen* (1974) auf eines der fragwürdigen Meisterwerke der bundesdeutschen Erotik-Filmproduktion stoßen, und das nicht etwa auf irgendwelchen zwielichtigen Streaming-Portalen der Pornoindustrie, sondern im Magenta TV-Angebot der Deutschen Telekom vom Frühjahr 2024. Die Scheinheiligkeit hinter dem Moral-Gefuchtel ist grenzenlos. Was bei RAMMSTEIN als Tabubruch gilt, ist außerhalb der Blasen der schönen, politisch korrekten Welt ein zumindest tolerierter Bestandteil bürgerlicher Wohlanständigkeit. Paul Landers: „Es ist unser Job schon immer gewesen, in den Tiefen des Menschen rumzuleuchten, Ecken zu beleuchten, die man so nicht kennt, die aber da sind, die man schon mal sieht. Also die Realität ist schon viel weiter, als man sich in seiner Fantasie vorstellen kann.“[11]

Dass RAMMSTEIN so gern mit Sexismus provoziert, wenn es gerade mal nicht Gewalt oder bevorzugt beides ist, folgt mitnichten einem Impuls, in der Musik auszuleben, was im wirklichen Leben die Moralnormen der Gesellschaft verwehren. Die humorvollen und satirischen Überzeichnungen verweisen darauf, dass sich dahinter keineswegs eine Vorliebe für Pädophilie, Päderastie, Inzest oder Sadomasochismus verbirgt, und was dergleichen Abscheulichkeiten noch sind, in denen die Band „rumleuchtet“, um die Formulierung von Paul Landers aufzugreifen. Christoph Schneider sagte einmal, auf den Sexismus ihrer Songs und ihres Bühnentreibens angesprochen: „Das stimmt. Aber die, die besonders männlich rüberkommen müssen und so übertreiben, sind es am wenigsten.“[12] Es sind vielmehr die ostdeutschen Wurzeln der Band und die daraus gespeiste grundsätzliche Ablehnung von jederart Anpassung, die ihre Aufmerksamkeit immer wieder genau darauf lenkt, wovon sich alle anderen abwenden. Wenn der woke Zeitgeist die Kettenbriefe der Empörung schon bei kleinsten

Anlässen durch die sozialen Medien rauschen lässt, wenn die *political correctness* gut geöltes Wohlverhalten erzwingen will und moralische Verhaltensnormen lautstark und anmaßend von einer schrillen Tugendhaftigkeit eingefordert werden, dann löst das nicht nur bei RAMMSTEIN Trotzreflexe aus. Solange hinter jeder Ecke der Shitstorm lauert, das Recht des Lauteren sich über die sozialen Medien immer unerbittlicher Geltung zu verschaffen sucht, so lange erscheint die Unbotmäßigkeit als probate Form der Gegenwehr.

Dabei geht es keineswegs um Akzeptanz von sexualisierter Gewalt oder Frauenfeindlichkeit – weder bei der Band noch bei ihrem Publikum –, sondern um die Formen, die ihre Ächtung inzwischen angenommen hat. Denn zu ihren Auftritten marschieren ja nun nicht Zehntausende sexistische Frauenhasser in die Stadien, die mit den frauenfeindlichen und sexistischen Züge des RAMMSTEIN-Humors ihre eigene Frauenfeindlichkeit und ihren eigenen Sexismus bejubeln, auch wenn die Berliner TAGESZEITUNG taz unter der Überschrift „Die Verwahrlosten" sich für berechtigt hält, den RAMMSTEIN-Fans „emotionale Verwahrlosung" zu bescheinigen.[13] Im Gegenteil, wer sich in den weltweiten Fanforen umsieht, wird über das dort vorherrschende Reflexionsniveau und den Umgangston, in dem die Leute hier miteinander diskutieren, erstaunt sein. Nicht die biersaufenden Deppen, deren Verstand allenfalls die leergesoffenen Bierflaschen füllt und die das Anrülpsen von Frauen für Anmache halten, sind die prototypischen RAMMSTEIN-Fans. Die Zusammensetzung ihres Publikums, das noch dazu zu einem reichlichen Drittel weiblich ist, umfasst alle sozialen Gruppen und alle Altersgruppen, selbst ganze Familien mit ihren Kindern im Teenageralter sind bei RAMMSTEIN-Shows keine Seltenheit im Publikum. Specter Berlin, der Regisseur ihres „Deutschland"-Videos, der ja aus der Hip-Hop-Szene kommt und von der dortigen Klientel einiges gewohnt ist, sagte über die Fans der Band: „Rammstein-Fans, Mann, wow! Das ist noch mal eine andere Qualität als Rap-Fans. Die sind supernett, informiert, gut erzogen, ganz andere Leute. Ich habe auch noch nie so viel Wertschätzung erlebt, auch von außerhalb Deutschlands."[14] Das sollte zu denken geben!

„WIR WOLLTEN EINE DEUTSCHE BAND SEIN“ SUCHE NACH DER VERLORENEN IDENTITÄT

Größer ist der Gegensatz kaum vorstellbar: RAMMSTEINS hämmernde Gitarren und eine Szenerie im Kalifornien des Jahres 1964 – augenzwinkerndes *Baywatch*-Setting à la David Hasselhoff: Surfparadies, Strandparty, Sonne, Wellen und schöne junge Frauen ohne Ende; dazwischen die nicht mehr ganz so jungen Herren von RAMMSTEIN mit für die Band völlig unüblichem Instrumentarium, einer Gretch White Falcon (wie sie Neil Young lange spielte), einer alten Jazzmaster (à la Kurt Cobain) und einem absurden Vox Bass. Und auch mit bloßem Oberkörper sind sie immer noch proper anzusehen. Zu Frohsinn, Badespaß und Wellenreiten raunt Sänger Lindemann in roten Badeshorts drohend:

Mein Land
Mein Land
Du bist hier in meinem Land
Mein Land
Mein Land
Du bist hier in meinem Land
Mein Land[1]

Das von Jonas Åkerlund als Parodie auf Hollywoods Beach Movies gedrehte Video zu „Mein Land“ steht in einem eigentümlichen Gegensatz zu dem Song mit seinem mehrdeutigen Text, der 2011 der Retrospektive *Made In Germany* beigegeben wurde und zusammen mit „Vergiss uns nicht“, einem Überbleibsel der Recording Session zu *Reise, Reise* (2004), vorab auf Single erschien. Das Video scheint vor allem eines zu vermitteln, nämlich dass die Musiker von RAMMSTEIN einen Heidenspaß beim Dreh hatten, was immer der Song mit seinem Text auch zu sagen scheint. Allerdings meinte Tastenmann Flake Lorenz: „Mit den vielen Frauen war das so wie in der Schule, wenn man mit ’ner Mädchenklasse zusammen Sport hat. Dann ist das, was ohnehin schon unangenehm ist, noch peinlicher.“[2]

Heute drängen sich zu Zeilen wie

Da kommt er angerannt
Mit der Fahne in der Hand
Mein Land
Mein Land
Du bist hier im meinem Land

natürlich ganz andere Assoziationen auf als 2011, obwohl am Ende, wenn das Video auf einen nächtlichen RAMMSTEIN-Auftritt in der Gegenwart zurückspringt, die beziehungslos den Refrainzeilen angehängten Worte

Vertrieben, Vertreiben, Vergessen
nirgends kann ich bleiben

auf das Migrationsproblem anzuspielen scheinen. Genauer betrachtet nimmt der Song parodistisch den stumpfen Nationalismus aus der rechten Ecke aufs Korn. Man kann das Ganze aber auch als einen Protest gegen die Kalifornisierung der Welt auffassen, gegen den hirnlosen Marsch in die Spaßgesellschaft, mit wackelnden Hintern und Surfbrett unterm Arm. Die Band wiederum ließ wissen, dass Lindemann die Idee zu dem Text während eines Surfurlaubs gekommen sei, wo es an den südkalifornischen Stränden Probleme mit den lokalen Platzhirschen gegeben habe. Der Text lässt sich aber auch aus der Perspektive des Deutschen lesen, der auf Reisen zum Ausländer wird:

Wohin gehst du? Wohin?
Ich geh' mit mir von Ost nach Süd
Wohin gehst du? Wohin?
Ich geh' mit mir von Süd nach West
Wohin gehst du? Wohin?
Ich geh' mit mir von West nach Nord

Und Lindemann selbst sagt dazu: „Das war mal 'ne ganz, ganz andere Idee. Im Laufe der Zeit hat sich das zu dem entwickelt, was es jetzt ist. Die Ur-Idee weiß ich gar nicht mehr, das ist so ein Entwicklungsprozess gewesen, der ist über fünf, sechs Jahre gegangen. Das ist immer wieder verworfen worden das Lied, dann ist es wieder aus der Schublade geholt worden."[3] Natürlich wissen sie, in welche Ecke sie geschoben werden, wenn Lindemann zum martialischen Sound der dröhnenden Gitarren „*Mein Land*" brüllt. Christoph Schneider: „Der Text hat provokatives Potenzial, dessen sind wir uns bewusst. Wir haben sehr lange über diesen Text diskutiert. Wir wollten den mit aufs letzte Album nehmen. Es gab immer wieder Diskussionen darüber, ob man den falsch verstehen könnte, weil er eben so viele Interpretationen zulässt."[4] Mit der Idee von Regisseur Åkerlund, den Song in ein kalifornisches Strand-Setting mit Beach Party und 60er-Jahre-Ambiente zu verpflanzen, schien er ihnen jedoch machbar, nimmt das Video doch der Phrase „*Du bist hier im meinem Land*" die Eindeutigkeit. Die Missverständnisse hat es natürlich trotzdem gegeben. Die WELT befand, „Rammstein zündeln mit braun eingefärbten Bildern"[5]. Doch Missverständnisse gehören zu Rammstein nun einmal dazu, um nicht zu sagen, dass sie diese absichtsvoll immer wieder heraufbeschwören.

Dennoch ist es nicht völlig abwegig, die Titelzeile „*Mein Land*“ auch ganz unironisch aufzufassen und wörtlich zu nehmen. RAMMSTEIN ist nicht wirklich gerecht zu werden, bleibt übersehen, wie sehr die Band die Frage umtreibt, was das eigentlich ist: „ihr“ Land. Wie kann man mit einer Identität, die ihre Prägung in der DDR erfahren hat, im neuen Deutschland heimisch werden, ohne seine ostdeutschen Wurzeln verleugnen oder gar kappen zu müssen? Paul Landers: „Wir scheuen uns nicht zu zeigen, dass unsere Identität in unserer Arbeit eine Rolle spielt.“[6] Natürlich fühlte sich keiner von ihnen im Osten wirklich zu Hause – wie sollten sie auch unter dem Diktat der ideologisch zugenagelten Spaßbremsen der Staatspartei SED. Ihnen allen ist bewusst, dass sie das, was sie sind, in den Grenzen der DDR, gegängelt von ebenso spießigen wie kleingeistigen Funktionären, nie hätten werden können. Dennoch sehen sie in dem Land, in dem sie aufgewachsen sind, ihre Wurzeln. Paul Landers: „Ohne die DDR gäbe es uns genauso wenig wie ohne den Westen. Wir sind ein Zwei-Komponenten-Gebilde.“[7]

Aber sie sind eben auch nicht wirklich heimisch im Westen, denn letztendlich ist auch das nicht „ihr“ Land. Flake Lorenz hat das treffend einmal so formuliert: „Ich habe keine Ostalgie. Ich finde nur den Westen scheiße.“[8] Und Lindemann antwortete 2011 auf die Frage der Zeitschrift ROLLING STONE, ob er sich noch als DDR-Bürger fühle: „Nein, aber ich habe eine starke Verbundenheit zu Traditionen der DDR.“[9] Paul Landers ließ sich zu diesem Thema mit den Worten vernehmen: „Im Kapitalismus gibt's ja nun erwiesenermaßen kein Arschloch weniger als im Sozialismus. Der Widerstand im Osten war eckiger, im Westen ist er öliger.“[10] In einer Reihe von RAMMSTEIN-Texten scheint dieser Zwiespalt zwischen Ost und West mitzuschwingen, jedenfalls lassen sie sich so lesen. Am deutlichsten ist das vielleicht in „Ohne dich“ von ihrem vierten Studioalbum *Reise, Reise* (2004). Vordergründig handelt es sich um ein Liebeslied. Sieht man in dem „Du“ des Textes aber das untergegangene Land, aus dem sie kommen, bekommt der Song einen ganz anderen Sinn:

Ohne dich kann ich nicht sein
Ohne dich
Mit dir bin ich auch allein
Ohne dich[11]

Die Obsession, das Abgründige, Gewalttätige, Perverse auf die Bühne zu holen und damit das ganze RAMMSTEIN-Projekt erklärt sich letztlich aus dem Dilemma einer zwischen Ost und West zerrissenen Identität. RAMMSTEINs permanente Provokationen zielen auf die obszöne Oberflächlichkeit einer Gesellschaft, die sich zum Sieger der Geschichte erklärt hat, aber voller Abgründe ist. Sie wollen die scheinheilige Fassade einreißen, hinter der sich Einsamkeit, Gewalt, Perversion und grenzenlose Hemmungslosigkeit verbergen. Paul Landers: „Die DDR hat man wahrscheinlich nicht so richtig gemocht, weil man darin gelebt hat. Mir ging es auch so. Ich habe dann die ganze glatte Oberfläche im Westen gesehen, und ich dachte: ‚Die muss man zerstören.'"[12] Damit haben sie sich natürlich mächtig übernommen. Eher schon sind sie mit mehr als 20 Millionen verkauften Platten nun selbst zu einem Bestandteil dieser Oberfläche geworden, ob sie das wollten oder nicht. Aber geschafft haben sie, dazu beizutragen, dass sich in dieser Oberfläche jene menschlichen Deformationen spiegeln, die der Hochglanz ansonsten überstrahlt.

Die Wurzeln im Osten und die trotzige Entschiedenheit, auch im Westen bei sich selbst zu bleiben, hat die Band für ein Thema sensibilisiert, das sich als Gemeinsamkeit von Ost und West förmlich aufdrängt: das Deutsche als ein historisch gewordener Komplex aus Mentalität und Kultur. Paul Landers: „Wir wollten immer eine deutsche Band sein. Wir haben uns gefragt: Was ist eigentlich deutsch? Das Land ist da ja ziemlich verklemmt, der Westen noch mehr als der Osten."[13] Wer sich weder ganz als Ostdeutscher noch ganz als Westdeutscher fühlt, der findet als Deutscher vielleicht zu einer Identität, die die Verortung nach Himmelsrichtungen hinter sich lässt. Nur erlaubt dieses Deutschland mit seiner Geschichte ein so ganz ungebrochenes Verhältnis zu sich selbst wiederum auch nicht. Paul Landers: „Der Deutsche hat ein Identifikationsproblem bedingt durch die Verbrechen, die die Nazis begangenen haben. Durch die ganze Hitler-Kacke. Dadurch gibt es aber auch keinen normalen Umgang mehr mit dem Leben davor und dem Leben danach."[14] An der Frage, was und wer sie sind, was das „Deutsche" ist, das durch sie hindurch wirkt und das sie repräsentieren, haben sich die Musiker unermüdlich abgearbeitet. Paul Landers: „Wir wollten unsere Wurzeln finden, nicht mehr und nicht weniger. Wir wollten eine Identität haben, wie sie eigentlich jedem Menschen auf der Welt zusteht."[15]

Das wird nirgends deutlicher als in „Deutschland", dem Eröffnungssong ihres siebten, 2019 erschienenen unbetitelten Albums, mit dem sich RAMMSTEIN noch vor dessen Veröffentlichung nach jahrelanger Produktionspause zurückmeldete. Nie hat die Band ihre Zerrissenheit deutlicher zum Ausdruck gebracht. So heißt es im Refrain:

Deutschland, mein Herz in Flammen
will dich lieben und verdammen[16]

Dazu ist eine Klangkulisse aufgebaut, die sich mit dem dröhnenden Sound der Gitarren und den in den Höhen mäandernden schrillen spitzen Tönen von Leadgitarre und parallel dazu geführtem Keyboard wie eine stacheldrahtbewehrte Mauer über einem brutal hämmernden Schlagzeug erhebt. Christoph Schneider: „Für mich geht es in diesem Song um das ambivalente emotionale Verhältnis zu diesem Land. Leute aus meiner Generation können das nachvollziehen. Erst waren es zwei Länder, dann war eins weg. Es gab auch Zeiten, in denen ich das Wort ‚Deutschland' nicht über die Lippen bekommen hätte. Es gab die BRD und die DDR. Mittlerweile komme ich besser damit klar. Es ist ein Thema, das uns ewig schon beschäftigt."[17] Und Paul Landers ergänzt: „Wir haben uns intensiv Gedanken gemacht, wie man ein Lied über Deutschland machen kann, das nicht peinlich ist. Speziell bei diesem Song wurde um jeden Punkt, um jedes Wort gekämpft, bis alle zufrieden waren."[18]

Auch hat die Band nie zuvor derart unmissverständlich politisch Stellung bezogen. Virtuos ist mit nur wenigen Worten zunächst das ganze Elend deutscher Geschichte heraufbeschworen:

Überheblich, überlegen
Übernehmen, übergeben
Überraschen, überfallen
[...]
Übermächtig, überflüssig
Übermenschen, überdrüssig
Wer hoch steigt, der wird tief fallen
Deutschland, Deutschland über allen

Den Schlusspunkt dieses außergewöhnlichen Songs setzt dann das Bekenntnis:

Deutschland, deine Liebe
ist Fluch und Segen
Deutschland, meine Liebe
Kann ich dir nicht geben[19]

Das mit neun Minute außergewöhnlich lange Video zu „Deutschland" sorgte, bevor es überhaupt veröffentlicht war, für einen handfesten Skandal, der im Verständnis der Band wohl als eine Art mediale Kunstaktion gemeint war – darauf angelegt, die Grenzen des Kunstraums zu sprengen, um Kunst und Wirklichkeit in einer provokanten Aktion zu vereinen. Ein auf Instagram veröffentlichter 35-sekündiger Teaser, der die Musiker als KZ-Häftlinge unterm Galgen mit einem Strick um den Hals zeigt und in Frakturschrift Titel von Song und Video sowie in römischen Zahlen das Erscheinungsdatum ankündigt, ließ sofort die Wellen hochschlagen. Nicht wenige prominente Kommentatoren haben sich durch den Teaser zu Stellungnahmen provozieren lassen, die durch das später nachfolgende Video ebenso wenig wie durch den Song zu rechtfertigen waren: „Wie kommt Rammstein dazu, sich die Rolle der Opfer anzumaßen", fragte Christoph Heubner damals, Geschäftsführer des Internationalen Auschwitz Komitees. „Geschmacklos" und „ohne jede Empathie für die Holocaust-Überlebenden" sei eine solche Form der Darstellung, getrieben von „Sensationsgier und dem Schielen nach Verkaufszahlen".[20] Die frühere Präsidentin des Zentralrats der Juden in Deutschland, Charlotte Knobloch, warf den Musikern eine Instrumentalisierung und Verharmlosung des Holocaust vor: „Wie Rammstein hier das Leid und die Ermordung von Millionen zu Entertainmentzwecken missbraucht, ist frivol und abstoßend."[21] Der jüdische Historiker Michael Wolffsohn nannte den Teaser eine „Form von Leichenschändung. Völlig inakzeptabel!"[22] Der Regisseur des Videos, Specter Berlin, meinte dagegen: „Ich kenne das Spiel ja schon relativ lange; man hat immer die Vampirjäger, die sofort zuschlagen müssen. Jeder mit ein bisschen Intellekt, der den Teaser gesehen hat, in dem die Jungs unterm Galgen stehen, weiß, dass das nicht politisch inkorrekt wird. Aber der Moment des Zweifels, bis das Video kommt, war nur 24 Stunden lang – deshalb mussten die alle schnell schießen, weil sie wussten, dass es am nächsten Tag zu spät ist. Ich glaube, so ist es zu lesen: Deren Job war es, auf den Trigger reinzufallen."[23] Nach der Veröffentlichung des neuminütigen Videos, das auf YouTube trotz einer Altersbegrenzung inzwischen fast 400 Millionen Mal abgerufen wurde, hörte die Kritik zwar nicht auf, doch die Kritiker mussten sich angesichts der komplexen und vielschichtigen Bildsprache voller Ironie und Andeutungen und der für Rammsteins Verhältnisse ungewöhnlich klaren Aussage aber schon mit Absicht um ein Missverstehen bemühen.

Nun hat es die Darstellung von KZ-Häftlingen auf Theater- oder Filmplakaten sowie in Teasern für einschlägige Filme auch zuvor schon gegeben – etwa für den französischen Spielfilm *L'Enclos* (1961), deutsch als *Der Verschlag*, der bis heute mit dem damaligen Plakat in den Streamingdiensten und für den DVD-Verkauf beworben wird –, ohne dass es irgendeine Reaktion, schon gar nicht eine solche, darauf gab oder gibt. Das Sakrileg besteht ganz offenbar darin, dass sich eine Rockband und dann auch noch eine Band vom Schlage RAMMSTEINs mit ihren Dauerprovokationen dieses Themas angenommen hat. Und so, wie sie bislang noch jede Provokation zum Gesamtkunstwerk haben werden lassen, das sich nicht als isolierte Kunstaktion in das Reich des schönen – oder in ihrem Fall eben unschönen – Scheins abschieben lässt, so ging es auch hier darum, den gesellschaftlichen Reflex vorzuführen, erscheint eine Band wie RAMMSTEIN auch nur 35 Sekunden in der Kleidung von KZ-Häftlingen unterm Galgen. Und so ging die Kritik an dieser Aktion dann auch in die falsche Richtung: Problematisch ist nicht, dass der Teaser die Band in Häftlingskleidung zeigt – das ist in den entsprechenden Sequenzen des Videos ohne fragwürdige Mehrdeutigkeiten gerechtfertigt –, sondern die reflexhafte Reaktion darauf. Angesichts des allzu lebendigen Antisemitismus sollte gerade in Deutschland der Umgang mit dem Holocaust niemals zum bloß reflexhaften Entrüstungsritual werden.

Das Video, das bei seiner Veröffentlichung auf YouTube am 28. März 2019 um 18:00 Uhr, eingeleitet mit einem effektvollen Countdown, schon am ersten Tag den Rekordwert von 9 Millionen Zugriffen verzeichnete, war kaum veröffentlicht, da wurden von der Presse schon genüsslich Plagiatsvorwürfe verbreitet, wonach RAMMSTEIN sich für das Intro ihres bombastischen Minifilms bei Anne Clarks „Our Darkness" (1984) bedient haben soll. Zwar erinnert die Synthesizer-Untermalung des Intros tatsächlich entfernt an das Intro des Titels der britischen New-Wave-Musikerin, allerdings sind das Reminiszenzen, die sich immer dann einstellen können, verwenden die verglichenen Musiktitel beide die gleichen Klangbausteine aus kommerziellen Sound-Bibliotheken und beide die gleichen unspezifischen musikalischen Elemente, in diesem Fall Akkordbrechungen. Anne Clark erklärte dann auch auf ihrer Facebook-Seite dazu, nachdem sie von Fans auf die Ähnlichkeiten aufmerksam gemacht worden war: „Wenn David Harrow [der Komponist; Anm. PW] und ich Plagiate für jedes Lied beanspruchen würden, das mit einem Arpeggio-Synthi-Intro beginnt, hätten wir in den letzten 36 Jahren nichts anderes mehr zu tun gehabt, als zu klagen."[24]

Das Video selbst ist eine orgiastisch in Szene gesetzte Tour de Force durch 2000 Jahre deutscher Gewalt-Geschichte, von der Varusschlacht aus Germaniens Vorzeit über die Raubzüge der Kreuzritter, die Nazi-Vergangenheit, den Terror der Roten-Armee-Fraktion, das Angst-Regime der Stasi bis hin zu den obligaten Gewaltexzessen linksalternativer Demonstrationsrituale, die Band darin als KZ-Häftlinge, NS-Soldaten, RAF-Terroristen und SED-Funktionäre. Produziert vom Berliner Regisseur und Grafikdesigner Eric Remberg alias „Specter Berlin", der zwischen 2001 und 2009 mit seinem Hip-Hop-Label Aggro Berlin der Musikwelt Sido und Bushido bescherte, lässt es eine opulente Bilderflut auf den Betrachter los, die narrative Sequenzen, assoziativ verbundene Bilderfolgen und eine Fülle von Bildzitaten sowie eine Vielzahl von Selbstzitaten aus Videos und Songs der Band scheinbar zusammenhanglos aufeinanderschichtet. Es ist mit einem ungeheuren Aufwand produziert, der ebenso wie die für ein Musikvideo höchst ungewöhnliche Länge von neuneinhalb Minuten darauf verweist, wie wichtig der Band dieses Thema ist. Der Regisseur berichtete von den Schwierigkeiten, mit denen der Dreh dieses Videos verbunden war: „Die schwierigste war wohl die Schlachtszene: 200 Komparsen nachts auf einem Feld in Brandenburg, unter Waffen und Rüstung. Nicht nur wegen der Schwierigkeit, sondern auch des Risikofaktors: Dieser war unmessbar, und ich habe drei Kreuze gemacht, als wir diese Szene abgedreht hatten. Dort hätte alles passieren können! Es fällt einer, da stürzt einer auf einem der im Boden festgefrorenen Pfeile, einer haut falsch … 200 Leute kann man nicht kontrollieren. Und es waren minus 15 Grad, die kälteste Nacht das Jahres …"[25]

Im Video mischen sich in rasantem Tempo Referenzen auf zahllose Spielfilme – von *Iron Sky* (2012), *Gladiator* (2000) und *Prometheus* (2012) über *Babylon Berlin* (2017ff.), *Das Leben der Anderen* (2006) bis hin zu *Alexander Newski* (1938) und *Schindlers Liste* (1993) – mit Szenen, die auf die Abgründe deutscher Geschichte Bezug nehmen. Zusammengehalten ist dieser postmoderne Bildersturm mit einer allegorischen Zentralfigur, die einen mythischen roten Faden durch diese entfesselten Gewaltfantasien zieht – eine schwarze Germania, gespielt von der farbigen Berliner Schauspielerin Ruby Commey. Den Untiefen der Geschichte Deutschlands, aus denen immer wieder Gewalt und Schrecken, Mitleid- und Erbarmungslosigkeit aufgestiegen sind, ist das unstillbare Verlangen entgegengesetzt, zwischen Selbstverachtung und Selbstverherrlichung eine Identität, eine „deutsche" Identität zu finden. Was das Video dem Betrachter dabei als solche präsentiert, ist ebenso ernüchternd wie erschreckend: deutsche Kämpfer, deutsche Herrenmenschen, deutsche Panzer, deutsche Konzentrationslager, deutsche Polizei, deutsche Stasi, Deutsche Schäferhunde. Am Ende entschwindet die schwarze Germania in einem Glassarg verloren im Nirwana des Universums.

Bei RAMMSTEIN erscheint das Deutsche als ein mehrfach gebrochenes Klischee seiner selbst, Karikatur und Identifikationsmuster in einem. Aufgeblasen zum Teutonischen ist es teils verstörend, teils komisch, teils nur albern, immer aber ist es RAMMSTEIN. Schlagzeuger Christopher Schneider: „Wir benutzen die Muttersprache, den Rhythmus der Marschmusik, komponieren mit einheimischer Ordnung und Präzision, texten mit sorgfältiger Wortwahl, posieren wie Kampfhähne, schätzen die Symmetrie und das Gerade-Eckige, tragen Kurzhaarfrisuren und rollen das R. Schließlich kommen wir ja von hier."[26]

Deshalb finden sich in den Liedern der Band dann auch immer wieder Bruchstücke deutschen Kulturgutes, die man in diesem Kontext nicht erwarten würde, versteckt zwar, aber erkennbar. In „Seemann" von ihrem ersten Album *Herzeleid* (1995) ist mit der Refrain-Zeile „*Jetzt stehst du da an der Laterne*"[27] ein Bild versteckt, das mit dem auffälligen Schlüsselwort „Laterne" eine Referenz zu einem Klassiker der Melancholie herstellt: Nobert Schultzes „Lili Marleen". Das Lied, das im Zweiten Weltkrieg auf allen Seiten der Front mit der Sehnsucht nach Heimat und dem Gefühl von Angst und Einsamkeit die Gefühlslage der damaligen Zeit einfing – die deutsche Version hat Lale Andersen gesungen, Anne Sheldon die englische, Marlene Diedrich die amerikanische, Suzy Solidor die französische –,

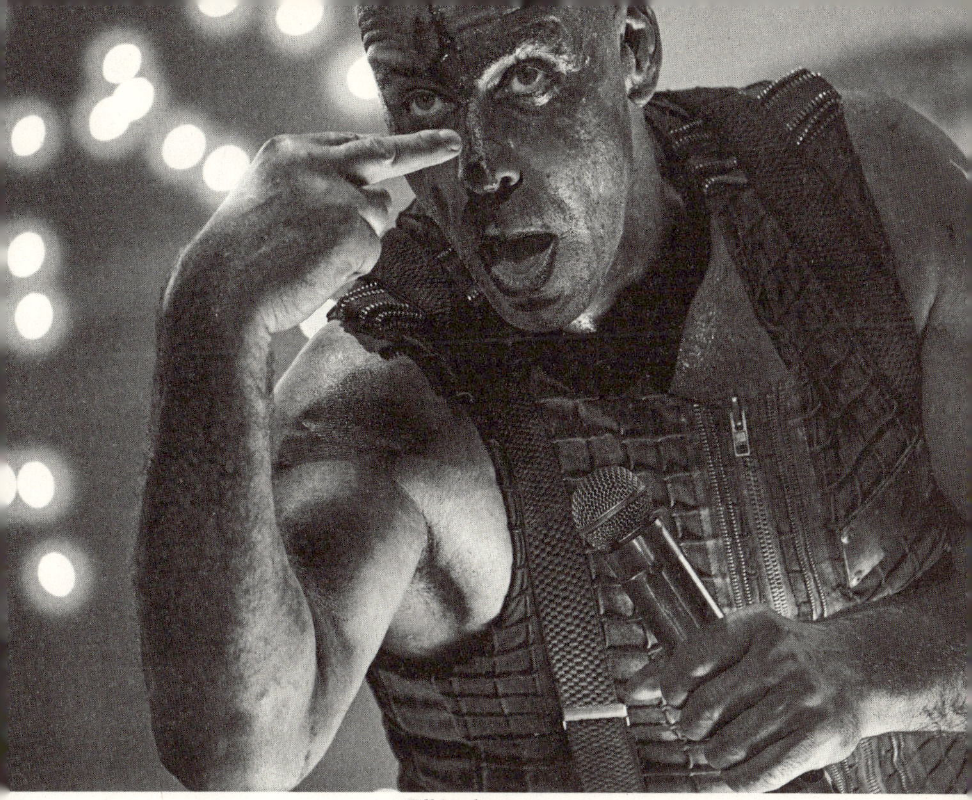

Till Lindemann

kreist ebenfalls um das Bild der Laterne („*Wenn wir bei der Laterne steh'n …*“[28]). „Die Spieluhr“ vom Album *Mutter* (2001) zitiert den Kindervers „Hoppe, hoppe Reiter“ aus dem frühen 19. Jahrhundert:

Hoppe, hoppe Reiter
Und kein Engel steigt herab
Mein Herz schlägt nicht mehr weiter
Nur der Regen weint am Grab
Hoppe, hoppe Reiter
Eine Melodie im Wind
Mein Herz schlägt nicht mehr weiter
Und aus der Erde singt das Kind[29]

E.T.A. Hoffmanns Novelle „Der Sandmann“ diente als Vorlage für „Mein Herz brennt“ auf demselben Album. In „Mein Herz brennt“ ist eine weitere Referenz eingebaut, die wohl jeder kennt, der in Deutschland aufgewachsen ist. Der Song enthält eine Zeile aus der Sendung „Sandmännchens Gruß für Kinder“, die das Fernsehen des Senders Freies Berlin von 1959 bis 1989 bundesweit allabendlich ausgestrahlt hat: „*Nun Kinder gebt fein acht, ich hab euch etwas mitgebracht*“; bei Lindemann:

Nun liebe Kinder gebt fein acht
Ich bin die Stimme aus dem Kissen
Ich hab euch etwas mitgebracht[30]

Zu „Sonne“ aus dem Album *Mutter* (2001) hat Joern Heitmann eine RAMMSTEIN-Version des grimmschen Märchens „Schneewittchen“ (1812) gedreht. Zwar enthält der Text des Liedes nichts, was in diese Richtung weist:

Alle warten auf das Licht
Fürchtet euch, fürchtet euch nicht
Die Sonne scheint mir aus den Augen
Sie wird heut Nacht nicht untergeh'n
Und die Welt zählt laut bis zehn[31]

Doch wie in RAMMSTEIN-Videos häufig, ist der Song in einen Bildkontext gestellt, in dem Text und Musik, obwohl ursprünglich nicht darauf bezogen, dennoch schlüssig darin aufgehen. Im Video ist das Schneewittchen die Sonne der sieben Zwerge, der sie verfallen sind und für die sie unter Tage Goldstaub aus der Erde holen müssen. Die filmtechnisch verzwergten Musiker agieren hier für ein überlebensgroßes Schneewittchen. Statt an einem vergifteten Apfel stirbt das als drogenabhängig dargestellte Schneewittchen an einer Überdosis Gold, während der Apfel, als er vom Baum fällt, den gläsernen Sarg zerbricht, aus dem Schneewittchen wie im Märchen wieder entsteigt. Sie ist die Sonne, aber ein herrschsüchtiges Wesen, für das die Zwerge in der Mine bis in alle Ewigkeit Gold schürfen müssen, damit sie glänzen kann, denn

sie ist der hellste Stern von allen
und wird nie vom Himmel fallen

Auf *Reise, Reise* (2004) befindet sich mit „Dalai Lama“ eine Adaption von Goethes „Erlkönig“. Im Aufbau beider Texte gibt es unverkennbare stilistische Ähnlichkeiten. Ähnlich sind auch das Versschema und das zugrunde liegende Erzählmuster. Bei RAMMSTEIN ist aus dem durch Nacht und Wind reitenden Vater, der sein Kind dem Zugriff des Erlkönigs zu entziehen sucht, der Albtraum einer Flugreise geworden:

Ein Flugzeug liegt im Abendwind
An Bord ist auch ein Mann mit Kind
Sie sitzen sicher, sitzen warm
Und gehen so dem Schlaf ins Garn

Sturm ist hier an die Stelle des Erlkönigs getreten, der das Flugzeug in schwere Turbulenzen bringt:

Der Sturm umarmt die Flugmaschine
Der Druck fällt schnell in der Kabine
Ein dumpfes Grollen treibt die Nacht
In Panik schreit die Menschenfracht

Während in Goethes Original der Vater am Ende des Ritts erkennen muss, dass er das tote Kind im Arm hält, ist es bei RAMMSTEIN der Vater, der den Tod des Kindes verursacht:

Der Vater hält das Kind jetzt fest (komm her)
Hat es sehr an sich gepresst (bleib hier)
Bemerkt nicht dessen Atemnot (wir sind gut zu dir)
Doch die Angst kennt kein Erbarmen (komm her)
So der Vater mit den Armen (bleib hier)
Drückt die Seele aus dem Kind (wir sind Brüder dir)[32]

Der irreführende Titel des Liedes – es hat nichts mit tibetischem Buddhismus zu tun – soll sich auf Dalai Lamas Flugangst beziehen, hat aber wohl eher mit dem auch in diesem Song im Hintergrund zu hörenden Delay-Lama-Effekt zu tun, ein Synthesizer Software-Plugin, auch bekannt als Singing Monk Plugin, das Klänge in ein Imitat des Gesangs tibetischer Mönche verwandeln kann. Bei der Suche nach einem geeigneten Titel für den Song ist wohl damit herumgespielt worden. Den Text trägt Lindemann in unheilvollem Sprechgesang mit dunkel rollendem „R" vor, Schlagzeug und Gitarren spielen synchron einen treibenden Rhythmus dazu, der ein Bewegungsmuster assoziiert.

Auch das Album *Rosenrot* (2005) enthält schon im Titel eine Referenz auf deutsches Kulturgut. Er spielt auf das grimmsche Märchen „Schneeweißchen und Rosenrot" von 1827 an. Der Titelsong mit seinem sehr ungewöhnlichen Zwei-Ton-Bass-Intro ist eine Reminiszenz an Goethes wohl populärstes Gedicht, das „Heidenröslein". Lindemann hat daraus eine tragische Todesgeschichte gemacht. Heißt es in Goethes Original „*Sah ein Knab' ein Röslein stehn, Röslein auf der Heiden*"[33], ist es bei ihm das Mädchen, das ein Röslein stehen sah, allerdings in der Höhe einer Bergwelt. Beim Versuch, es ihr zu brechen, kommt der Knabe zu Tode. Das Lied ist in einem erzählenden Gestus gehalten, der stark an den Bänkelsang erinnert, wie er auf Jahrmärkten noch im 19. Jahrhundert zu hören war. Erst in den Refrains bricht zu den Worten

Tiefe Brunnen muss man graben
Wenn man klares Wasser will[34]

– was immer die in diesem Zusammenhang auch bedeuten sollen – das heroischen Gitarren-Pathos des RAMMSTEIN-Sounds wieder durch. „Hilf mir" vom selben Album ist eine Nacherzählung nach RAMMSTEIN-Art der Moritat „Die gar traurige Geschichte mit dem Feuerzeug" aus Heinrich Hoffmanns 1845 erschienenem Bilderbuch *Struwwelpeter*.

Für „Haifisch" von ihrem sechsten Studioalbum *Liebe ist für alle da* (2009) hat Brechts „Moritat von Mackie Messer" aus Kurt Weills

„Dreigroschenoper“ (1928) Pate gestanden, von RAMMSTEIN in eine eigene Vertonung übertragen, die musikalisch an den Brecht-Weill'-schen Arbeiterlied-Duktus anknüpft, ohne ihn zu imitieren. Aus den Brecht'schen „Zähnen“ des Haifischs („*Und der Haifisch, der hat Zähne*“[35]) sind bei RAMMSTEIN „Tränen“ geworden:

Und der Haifisch, der hat Tränen
Und die laufen vom Gesicht
Doch der Haifisch lebt im Wasser
So die Tränen sieht man nicht[36]

Ein Bezug auf Brecht findet sich auch in „Links 2 3 4“, das mit seinem Titel an das von Hanns Eisler vertonte „Einheitsfrontlied“ erinnert, wo es im Refrain heißt: „*Drum links, zwei, drei! Drum links, zwei, drei! Wo dein Platz, Genosse, ist!*“[37]

Aber auch ohne direkte Adaptionen und mehr oder weniger versteckte Reminiszenzen lassen sich bei RAMMSTEIN Anklänge an deutsche Kunstgeschichte nicht übersehen. Lindemanns Poesie erinnert an die morbiden Gedichte des frühen Gottfried Benn, an seine 1912 erschienene Sammlung *Morgue und andere Gedichte aus dem Leichenschauhaus*, die sich detailbesessen im Zerlegen toter Körper durch den Pathologen ergehen. Frank Wedekind erscheint mit den düsteren Kabarett-Provokationen vom Beginn des 20. Jahrhunderts wie eine vorweggenommen Hochkulturvariante von RAMMSTEIN, etwa mit der 1902 von ihm selbst vorgetragenen Moritat „Der Tantenmörder“:

Ich hab meine Tante geschlachtet,
Meine Tante war alt und schwach;
[...]
Was nutzt es, dass sie sich noch härme –
Nacht war es rings um mich her –
Ich stieß ihr den Dolch in die Därme,
Die Tante schnaufte nicht mehr[38].

Bei Wedekind fehlt es auch nicht an sexuellen Tabubrüchen aller Art, wie etwa in seinem Drama *Frühlings Erwachen*, in dem es auf der Bühne mit Masturbation, Gewalt und Homosexualität zur Sache geht.

In den Bühnenbildern der Band ist, wie schon erwähnt, Fritz Langs *Metropolis* von 1927 als Cyberpunk-Version wiedererstanden. In ihren Videos, die die Songs häufig in unerwartete Kontexte stellen, tauchen immer wieder Reminiszenzen und Bildzitate aus der Vergangenheit auf. Gleiches gilt für das Artwork der Alben, etwa die an die Antikriegsbilder von Otto Dix oder Georg Grosz erinnernden Fotografien des Österreichers Gottfried Helnwein für das Album *Sehnsucht.* Das Falt-Cover ziert auf jeder Seite ein zombiehaftes Porträt der Musiker mit chirurgischem Operationsbesteck im Gesicht.

Aus dieser Perspektive betrachtet ist das Gesamtkunstwerk RAMMSTEIN eine kunstvolle Collage von Versatzstücken aus dem ohnehin längst zum Steinbruch gewordenen kulturellen Erbe Deutschlands. Und dieser Patchwork-Ästhetik korrespondiert eine Patchwork-Identität, die sich über den Eigensinn definiert, der den Anmaßungen der woken Tugendhaftigkeit heute ebenso begegnet, wie er einst den Zumutungen der Sachwalter des „real existierenden" Sozialismus begegnet ist. In ihrer Haltung sind die sechs Musiker die Punks geblieben, die sie auch früher schon waren.

RAMMSTEIN UND KEIN ENDE

Im dritten Jahrzehnt ihres Bestehens ist RAMMSTEIN nicht mehr einfach nur eine Band, sondern als Rammstein GbR der Mittelpunkt eines Firmennetzwerkes, zu dem die Rammstein Konzert GmbH, die Rundumschlag Management und Merchandising OHG und die Rammstein Merchandising OHG sowie als Ableger auch Richard Kruspes Internetversand RZK Audio UG, eine Unternehmergesellschaft, gehören. Unterstützt durch dieses Netzwerk hat die Band es stets verstanden, mit Promotion-Kampagnen für ihre Alben-Releases mediale Riesenwellen zu verursachen, die ein Maximum an Aufmerksamkeit generieren. Nach dem Wirbel um ihr Konterfei mit nacktem Oberkörper auf *Herzeleid* (1995) schockierten sie für *Sehnsucht* (1997) mit sechs Gruselfotos des österreichischen Malers und Fotografen Gottfried Helnwein auf dem 6-Foto-Klapp-Cover des Albums, das sie mit Originalinstrumenten des Chirurgen Ferdinand Sauerbruch im Gesicht zeigt. Das Albumcover von *Mutter* (2001) war dann schon kalkuliert auf den Empörungsreflex der Öffentlichkeit gezielt, indem es das Foto eines zweihundert Jahre alten, in Formalin eingelegten toten Fötus zeigt, eine Arbeit des Frankfurter Künstlerehepaares Daniel & Geo Fuchs. Das Cover löste einen Sturm der Entrüstung aus. „Widerlich! – deutsche Rockband wirbt mit totem Baby auf dem Plattencover“[1] titelte BILD, selbstverständlich mit einer Abbildung des Cover-Fotos neben der Schlagzeile. Bei *Reise, Reise* (2004) sorgte die Vorabauskopplung von „Mein Teil“ für den öffentlichen Aufreger, einem Song, der den Fall des „Kannibalen von Rotenburg“ aufgriff – einen realen Kriminalfall aus dem Jahr 2001. Das Album enthält zudem einen Hidden Track, der auf handelsüblichen CD-Playern beim Zurückspulen über den Nullpunkt der Scheibe hörbar wird. Enthalten sind 30 Sekunden Funksprüche einer Boeing 747 der Japan Airlines, deren Absturz am 12. August 1985 520 Menschen in den Tod riss.

Bei *Liebe ist für alle da* (2009) war die Indizierung mit Bezug auf „Ich tu dir weh" durch die Bundesprüfstelle für jugendgefährdende Medien zwar nicht als Werbeaktion geplant, wurde aber dankbar als solche entgegengenommen. Das Porno-Video zu dem aus dem Album ausgekoppelten Song „Pussy", das nur auf dem kostenpflichtigen niederländischen Erotikportal *Visit-X* und damit eigentlich ja nicht zu sehen war, sorgte durch sein bloßes Dasein für Schlagzeilen. Die meisten, die sich darüber so maßlos aufregten, hatten es vermutlich nie gesehen. Für die Band sollte es das Video mit der größten Breitenwirkung werden, gerade weil es auf einem Erotikportal lief.

Als besonders makabren Gag ließ sich die Band aus Anlass der Veröffentlichung des Kompilationsalbums *Made In Germany 1995–2011* (2011) vor der Berliner *O2 World*, heute *Uber Arena*, ein Mausoleum errichten, in dem ihre Totenmasken ausgestellt waren. Vier als Bestatter verkleideten Herren kamen in einer vierspännigen Kutsche vorgefahren, um unter großer Anteilnahme der Fans die Totenmasken aufzustellen. Anschließend stand das Mausoleum inklusive Kondolenzbuch während der beiden RAMMSTEIN-Konzerte in der Arena den Fans zum Gedenkbesuch offen.

Zum 25. Jahrestag ihres Bestehens startete RAMMSTEIN mit dem 35-Sekunden-Teaser zu ihrem „Deutschland"-Video, das die Band ihrem unbetitelten siebten Studioalbum vorausschickte, eine innovative Werbestrategie, bei der die breite Öffentlichkeit als aktiver Part in die Werbekampagne einbezogen war. Die empörten Reaktionen trugen nun selbst die Kunde von einem neuen RAMMSTEIN-Album in die Welt und waren nicht mehr bloß der Reflex auf vermeintliche Grenzüberüberschreitungen, mit denen die Band ihre Releases bislang hauptsächlich über die Cover Art promotet hatte. Für „Radio", die zweite Vorabveröffentlichung aus dem Album, organisierten sie gemeinsam mit der Kölner Werbeagentur Inovisco Mobile Media

GmbH eine solche Guerilla-Kampagne sogar global. Von Osteuropa über Westeuropa bis Nord- und Südamerika projizierten Großbildprojektoren das von Joern Heitmann im Stil der späten 1920er Jahre gedrehte Video zum Song ohne Ton zu einer vorher veröffentlichten Uhrzeit auf eine geeignete Hauswand an einer möglichst zentralen Straßenkreuzung. Zeitgleich dazu strahlten lokale Radiostationen den Ton aus. Wer also Bild und Ton wollte, musste dazu ein mobiles Radio an den Ort der Videoprojektion mitbringen. Die Tausende Fans, die sich zur angegebenen Stunde an den jeweiligen Kreuzungen versammelten, um das Spektakel mitzuerleben, sorgten ordentlich für Chaos im Verkehr und anschließend mit der auf ihren Smartphones fotografierten und gefilmten Aktion dafür, dass sie viral ging. Das Album schoss daraufhin in den deutschen, österreichischen und Schweizer Albumcharts sofort auf Platz 1 und gehörte zu den dort insgesamt am längsten auf dieser Position platzierten Alben. Auch für die Single-Auskopplungen hat sich der gewaltige Werbeaufwand gelohnt, denn „Deutschland“ und „Radio“ erreichten mit Platz 1 bzw. Platz 4 hohe Chartplatzierungen. Der dritte aus dem Album ausgekoppelten Song, „Ausländer“, vermochte sich mit Platz 2 in den deutschen Single-Charts, Platz 29 in den österreichischen und Platz 38 in den Schweizer Single-Charts nicht ganz so gut zu platzieren, obwohl auch für ihn mit Joern Heitmanns Rassismus-Satire im dazugehörigen Video ein lupenreiner PR-Skandal organisiert war.

Mit der Veröffentlichungsstrategie des 2022 erschienenen achten Studioalbums *Zeit* hat die Band diese Geschichte der Superlative fortgesetzt. Schon im Vorfeld waren elf Zeitkapseln in verschiedenen Ländern versteckt worden, die jeweils einen Code enthielten, mit dem sich auf der Website der Band der Titel eines Songs von der Trackliste des zur Veröffentlichung anstehenden Albums entschlüsseln ließ. Auf der Homepage der Band waren Koordinaten angegeben, die den Fans die Jagd nach den Zeitkapseln erleichtern sollten. Die Finder erhielten jeweils zwei Karten plus die Anreise zu einer der anstehenden RAMMSTEIN-Shows. Vier Tage dauerte es, dann waren alle elf der in Europa und Nordamerika versteckten Zeitkapseln gefunden und die Tracklist des Albums enthüllt. Der Verkaufsstart am 29. April 2022 um 0:00 Uhr im Berliner Kulturkaufhaus Dussmann zog Hunderte Fans ins mitternächtliche Zentrum der deutschen Hauptstadt und führte zu teils chaotischen Zuständen, die der Presse heißbegehrtes Bildmaterial lieferten. Für die Vorabveröffentlichung von „Zick Zack" gab die Band am Beginn des Veröffentlichungsmonats bekannt, in eine Schönheitsklinik investiert zu haben. Wer die Telefonnummer auf der gefakten Webseite der vermeintlichen Klinik anrief, erfuhr das Veröffentlichungsdatum des Albums. Kurz darauf eröffnete auf dem Alexanderplatz in Berlin, dem Heimatort der Band, ein temporärer RAMMSTEIN-Kiosk, in dem ein Magazin im BRAVO-Stil mit Foto-Stills aus dem „Zick Zack"-Video an die Fans verkauft wurde. Der Andrang war erwartungsgemäß riesig. Auch hier sorgte die Aktion dafür, dass schon in der ersten Woche nach Erscheinen 160 000 verkaufte Alben das Opus der Band an die Spitze der Album-Charts katapultierten. Mit den Auskopplungen „Zick Zack", „Zeit" und „Angst" okkupierte es in der Folgewoche gleich dreifach die Top 20 der Single-Charts. Das am 10. März auf YouTube veröffentliche Video zu „Zeit" wurde schon in den ersten 24 Stunden über drei Millionen Mal angesehen. Die Verkaufsbilanz im nicht deutschsprachigen Ausland fällt keineswegs schlechter aus.

Die fünfte Single-Auskopplung aus dem Album *Zeit*, „Adieu", ist von einem Video begleitet, in dem die Band sich selbst thematisiert. Das von Specter Berlin im Stil eines Actionfilms in der Pariser Opéra Garnier gedrehte Video lässt die sechs Musiker waffenstarrend in einem Kleinbus vor dem Gebäude vorfahren. Als unübersehbaren Hinweis darauf, dass es um die Band geht, ist der Bus mit dem Kennzeichen LIFAD 6, ein Akronym für ihr sechstes Studioalbum *Liebe ist für alle da*, versehen. Sie dringen mit Gewalt und viel Action in das prunkvolle Gebäude ein, das die große Oper ihrer bombastischen Shows heraufbeschwört. Sie schießen sich dort den Weg in die Katakomben frei, deren gut gesicherter Zugang von Flake mit einem Laptop freigehackt wird. Zu ihrem Entsetzen begegnen sie sich dort selbst, kryokonserviert für die Ewigkeit in senkrecht stehenden Glasbehältern. Sie befreien sich mit einem für RAMMSTEIN typischen Flammenmeer, in dem die Befreier und die Befreiten eins werden und als Gefangene ihrer selbst in einem Käfig landen, dessen Gitterfenster zur Außenwelt die Form des RAMMSTEIN-Logos besitzt, umgeben von einer riesigen Zahl Unterweltfiguren – im Abspann des Videos als „die Verdammten" bezeichnet –, die als ihre Fans die nun in Ketten liegende und um ihre Freiheit ringende Band bejubeln. Die Bilderflut entschwindet, in Einzelteile zerfallend, mit der kämpfenden Band im Nirwana des Universums, bevor ein zweiter Anlauf wiederum auf den Korridoren der Pariser Oper die Band erneut in die Katakomben stürzen lässt. Mit einem abrupten Schnitt endet das Video und zeigt in einem Abspann von rekordverdächtiger Länge jedes einzelne Bandmitglied tot am Boden liegend. Die beiden Refrainzeilen

Adieu, goodbye, auf Wiederseh'n
Die Zeit mit dir war schön[2]

haben das Ihre dazu beigetragen, darin einen Abgesang auf RAMMSTEIN und damit den Abschied von der Band zu sehen. Dass das keinesfalls so gemeint war, hat Paul Landers auf seinem Instagram Account umgehend richtiggestellt, nachdem entsprechende Gerüchte bereits in der Presse aufgetaucht waren: „Rammstein hat nie ans Aufhören gedacht. Die Songs auf dem neuen Album basieren auf Erfahrungen und Verlusten im Leben der Bandmitglieder, darunter auch der Song ‚Adieu'. Es ist KEIN Song, der das Ende von Rammstein ankündigt. Alle Mitglieder haben immer noch eine Menge Spaß mit Rammstein."[3] Davon abgesehen, ist das Video ein bemerkenswerter Akt der Selbstreflexion, das in eindrucksvollen Bildern die Pole von Gefangensein und Befreiung symbolisiert, zwischen denen die Band sich in ihrem Ruhm gefesselt sieht.

Dennoch ist nun zu ihrem dreißigjährigen Jubiläum auch bei einer Band wie RAMMSTEIN die Frage nicht ganz abwegig, ob bei ihnen der Abschied von der Bühne und dem ganz großen Theater inzwischen ein Thema ist. Zwar ist da noch viel Luft nach oben, wenn man sich etwa die Rolling Stones anschaut. Aber an denen ist zugleich deutlich ablesbar, wie groß die Gefahr für eine erfolgreiche Rockband ist, irgendwann zur Coverband ihrer selbst zu werden. Zwar haben Richard Kruspe mit Emigrate und Till Lindemann mit Lindemann inzwischen auch Soloprojekte an den Start gebracht, die von Rammstein wegführen, aber die Band deshalb zu keiner Zeit in Frage gestellt haben.

Fünf Jahre ist es jetzt her, dass sich die Band aus Anlass ihres 25-jährigen Bestehens der Frage gestellt hat, wie lange sie weitermachen will. Richard Kruspe sagte damals: „Ich habe mir neulich die Frage gestellt: ‚Was soll in meinem Leben noch passieren?' Ich bin ein Mensch, der Herausforderungen liebt. Und, ja, Rammstein ist nicht alles in meinem Leben. Es sollte nicht alles sein."[4] Und an anderer Stelle heißt es von ihm: „Ich habe immer gedacht, dass die nächste Platte die letzte sein wird, mit Ausnahme der ersten vielleicht. Doch das Leben ist voller Überraschungen. Bei meinem 50. Geburtstag habe ich gesagt, ich kann mich daran erinnern, einmal gedacht zu haben, wenn ich 50 bin, werde ich definitiv nicht mehr auf der Bühne stehen. Und hier sind wir. Es gibt dieses Sprichwort ‚Wenn du Gott zum Lachen bringen willst, mach einen Plan'."[5] Christoph Schneider erklärte: „Wir haben zwar noch nicht konkret über ein Ende gesprochen, sind uns aber der Tatsache bewusst, dass Rammstein eine endliche Geschichte ist, auch wenn es dafür noch keinen Plan gibt."[6] Paul Landers äußerte sich zu diesem Thema mit der Bemerkung: „Solange wir spüren, dass das Schiff noch fährt und der Hafen noch nicht erreicht ist, machen wir weiter. Sollten wir in einen Hafen einlaufen, wäre ich aber nicht traurig. Ich habe das große Glück, auch ein Leben neben Rammstein zu haben."[7] Und Flake Lorenz ließ zu diesem Thema wissen: „Ich hatte ja bis jetzt das Glück …, dass ich mit meiner Kreativität noch nicht an Grenzen gekommen bin, eher im Gegenteil, dass man es gar nicht schafft, sich völlig mit einzubringen, weil wir so viele Leute sind, und es so viele Ideen sind. Bis das erreicht ist, werden wir bestimmt noch sehr alt werden."[8] Nur Till

Lindemann hat sich dazu bisher nicht geäußert. Das lässt hoffen, dass die Band ihren Fans noch lange erhalten bleibt, auch wenn ein Post von Richard Kruspe auf Instagram vom letzten Jahr mit den Worten „Danke, dass ihr da seid. Ich weiß nicht, was die Zukunft bringen wird, aber sie wird auf jeden Fall anders sein“[9] für mächtig Unruhe unter den RAMMSTEIN-Fans sorgte. Bislang gibt es jedoch keine Anzeichen dafür, dass die Band schon bald Geschichte sein könnte. MTV hatte bereits vor langer Zeit dazu einmal festgestellt: „Und mal ehrlich, eine Welt ohne Rammstein wäre einfach unvollkommen, wäre zu leise, wäre einfach zu brav.“[10]

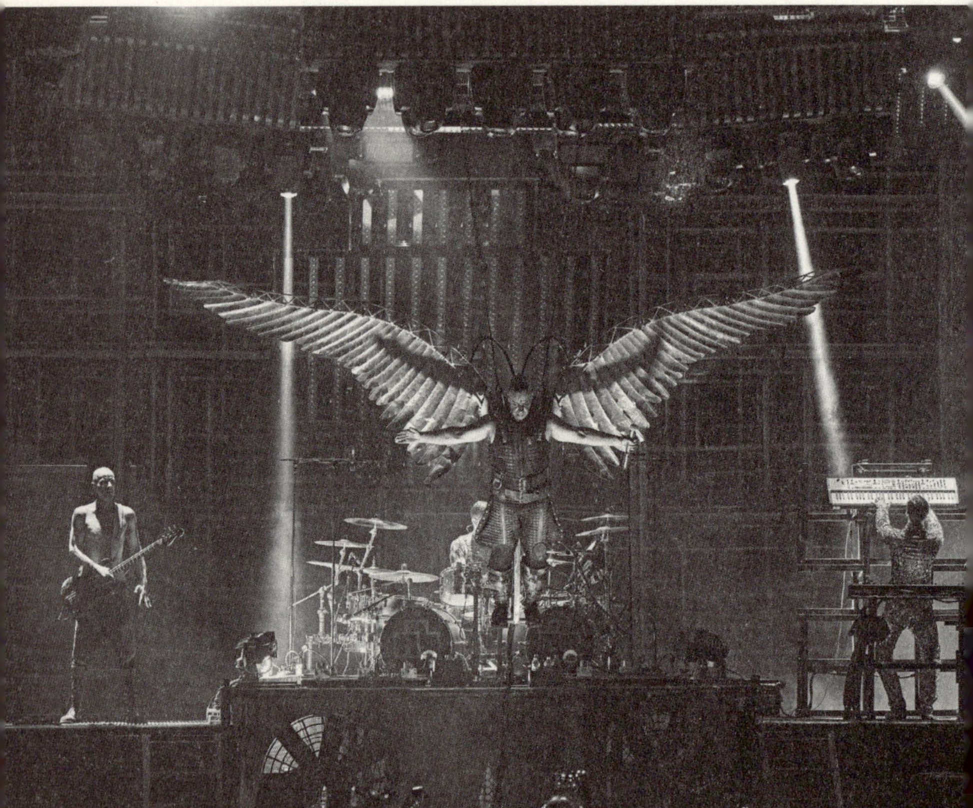

ANHANG

DISKOGRAFIE

[nur Veröffentlichungen in Deutschland]

Studioalben

Herzeleid (Motor Music 1995)
Wollt ihr das Bett in Flammen sehen • Der Meister • Weißes Fleisch • Asche zu Asche • Seemann • Du riechst so gut • Das alte Leid • Heirate mich • Herzeleid • Laichzeit • Rammstein

Sehnsucht (Motor Music 1997)
Sehnsucht • Engel • Tier • Bestrafe mich • Du hast • Bück dich • Spiel mit mir Klavier • Alter Mann • Eifersucht • Küss mich (Fellfrosch)

Mutter (Motor Music 2001)
Mein Herz brennt • Links 2 3 4 • Sonne • Ich will • Feuer frei! • Mutter • Spieluhr • Zwitter • Rein raus • Adios • Nebel

Reise, Reise (Universal Music 2004)
Reise, Reise • Mein Teil • Dalai Lama • Keine Lust • Los • Amerika • Moskau • Morgenstern • Stein um Stein • Ohne dich • Amour

Rosenrot (Universal Music 2005)
Benzin • Mann gegen Mann • Rosenrot • Spring • Wo bist du • Spring nicht vor (Don't Die Before I Do) • Zerstören • Hilf mir • Te quiero puta! • Feuer und Wasser • Ein Lied

Liebe ist für alle da (Universal Music 2009)
Rammlied • Ich tu dir weh • Waidmanns Heil • Haifisch • B******* • Frühling in Paris • Wiener Blut • Pussy • Liebe ist für alle da • Mehr • Roter Sand

Rammstein Untitled (Universal Music 2019)
Deutschland • Radio • Zeig dich • Ausländer • Sex • Puppe • Was ich liebe • Diamant • Weit weg • Tattoo • Hallomann

Zeit (Universal Music 2022)
Armee der Tristen • Zeit • Schwarz • Giftig • Zick Zack • OK (Ohne Kondom) • Meine Tränen • Angst • Dicke Titten • Lügen • Adieu

Singles

Du riechst so gut – CD Maxi (Motor Music 1995)
Du riechst so gut (Single Version) • Du riechst so gut (Frecce Tricolor Remix) • Wollt ihr das Bett in Flammen sehen (Album Version)

Seemann – CD Maxi (Motor Music 1996)
Seemann (Album Version) • Der Meister (Album Version) • Rammstein In The House (Timewriter-Remix)

Engel – CD Maxi (Motor Music 1997)
Engel • Sehnsucht • Rammstein (Eskimos & Egypt Radio Edit) • Rammstein (Eskimos & Egypt Instrumental Edit) • Rammstein (Album Version)

Engel Fan Edition – CD Maxi (Motor Music 1997)
Engel (Extended Version) • Feuerräder (Live Demo Version 1994) • Wilder Wein (Demo Version 1994) • Rammstein (Eskimos & Egypt Instrumental Edit)

Du hast – CD Maxi (Motor Music 1997)
Du hast • Bück dich • Du hast (Jacob Hellner Remix) • Du hast (Clawfinger Remix)

Das Modell – CD Maxi (Motor Music 1997)
Das Modell • Kokain • Alter Mann • Rammstein Computerspiel für Windows 95

Du riechst so gut '98 – CD Maxi (Motor Music 1998)
Du riechst so gut (Remix by Faith No More) • Du riechst so gut (Remix by Günter Schulz-KMFDM & Hiwatt Marshall) • Du riechst so gut (Remix by Sascha Konietzko-KMFDM) • Du riechst so gut (Remix by Olav Bruhn-Bobo In White Wooden Houses) • Du riechst so gut (Remix by Sascha Moser-Bobo In White Wooden Houses) • Du riechst so gut (Remix by Jacob Hellner/Marc Stagg) • Du riechst so gut (‚Migräne'-Remix by Günter Schulz-KMFDM) • Multimediatrack (Win & Mac): Originalvideo Du riechst so gut '95

Stripped – CD Maxi (Motor Music 1998)
Stripped • Stripped (Psilonaut Mix by Johan Edlund-Tiamat) • Stripped (Heavy Mental Mix by Charlie Clouser) • Stripped (Tribute To Düsseldorf Mix by Charlie Clouser) • Stripped (FKK Mix by Günter Schulz-KMFDM) • Wollt ihr das Bett in Flammen sehen (Live Arena, Berlin '96)

Asche zu Asche – CD Single (Motor Music 1999)
Asche zu Asche (Live Version) • Asche zu Asche (Studio Version)

Sonne – CD Single (Motor Music 2001)
Sonne • Adios

Sonne – CD Maxi (Motor Music 2001)
Sonne • Adios • Sonne (Clawfinger K.O. Remix) • Sonne (Clawfinger T.K.O. Remix) • Sonne (Instrumental)

Links 2 3 4 – CD Maxi (Motor Music 2001)
Links 2 3 4 • Halleluja • Links 2 3 4 (WestBam TechnoLectro Mix) • Links 2 3 4 (Clawfinger Geradeaus Remix) • Links 2 3 4 (WestBam Hard Rock Cafe Bonus Mix)

Links 2 3 4 – DVD Single (Motor Music 2001)
Links 2 3 4 • Halleluja • Links 2 3 4 (Geradeaus Mix by Clawfinger) • Links 2 3 4 (Westbams TechnoLectro Mix) • Links 2 3 4 (Westbams Hard Rock Café Bonus Mix) • Links 2 3 4 Video • Links 2 3 4 Making of • Photogallery

Ich Will – CD Maxi (Motor Music/Universal Music 2001)
Ich will (Album Version) • Ich will (Live) • Ich will (Westbam Mix) • Ich will (Paul Van Dyk Mix) • Rammstein & Clawfinger: Pet Sematary • Video: Ich will (Live)

Mutter – CD Single (Motor Music 2002)
Mutter (Radio Edit) • 5/4

Mutter– CD Maxi (Motor Music 2002)
Mutter (Radio Edit) • Mutter (Vocoder Mix) • 5/4 • Mutter (Sono's Inkubator Mix)

Feuer frei! – CD Single (Motor Music 2002)
Feuer Frei! (Album Version) • Feuer frei! (Rammstein vs. Junkie XL Remix)

Feuer frei! – CD Maxi (Motor Music 2002)
Feuer frei! • Feuer frei! (Rammstein vs. Junkie XL Remix) • Feuer Frei! (Rammstein Remix 130) • Feuer frei! (Rammstein Remix 95) • Du hast (Cover Version by Battery) • Bück dich (Cover Version by Battery)

Mein Teil – CD Single (Universal Music 2004)
Mein Teil • Mein Teil (You Are What You Eat Edit by Pet Shop Boys)

Mein Teil – CD Maxi (Universal Music 2004)
Mein Teil • Mein Teil (You Are What You Eat Edit – Remix by Pet Shop Boys) • Mein Teil (The Return To New York Buffet Mix – Remix by Arthur Baker) • Mein Teil (There Are No Guitars On This Mix – Remix by Pet Shop Boys) • Mein Teil (Video)

Mein Teil – 12" Doppel-Vinyl (Universal 2004)
Vinyl 1: Mein Teil (You Are What You Eat Edit by Pet Shop Boys) • Mein Teil (You Are What You Eat Instrumental Mix by Pet Shop Boys)
Vinyl 2: Mein Teil (The Return To New York Buffet Mix by Arthur Baker) • Mein Teil (The Return To New York Buffet Instrumental Mix by Arthur Baker)

Amerika – CD Single (Universal Music 2004)
Amerika • Amerika (Digital Hardcore Mix by Alec Empire)

Amerika – CD Maxi (Universal Music 2004)
Amerika • Amerika (English Version) • Amerika (Digital Hardcore Mix – Remix by Alec Empire) • Amerika (Western-Remix – Remix by Olson Involtini) • Amerika (Andy Panthen & Mat Diaz's Clubmix) • Amerika (Electro Ghetto Remix – Remix by Bushido & Ilan) • Amerika (Jam & Spoon So kann's gehen Mix) • Torsten Rasch: Mein Herz brennt (Orchesterlied V)

Amerika –7" Vinyl (Universal Music 2004)
Amerika • Amerika (Digital Hardcore Mix by Alec Empire)

Ohne dich – CD Single (Universal Music 2004)
Ohne dich (Album edit) • Ohne dich (Mina Harker's Version by Laibach)

Ohne dich – CD Maxi (Universal Music 2004)
Ohne dich (Album Edit) • Ohne dich (Mina Harker's Version – Remix by Laibach) • Ohne dich (Sacred Mix – Remix By Sven Helbig) • Ohne dich (Schiller Mix) • Ohne dich (Under Byen Remix) • Ohne dich (Beta Version)

Keine Lust – CD Single (Universal Music 2005)
Keine Lust • Keine Lust (Remix No. 1 by Clawfinger)

Keine Lust – CD Maxi (Universal Music 2005)
Keine Lust • Keine Lust (Remix No. 1 – Remix by Clawfinger) • Keine Lust (The Psychosonic Remix – Remix by DJ Drug) • Keine Lust (Bozz Remix – Remix by Azad) • Keine Lust (Jazz Remix – Remix by Clawfinger) • Keine Lust (Black Strobe Remix) • Keine Lust (Curve Remix – Remix by Black Front) • Keine Lust (Ich zähl die Fliegen Remix – Remix by Krieger)

Keine Lust – 12" Vinyl (Universal Music 2005)
Keine Lust (Black Strobe Remix) • Keine Lust (Black Strobe Remix Instrumental) • Keine Lust (Curve Remix by Front 242) • Keine Lust (Curve Remix Instrumental by Front 242)

Benzin – CD Single (Universal Music 2005)
Benzin • Benzin Combustion Remix by Meshuggah

Benzin – CD Maxi (Universal Music 2005)
Benzin • Benzin (Combustion Remix – Remix by Meshuggah) • Benzin (Smallstars Remix – Remix by Ad Rock) • Benzin (Kerosinii Remix – Remix Apocalyptica)

Rosenrot – CD Single (Universal Music 2005)
Rosenrot (Single Version) • Rosenrot (Northern Lite Remix)

Rosenrot – CD Maxi (Universal Music 2005
Rosenrot • Rosenrot (The Tweaker Remix by Chris Vrenna) • Rosenrot (Northern Lite Remix by Northern Lite) • Rosenrot (3AM at Cosy Remix by Jagz Kooner)

Rosenrot – 12" Vinyl (Universal Music 2005)
Rosenrot (Northern Lite Remix by Northern Lite) • Rosenrot (3AM at Cosy Remix by Jagz Kooner)

Mann gegen Mann – CD Single (Universal Music 2006)
Mann gegen Mann • Mann gegen Mann (Popular Music Mix by Vince Clarke)

Mann gegen Mann – CD Maxi (Universal Music 2006)
Mann gegen Mann • Mann gegen Mann (Popular Music Mix by Vince Clarke) • Mann gegen Mann (Musensohn Remix by Sven Helbig) • Ich Will – Live (Video) at Festival de Nîmes

Pussy – CD Maxi (Universal Music 2009)
Pussy (Radio Edit) • Rammlied

Pussy –12" Vinyl (limited numbered) (Universal Music 2009)
Pussy • Rammlied

Ich tu dir weh – CD Maxi (Universal Music 2010)
Ich tu dir weh (Radio Edit) • Pussy (Lick It Remix by Scooter) • Rammlied (Rammin' the Steins Remix by Devin Townsend) • Ich tu dir weh (Smallboy Remix by Jochen Schmalbach)

Ich tu dir weh – 7" Vinyl (Universal Music 2010)
Ich tu dir weh

Ich tu dir weh – 12" Vinyl (Universal Music 2010)
Ich tu dir weh • Ich tu dir weh (Fukkk Offf Remix)

Haifisch – CD Maxi (Universal Music 2010)
Haifisch • Haifisch (Haiswing Remix by Olsen Involtini) • Haifisch (Remix by Hurts) • Haifisch (Remix by Schwefelgelb)

Haifisch – 7" Vinyl (Universal Music 2010)
Haifisch • Haifisch (Haiswing Remix by Olsen Involtini)

Haifisch – 12" Vinyl (Universal Music 2010)
Haifisch • Haifisch (Remix by Schwefelgelb)

Mein Herz brennt – CD Maxi (Universal Music 2012)
Mein Herz brennt (Piano Version) • Gib mir deine Augen • Mein Herz brennt (Video Edit) • Mein Herz brennt (Boys Noize Remix • Mein Herz brennt • Piano Instrumental

Mein Herz brennt – 7" Vinyl (Universal Music 2012)
Mein Herz brennt (Piano Version) • Gib mir deine Augen

Mein Land – CD Maxi (Universal Music 2011)
Mein Land • Vergiss uns nicht • My Country (The BossHoss) • Mein Land (Mogwai Mix)

Mein Land – 7" Vinyl (Universal Music 2011)
Mein Land • Vergiss uns nicht

Deutschland – CD Maxi (Universal Music 2019)
Deutschland (Album Version) • Deutschland (Remix by Richard Z. Kruspe)

Deutschland – 7" Vinyl (Universal Music 2019)
Deutschland (Album Version) • Deutschland (Remix by Richard Z. Kruspe)

Radio – CD Single (Universal Music 2019)
Radio (Album Version) • Radio (Remix by Twocolors)

Ausländer – CD Maxi (Universal Music 2019)
Ausländer (Album Version) • Radio (Album Version) • Ausländer (Remix by R3hab) • Ausländer (Remix by Felix Jaehn) • Radio (Remix by Twocolors)

Ausländer – 10" Vinyl (Universal Music 2019)
Ausländer (Album Version) • Radio (Album Version) • (Remix by Twocolors)

Zeit – CD Maxi (Universal Music 2022)
Zeit • Zeit (Remix by Ólafur Arnalds) • Zeit (Remix by Robot Koch)

Zeit – 10" Vinyl (Universal Music 2022)
Zeit • Zeit (Remix by Ólafur Arnalds) • Zeit (Remix by Robot Koch)

Zick Zack – CD Single (Universal Music 2022)
Zick Zack • Zick Zack (Remix by Boys Noize)

Zick Zack – 7" Vinyl (Universal Music 2022)
Zick Zack • Zick Zack (Remix by Boys Noize)

Dicke Titten – CD Single (Universal Music 2022)
Dicke Titten • Dicke Titten (LaBrassBanda Version)

Dicke Titten – 7" Vinyl (Universal Music 2022)
Dicke Titten • Dicke Titten (LaBrassBanda Version)

Angst – CD Single (Universal Music 2022)
Angst • 2. Angst (Remix by Twocolors)

Angst – 7" Vinyl (Universal Music 2022)
Angst • 2. Angst (Remix by Twocolors)

Adieu – CD Single (Universal Music 2022)
Adieu • 2. Adieu (Remix by Richard Z. Kruspe) • 3. Adieu (Remix by Andrea Marino)

Adieu – 10" Vinyl (Universal Music 2022)
Adieu • 2. Adieu (Remix by Richard Z. Kruspe) • 3. Adieu (Remix by Andrea Marino)

Livealben

Live aus Berlin – CD (Motor Music 1999)
Spiel mit mir • Bestrafe mich • Weißes Fleisch • Sehnsucht • Asche zu Asche • Wilder Wein • Heirate mich • Du riechst so gut • Du hast • Bück dich • Engel • Rammstein • Laichzeit •Wollt ihr das Bett in Flammen sehen • Seemann

Völkerball CD/DVD (Pilgrim/Universal Music 2006)
Les Arènes de Nîmes, Nîmes (Frankreich 2005):
Reise, Reise • Links 2-3-4 • Keine Lust • Feuer frei! • Asche zu Asche • Morgenstern • Mein Teil • Stein um Stein • Los • Du riechst so gut • Benzin • Du hast • Sehnsucht • Amerika • Rammstein • Sonne • Ich will • Ohne dich • Stripped • Outro
Brixton Academy, London (England 2005):
Sonne • Rein raus • Ohne dich • Feuer frei!
Club Citta, Tokio (Japan 2005):
Mein Teil • Du hast • Los (Trailer)
Olimpijski, Moskau (Russland 2004):
Moskau (Special)

RAMMSTEIN: Paris – 2 CD (Universal Music 2017)
Intro • Sonne • Wollt ihr das Bett in Flammen sehen • Keine Lust • Sehnsucht • Asche zu Asche • Feier frei! • Mutter • Mein Teil • Du riechst so gut • Links 2 -3-4 • Du hast • Haifisch • Bück dich • Mann gegen Mann • Ohne dich • Mein Herz brennt • Amerika • Ich will • Engel • Pussy • Frühling in Paris • (Vinyl Version) Crowd-Symphony

Kompilationen und Editionen

Made in Germany (Best-of-Kompilation, Universal Music 2011)
CD 1: Engel • Links 2-3-4 • Keine Lust • Mein Teil • Du hast • Du riechst so gut • Ich will • Mein Herz brennt • Mutter • Pussy • Rosenrot • Haifisch • Amerika • Sonne • Ohne dich • Mein Land
CD 2: Du riechst so gut '98 – Remix by Faith No More • Du hast – Remix by Jacob Hellner • Stripped – Remix by Johan Edlund • Sonne – Remix by Clawfinger • Links 2-3-4 – Remix by WestBam • Mutter – Remix by Sono • Feuer frei! – Remix by Junkie XL • Mein Teil – Remix by Pet Shop Boys • Amerika – Remix by Olsen Involtini • Ohne dich – Remix by Laibach • Keine Lust – Remix by Black Strobe • Benzin – Remix by Meshuggah • Rosenrot – Remix by Northern Lite • Pussy – Remix by Scooter • Rammlied – Remix by Devin Townsend • Ich tu dir weh – Remix by Fukkk Offf • Haifisch – Remix by Hurts

XXI – Das Vinyl-Box-Set (Universal Music 2015)
Herzeleid (1995, 2 LP) • Sehnsucht (1997, 2 LP) • Mutter (2001, 2 LP) • Reise, Reise (2004 2 LP) • Rosenrot (2005, 2 LP) • Liebe ist für alle da (2009, 2 LP) • Raritäten (1997–2012, 2 LP)

Raritäten – 12 AAC Files digital (Vertigo 2015)
Feuerräder (Version 1994) • Wilder Wein • Das Modell • Kokain • Stripped • Halleluja • Mutter (Vocoder Mix) • Mein Land • Vergiss uns nicht• Gib mir deine Augen • Mein Herz Brennt (Piano Version by Sven Helbig)

Remixes – 72 AAC Files digital (Vertigo 2020)

Du riechst so gut – Scal Remix (Remix – Project Pitchfork) • Rammstein In The House (The Timewriter Remix) • Du riechst so gut ('98) • Du riechst so gut (Remix by Faith No More) • Du riechst so gut (Remix by Günter Schulz & Hiwatt Marshall) • Du riechst so gut (Remix by Sascha Konietzko) • Du riechst so gut (Remix by Olav Bruhn) • Du riechst so gut (Remix by Sascha Moser) • Du riechst so gut (Remix by Jacob Hellner & Marc Stagg) • Du riechst so gut (Migräne Remix by Günter Schulz) • Rammstein (Eskimos & Egypt Radio Edit) • Rammstein (Eskimos & Egypt Instrumental Edit) • Engel (Extended Version) • Feuerräder (Demo Version 1994) • Wilder Wein (Demo Version 1994) • Du hast (Remix by Jacob Hellner) • Du hast (Remix by Clawfinger) • Stripped (Psilonaut Mix by Johan Edlund) • Stripped (Heavy Mental Mix by Charlie Clouser) • Stripped (Tribute To Düsseldorf Mix by Charlie Clouser) • Stripped (Fkk Mix by Günter Schulz) • Sonne (Clawfinger K.O. Remix) • Sonne (Clawfinger T.K.O. Remix) • Sonne (Instrumental) • Links 2 3 4 (Clawfinger Geradeaus Remix) • Links 2 3 4 (Westbam Technolectro Mix) • Links 2 3 4 (Westbam Hard Rock Cafe Bonus Mix) • Ich will (Westbam Mix) • Ich will (Paul van Dyk Mix) • Pet Sematary (Live) • Mutter (Sono's Inkubator Mix) • Feuer Frei! (Rammstein vs. Junkie XL Remix) • Feuer Frei! (Rammstein Remix 130) • Feuer frei! (Rammstein Remix 95) • Mein Teil (You Are What You Eat Edit Remix by Pet Shop Boys) • Mein Teil (The Return To New York Buffet Remix by Arthur Baker) • Mein Teil (There Are No Guitars On This Mix by Pet Shop Boys) • Amerika (English Version) [Explicit] • Amerika (Digital Hardcore Mix by Alec Empire) • Amerika (Western-Remix by Olsen Involtini) • Amerika (Andy Panthen & Mat Diaz's Clubmix) • Amerika (Electro Ghetto Remix by Bushido & Ilan) • Amerika (Jam & Spoon So kann's gehen Mix) • Ohne dich (Remix by Laibach) • Ohne dich (Sacred Mix by Sven Helbig) • Ohne dich (Schiller Remix) • Ohne dich (Under Byen Remix) • Ohne dich (Beta Version) • Keine Lust (Remix No. 1 by Clawfinger) • Keine Lust (The Psychosonic Remix by DJ Drug) • Keine Lust (Bozz Remix By Azad) • Keine

Lust (Jazz Remix by Clawfinger) • Keine Lust (Black Strobe Remix) • Keine Lust (Curve Remix by Front 242) • Keine Lust (Ich zähl die Fliegen Remix by Krieger) • Benzin (Combustion Remix by Meshuggah) • Benzin (Smallstars Remix by Ad-Rock) • Benzin (Kerosinii Remix by Apocalyptica) • Rosenrot (The Tweaker Remix by Chris Vrenna) • Rosenrot (Northern Lite Remix) • Rosenrot (3am At Cosey Remix by Jagz Kooner) • Mann gegen Mann (Popular Music Mix by Vince Clarke) • Pussy (Lick It Remix by Scooter) [Explicit] • Rammlied (Rammin' The Steins Remix by Devin Townsend) • Ich tu dir weh (Smallboy Remix by Jochen Schmalbach) • Haifisch (Haiswing Remix by Olsen Involtini) • Haifisch (Remix by Hurts) • Haifisch (Remix by Schwefelgelb) • Mein Herz Brennt (Video Edit) • Mein Herz Brennt (Boys Noize Rmx) • Mein Herz brennt (Piano Instrumental) • Mein Land (Mogwai Mix)

Herzeleid (XXV Anniversary Edition – Remastered) (Universal Music 2020)
Wollt ihr das Bett in Flammen sehen • Der Meister • Weißes Fleisch • Asche zu Asche • Seemann • Du riechst so gut • Das alte Leid • Heirate mich • Herzeleid • Laichzeit • Rammstein

Sehnsucht Anniversary Edition (Universal Music 2023)
Sehnsucht • Engel • Tier • Bestrafe mich • Du hast • Bück dich • Spiel mit mir Klavier • Alter Mann • Eifersucht • Küss mich (Fellfrosch)

VIDEOGRAFIE

Musikvideos

Adieu (Regie: Specter Berlin, Dissidence 2022)
Angst (Regie: Robert Gwisdek, Kreisfilm 2022)
Amerika (Regie: Joern Heitmann, Katapult Filmproduktion GmbH 2004)
Ausländer (Regie: Joern Heitmann, Katapult Filmproduktion GmbH 2019)
Benzin (Regie: Uwe Flade, FX Factory Postproduction GmbH 2005)
Deutschland (Regie: Specter Berlin, MMAATTCCHH Berlin 2019)
Dicke Titten (Regie: Joern Heitmann, Katapult Filmproduktion GmbH 2022)
Du riechst so gut (Regie: Emanuel Fialik, Tracks Film 1995)
Du riechst so gut '98 (Regie: Philipp Stölzl, Department M. 1998)
Du hast (Regie: Philipp Stölzl, Department M. 1997/2022)
Engel (Regie: Hannes Rossacher & Norbert Heitker, Department M. 1997)
Feuer frei! (Regie: Robert Cohen, Cornwall Productions 2002)
Haifisch (Regie: Joern Heitmann, Katapult Filmproduktion GmbH 2010)
Ich will (Regie: Joern Heitmann, Department M. 2001)
Ich tu dir weh (Regie: Jonas Åkerlund, Black Dog Films 2009)
Keine Lust (Regie: Joern Heitmann, Katapult Filmproduktion GmbH 2005)
Links 2 3 4 (Regie: Zoran Bihać, Flaming Star 2001)
Mann gegen Mann (Regie: Jonas Åkerlund, Black Dog Films 2006)
Mein Herz brennt – Piano Version (Regie: Zoran Bihać, Lunik GmbH 2012)
Mein Herz brennt – Explizit Version (Regie: Zoran Bihać, Lunik GmbH 2012)
Mein Land (Regie: Jonas Åkerlund, Black Dog Films 2011)
Mein Teil (Regie: Zoran Bihać, Trigger Happy Productions 2004)

Mutter (Regie: Joern Heitmann, Department M. 2002)
Ohne dich (Regie: Joern Heitmann, Katapult Filmproduktion GmbH 2004)
Pussy (Regie: Jonas Åkerlund, Black Dog Films 2006)
Rammstein (Regie: Emanuel Fialik & Mathilde Bonnefoy, Mann im Mond 1996)
Rosenrot (Regie: Zoran Bihać, Jo! Schmid 2005)
Seemann (Regie: Laszlo Kadar, Kadar Film 1996)
Sonne (Regie: Joern Heitmann, Department M. 2001)
Stripped (Regie/Montage: Philipp Stölzl & Sven Budelmann, Department M. 1998)
Zeit (Regie: Robert Gwisdek, Kreisfilm 2022)
Zick Zack (Regie: Joern Heitmann, Katapult Filmproduktion GmbH 2022)

Video-Kompilationen

Rammstein Videos 1995–2012 – 3 DVD (Universal Music 2012)
Du riechst so gut • Seemann • Rammstein • Engel • Du hast • Du riechst so gut '98 • Stripped • Sonne • Links 2 3 4 • Ich will • Mutter • Feuer frei! • Mein Teil • Amerika • Ohne dich • Keine Lust • Benzin • Rosenrot • Mann gegen Mann • Pussy • Ich tu dir weh • Haifisch • Mein Land • Mein Herz brennt – Piano Version • Mein Herz brennt

Live-Mitschnitte/Konzertfilme

Live aus Berlin – DVD-9 (Motor Music/Vertigo 1999)
Spiel mit mir • Herzeleid • Bestrafe mich • Weißes Fleisch • Sehnsucht • Asche zu Asche • Wilder Wein • Klavier • Heirate mich • Du riechst so gut • Du hast • Bück dich • Engel • Rammstein • Tier • Laichzeit • Wollt ihr das Bett in Flammen sehen • Seemann

Live aus Berlin – DVD (Vertigo/Universal Music 2020)
Spiel mit mir • Herzeleid • Bestrafe mich • Weißes Fleisch • Sehnsucht • Asche zu Asche • Wilder Wein • Klavier • Heirate mich • Du riechst so gut • Du hast • Bück dich • Engel • Rammstein • Tier • Laichzeit • Wollt ihr das Bett in Flammen sehen • Seemann

Lichtspielhaus – DVD (Motor Music/Universal Music 2003)
In Concert Highlights: 100 Jahre Rammstein • Philipshalle Düsseldorf • Rock am Ring Festival 1998 • Live aus Berlin Wuhlheide 1998 • Big Day Out Festival Sydney 2001 • Velodrom Berlin 2001
Videos: Du riechst so gut • Seemann • Rammstein • Engel • Du hast • Du riechst so gut '98 • Stripped • Sonne • Links 2 3 4 • Ich will • Mutter • Feuer frei!
Making of: Du hast • Du riechst so gut • Sonne • Links 2 3 4 • Ich will

Völkerball – CD/2 DVD (Pilgrim/Universal Music 2006)
DVD 1: Les Arènes de Nîmes, Nîmes (Frankreich 2005): Reise, Reise • Links 2-3-4 • Keine Lust • Feuer frei! • Asche zu Asche • Morgenstern • Mein Teil • Stein um Stein • Los • Du riechst so gut • Benzin • Du hast • Sehnsucht • Amerika • Rammstein • Sonne • Ich will • Ohne dich • Stripped • Outro
Brixton Academy, London (England 2005): Sonne • Rein raus • Ohne dich • Feuer frei!
Club Citta, Tokio (Japan 2005): Mein Teil • Du hast • Los (Trailer)
Olimpijski, Moskau (Russland 2004): Moskau (Special)
DVD 2: Documentary – Anakonda im Netz • Interviews

Rammstein in Amerika – 2 DVD (Universal Music 2015)
DVD 1: Live from Madison Square Garden, New York: Rammlied • B******** • Waidmans Heil • Keine Lust • Weißes Fleisch • Feuer frei! • Wiener Blut • Frühling in Paris • Ich tu dir weh • Du riechst so gut • Benzin • Links 2 3 4 • Du hast • Pussy • Sonne • Haifisch • Ich will • Engel
DVD 2: Documentary Rammstein in Amerika • Making of Liebe ist für alle da

RAMMSTEIN: Paris (Regie: Jonas Åkerlund) – DVD (Vertigo/Universal Music 2017)
Intro • Sonne • Wollt ihr das Bett in Flammen sehen • Keine Lust • Sehnsucht • Asche zu Asche • Feier frei! • Mutter • Mein Teil • Du riechst so gut • Links 2 -3-4 • Du hast • Haifisch • Bück dich • Mann gegen Mann • Ohne dich • Mein Herz brennt • Amerika • Ich will • Engel • Pussy • Frühling in Paris

ZITATNACHWEISE

Auftakt: Höhen und Tiefen

1 Zit. n. Mathilde Bonnefoy (Regie), Rammstein: Völkerball The Documentary – Anakonda im Netz, (Universal Music 2006)

2 Zit. n. ebd.

3 Zit. n. ebd.

4 Zit. n. Torsten Zahn, Weltreisende, in: Metal Hammer, 09/2004, S. 36

5 Christoph Schneider@christophschneider_official https://www.instagram.com/p/CVf8a-PasPYj/?utm_source=ig_embed&ig_rid=5de32493-8c97-4b5c-81a0-fdf89a31679a

6 Bundesprüfstelle für jugendgefährdende Medien, Entscheidung Nr. 5682 vom 05.11.2009, in: Bundesanzeiger Nr. 170 vom 11.11.2009, Pr. 1038/09

7 Jens Balzer, Der Konkurs. Rammstein in der Volksbühne, in: Spiegel Kultur, 16.03.2017, https://www.spiegel.de/kultur/kino/rammstein-paris-an-der-volksbuehne-die-urszene-von-pegida-und-afd-a-1138891.html

8 Thomas Mießgang, Musik aus der Folterkammer: Der Erfolg der ostdeutschen Rockgruppe Rammstein, in: Die Zeit, 56/1997, 07.11.1997, https://www.zeit.de/1997/46/rammstein.txt.19971107.xml

9 Ulf Poschardt, Stripped. Pop und Affirmation bei Kraftwerk, Laibach und Rammstein, in: Jungle World, 19/1999, 12.05.1999, https://jungle.world/artikel/1999/19/stripped

10 Jens Balzer, Der Konkurs. Rammstein in der Volksbühne, a.a.O.

11 Zit. n. dpa, Hardrock in Weißrussland: Rammstein werden zum Staatsfeind, Zeit Online, 22.02.2010, https://www.zeit.de/kultur/musik/2010-02/rammstein-weissrussland-verbot

12 https://www.instagram.com/p/Cs2IMMQKmQH/

13 Amtsgericht Hamburg, Az: 324 O 228/23, Beschluss In der Sache Till Lindemann … gegen Spiegel-Verlag Rudolf Augstein GmbH …, 17.07.2023, Abschrift S. 18

14 Generalstaatsanwaltschaft Berlin, Pressemitteilung v. 29.08.2023, https://www.berlin.de/generalstaatsanwaltschaft/presse/pressemitteilungen/2023/pressemitteilung.1360122.php

15 Silvia Silko, Das Ende der Ära Rammstein? Die domestizierte Männlichkeit, in: Der Tagesspiegel, 17.07.2023, S. 23

16 Zit. n. Antisemitismusbeauftragter stellt Rammstein-Konzerte in Berlin infrage, in: Der Spiegel, 18.06.2023, spiegel.de, https://www.spiegel.de/kultur/musik/vorwuerfe-gegen-rammstein-felix-klein-stelltkonzerte-in-berlin-infrage-a-778c41ee-f31d-4fd9-a2e3-f8e765cbc64e

17 Zit. n. Christoph Schult, Kulturstaatsministerin Roth zum Fall Rammstein: „Superstars stehen nicht über Recht und Gesetz", in: Spiegel Online, 09.06.2023, https://www.spiegel.de/politik/deutschland/claudia-roth-zum-fall-rammstein-superstars-stehen-nicht-ueber-recht-und-gesetz-a-b64465f8-f02a-495d-abfb-92ea57dffb1a

18 https://www.instagram.com/p/CtjOPD8sgZf/

19 Zit. n. Panorama, Rammstein – Die Reihe Null, ARD 24.03.2024, https://www.ardmediathek.de/video/panorama/rammstein-die-reihe-null/das-erste/Y3JpZDovL-2Rhc2Vyc3RlLm5kci5kZS8xMjUyXzIwMjQtMDMtMjEtMjEtNDU

20 Michael Pilz, Männer, Musik und MeToo. Der Fall Rammstein gerinnt zum Medienbild

der wütenden, alten, AfD wählenden Ostmänner, in: Die Welt plus, 16.07.2023, https://www.welt.de/kultur/pop/plus246024404/Rammstein-Der-Fall-gerinnt-zum-Medienbild-der-wuetenden-alten-AfD-waehlenden-Ostmaenner.html

21 https://www.instagram.com/stories/till_lindemann_official/3180088645262734624/

22 Slavoj Žižek, Auf verlorenem Posten, (Suhrkamp) Frankfurt am Main 2009, S. 127

„Wir gegen den Rest der Welt" – Das Debüt

1 Zit. n. Torsten Groß/Rainer Schmidt, Die große Oper. Exklusives Interview mit Rammstein, in: Rolling Stone, 12/2011, S. 98

2 Zit. n. ebd.

3 Zit. n. ebd.

4 Zit. n. Frank Albrecht, Rammstein. Das Kollektiv des schlechten Geschmacks, in: Rock Hard, 11/1995, S. 66

5 Zit. n. Roland Galenza/Heinz Havemeister, Feeling B. Mix mir einen Drink, (Schwarzkopf & Schwarzkopf) Berlin 2003, S. 262

6 Zit. n. Loudwire, Rammstein's Richard Kruspe – Wikipedia: Fact or Fiction?, 05.11.2014, https://www.youtube.com/watch?v=By8kfo8qSkQ (Orig. Engl., Übers. Autor)

7 Zit. n. Making of Rammstein, Videos 1995-2012, DVD 1 (Universal Music 2012)

8 Zit. n. Rudi Raschke/Mario Vigl, „Wir haben Grenzen überschritten". Rammstein-Sänger Till Lindemann über Provokation und die Liebe seines Lebens, in: Playboy, 01/2006, S. 70

9 Zit. n. Torsten Zahn, Weltreisende, in: Metal Hammer, 09/2004, S. 35

10 Zit. n. Torsten Groß/Rainer Schmidt, Die große Oper, a.a.O., S. 100

11 Rammstein, „Rammstein" (Text/Musik: Rammstein), auf: *Herzeleid* (Motor Music 1995); https://www.youtube.com/watch?v=_sM2sKk4DPM

12 Zit. n. Chris Glaub, Rammstein Made in Break Out 1995-2001, in: Break Out, 05/2011, S. 9

13 Zit. n. Rainer Schmidt/Torsten Groß, Die große Oper, a.a.O., S. 107

14 Thomas Mießgang, Musik aus der Folterkammer: Der Erfolg der ostdeutschen Rockgruppe Rammstein, in: Zeit, Nr. 46/1997, https://www.zeit.de/1997/46/rammstein.txt.19971107.xml

15 Tobias Rapp, Aus der Sicht des Täters. Rammstein am Ziel: Das neue Album „Liebe ist für alle da" der ostdeutschen Brachialrocker hat die Jugendschützer auf den Plan gerufen, in: Der Spiegel, 47/2009, S. 121

16 Flake Lorenz zit. n. Torsten Groß/Rainer Schmidt, Die große Oper, a.a.O., S. 104

17 Karl Marx, Zur Kritik der Hegelschen Rechtsphilosophie, in: Marx Engels Werke, Bd. 1, Berlin 2017, S. 381.

18 Richard Z Kruspe-Bernstein, Rammstein ist eine Katastrophe, in: Gert Hof, Rammstein, (Die Gestalten Verlag) Berlin 2001, S. 20

19 Zit. n. Making of Rammstein, Videos 1995-2012, a.a.O.

20 Zit. n. „Meine Ampel stand auf Rot". Der amerikanische Regisseur David Lynch über Schaffenskrisen und seinen neuen Film „Lost Highway", über den Reiz der Frauen und andere Rätsel, die nicht zu lösen sind, in: Der Spiegel, 07.04.1997, S. 196

21 Richard Z Kruspe-Bernstein, Rammstein ist eine Katastrophe, a.a.O., S. 21f

„Wir sind ja alle aus der DDR" – Die Band

1 Rammstein, „Engel" (Text/Musik: Rammstein), auf: *Sehnsucht* (Motor Music 1997); https://www.youtube.com/watch?v=x2rQzv8OWEY

2 Paul Landers, Rammstein hätte es im Westen nie gegeben, in: Gert Hof, Rammstein, (Die Gestalten Verlag) Berlin 1999, S. 38

3 Zit. n. Britta Geithe, Pfingstrock, in: tip, 11/1994, S. 55

4 Richard Z. Kruspe-Bernstein, Rammstein ist eine Katastrophe, in: Gert Hof, Rammstein, (Die Gestalten Verlag) Berlin 1999, S. 20

5 Ebd.

6 Zit. n. Cordula Kablitz-Post (Regie), Durch die Nacht mit Flake Lorenz und Joey Kelly, Arte 18.05.2020, https://www.youtube.com/watch?v=EelKmkyEqMk

7 Zit. n. Roland Galenza/Heinz Havemeister, Feeling B. Mix mir einen Drink, (Schwarzkopf & Schwarzkopf) Berlin 2003, S.121

8 Zit. n. Rammstein – MTV Masters, Part 1/10, 1. September 2012, https://www.youtube.com/watch?v=seqwVYKHlFU

9 Zit. n. Rammstein – Interview MTV Masters, Part 2/10, 1. September 2012, https://www.youtube.com/watch?v=UWwq70aHUxk

10 Zit. n. Rammstein – MTV Masters, Part 1/10, 1. September 2012, a.a.O.

11 Zit. n. Roland Galenza/Heinz Havemeister, Feeling B. Mix mir einen Drink, a.a.O., S.259

12 Zit. n. Rainer Schmidt/Thorsten Groß, Die große Oper. Exklusives Interview mit Rammstein, in: Rolling Stone, 12/2011, S. 98

13 Gitta Lindemann, Liebeserklärung an meinen Sohn, in: dies., Meine Fensterplätze, (OKAPI) Berlin 2023, S. 245

14 Till Lindemann zit. n. Rudi Raschke/Mario Vigl, „Wir haben Grenzen überschritten". Rammstein-Sänger Till Lindemann über Provokation und die Liebe seines Lebens, in: Playboy, 01/2006, S. 74

15 Till Lindemann zit. n. Michael Pilz, „Mein Vater wäre stolz auf meine Gedichte", in: Die Welt, 01.10. 2013, S. 23

16 Zit. n. Holger Schöttelndreier, Rammstein – Das Diktat der Kinder, in: WOM Magazin, 09/2004, S.18

17 Anton Hiersche, Wie ein Traum verloren wurde. Erinnerungen eines Slawisten, (Verlag am Park) Berlin 2013, S. 458f

18 Feeling B, „Ich such die DDR" (Text/Musik: Feeling B), auf: *Wir kriegen Euch alle* (Pirate Music Production 1991)

19 Zit. n. Peter Richter, Rammstein, Universal Music, 13.11. 2011, https://web.archive.org/web/20170201224105/http://www.fan-base.de/artist/rammstein/

20 Richard Kruspe zit. n. noz, Rammstein-Gitarrist Kruspe: Ich habe die Stasi ausgetrickst, in: Neue Osnabrücker Zeitung, 01.10.2009, https://www.noz.de/deutschland-welt/panorama/artikel/vermischtes-rammstein-gitarrist-kruspe-ich-habe-die-stasi-ausgetrickst-24153237

21 Zit. n. Torsten Groß/Rainer Schmidt, Die große Oper, a.a.O., S. 106

22 Zit n. Leo van Rooijen, Interview met Oliver Riedel, in: Break-Out!, 06.06.2002, S.21 (Orig. Niederl., Übers. Autor)

23 Michael Pilz, „Ich habe die DDR geliebt". Rammstein-Keyboarder Christian „Flake" Lorenz über den Punk des Ostens, in: Die Welt, 19.02.2008, https://www.welt.de/welt_print/article1693252/Ich-habe-die-DDR-geliebt.html

24 Zit. n. Annekatrin Hendel (Regie), Flake. Mein Leben, (IT Works/ZDF/Arte) 2011; https://www.youtube.com/watch?v=KWECkqegxQk

25 Zit. n. Rammstein-Keyboarder Christian Lorenz: „Was Sex angeht, war wenig los", in: taz, 03.05.2015, https://taz.de/!5010069/

26 Zit. n. Roland Galenza/Heinz Havemeister, Feeling B. Mix mir einen Drink, a.a.O., S. 84

27 David Ensikat, „Das Böse hat eine absolute Energie", in: Der Tagesspiegel, Sonntagsbeilage, 20.05.2018, S. 201

28 Zit. n. Roland Galenza/Heinz Havemeister, Feeling B. Mix mir einen Drink, a.a.O., S. 242

29 Zit. n. Philippe Lageat, Interview Christoph „Doom" Schneider, in: Rock Hard France, 03/1995, S. 14 (Orig. Franz., Übers. Autor)

30 Zit. n. Mathilde Bonnefoy (Regie), Rammstein: Völkerball The Documentary – Anakonda im Netz, (Universal Music 2006)

31 Zit. n. Hauke Goos, Feuer und Flamme für MTV, in: Spiegel Kultur extra, 08/1997, S. 20

32 OTZ, Morgen Abend Stone-Party, Ostthüringer Zeitung, 22.04.1994, S.11

33 Heike Möckel, Berliner Band brachte „Löwen" zum Kochen. Rammstein schlug ein, in:

Zwickauer Tageblatt, 28.11.1994, S. 7

34 Zit. n. pia, „Rammsteine" bitten um Gehör, in: Berliner Morgenpost, 12.06.1994, S. 132

35 Paul Landers, Rammstein hätte es im Westen nie gegeben, in: Gert Hof, Rammstein, (Die Gestalten Verlag) Berlin 1999, S. 37

36 Flake, Heute hat die Welt Geburtstag, (Fischer) Frankfurt am Main 2017, S. 105

37 Zit. n. Chris Glaub, Rammstein Made in Break Out 1995–2001, in: Break Out, 05/2011, S. 8

„Sonst will ja keiner mehr böse sein" – Provokation und Klanggewalt

1 David Ensikat, „Das Böse hat eine absolute Energie", in: Der Tagesspiegel, Sonntagsbeilage, 20.05.2018, S. 201

2 Zit. n. Kai Müller, Interview mit Paul Landers: „Musiker wird man, um Komplexe zu kurieren", in: Der Tagesspiegel, 16.10.2009, https://www.tagesspiegel.de/kultur/pop/musiker-wird-man-um-komplexe-zu-kurieren-6794119.html

3 Zit. n. Torsten Groß/Rainer Schmidt, Die große Oper. Exklusives Interview mit Rammstein, in: Rolling Stone, 12/2011, S. 104

4 Zit. n. ebd., S. 100

5 Zit. n. RAMMSTEIN TRACKS. Interview part 2, https://www.youtube.com/watch?v=gWVQCRTjcVg

6 Zit. n. Mike Möller, Rammstein weltweit, in: Break Out, 06/1998, S. 15

7 Flake, Heute hat die Welt Geburtstag, (Fischer) Frankfurt am Main 2018, S. 108

8 Ebd., S. 109

9 Zit. n. metal1info, Interview mit Jacob Hellner – Produzent von Rammstein, 20. November 2020, https://www.metal1.info/interviews/rammstein-jacob-hellner-herzeleid-producer/

10 Zit. n. Petra Schürer/Torsten Zahn, Der siebente Mann, in Metal Hammer, 11/2004, S. 12

11 Zit. n. Pierrick Dautrement, Interview with Carl-Michael Herlöfsson, auf: ramwiki/rammsteinworld, September 2000, https://herzeleid25.rammsteinworld.com/en/interviews (Orig. Engl., Übers. Autor)

12 Zit. n. metal1info, Interview mit Jacob Hellner – Produzent von Rammstein, a.a.O.

13 Zit. n. metal1info, Interview mit Jacob Hellner – Produzent von Rammstein, a.a.O.

14 Zit. n. Matthias Mineur, Sex ist eine Schlacht, Liebe ist Krieg, in: Metal Hammer, 11/1995, S. 108

15 Zit. n. ebd., S. 109

16 Zit. n. Thorsten Zahn, Auf Großer Flamme. Rammstein: Das Interview, in: Metal Hammer, 06/2019, S. 18

17 RECORDING.de, Interview Jacob Hellner – Produzent aus Leidenschaft, https://recording.de/threads/jacob-hellner-produzent-aus-leidenschaft.243665/

18 STERN, Nr. 21, 22.05.1997, S. 178

19 Zit. n. Chris Glaub, Rammstein Made in Break Out 1995-2001, in: Break Out, 05/2011, S. 9

20 Zit. n. Malcolm Dome, Rammstein: The story behind their debut album Herzeleid, in: Metal Hammer Magazine. 100 Greatest Album of the 21st Century, Summer 2016, S. 56 (Orig. Engl., Übers. Autor)

21 Rammstein, „Wollt ihr das Bett in Flammen sehen" (Text/Musik: Rammstein), auf: *Herzeleid* (Motor Music 1995); https://www.youtube.com/watch?v=70tvVuj4v5g

22 fs, Rezension RAMMSTEIN Herzeleid, in: Musikexpress/Sounds, 10/1995, S. 73

23 Rammstein, „Wollt ihr das Bett in Flammen sehen" (Text/Musik: Rammstein), auf: *Herzeleid* (Motor Music 1995); https://www.youtube.com/watch?v=70tvVuj4v5g

24 Zit. n. Torsten Zahn, Meister der Metaphern, in: Metal Hammer, 11/2005, S. 34

25 Zit. n. Holger Schötteldreier, Rammstein – Das Diktat der Kinder, in: WOM Magazin, 09/2004, S. 18

26 Zit. n. Kai Müller, Interview mit Paul Landers: „Musiker wird man, um Komplexe zu

kurieren“, in: Der Tagesspiegel, 16.10.2009, https://www.tagesspiegel.de/kultur/pop/musiker-wird-man-um-komplexe-zu-kurieren-6794119.html

27 Michael Köhler, Gewaltspektakel mit Feuer und Rauch, in: Frankfurter Allgemeine Zeitung, 12.12.2011, S. 34

28 Julian Weber, Rammstein, Punk und Männlichkeitswahn: Nie wieder 1984, in: taz, 04.06.2023, https://taz.de/Rammstein-Punk-und-Maennlichkeitswahn/!5935903/

29 Rammstein, „Ich tu dir weh“ (Text/Musik: Till Lindemann, Richard Z Kruspe-Bernstein, Paul Landers, Doktor Christian Lorenz, Oliver Riedel, Christian Doom Schneider), auf: *Liebe ist für alle da* (Universal 2009); https://www.youtube.com/watch?v=IxuEtL7gxoM

30 Christian Seidl, Habt ihr zu viel gerammelt, ihr Rammstein-Rambos? Keyboarder Flake über das Verbot von „Liebe ist für alle da“, in: BILD am Sonntag, 08.11.2009, https://www.bild.de/unterhaltung/musik/habt-ihr-zu-viel-gerammelt-ihr-rammstein-rambos-im-pussy-video-10378908.bild.html

31 Zit. n. ebd.

32 Zit. n. Łukasz Napora, Interview with Christoph Schneider (RAMMSTEIN), Rebel TV Katowice, November 2009, Part 2, https://www.youtube.com/watch?v=18NDUSdghsg (Orig. Engl., Übers. Autor)

33 Zit. n. Julia Schaaf, „Wir wollen „Ärger“. Rammstein im Interview, in: Frankfurter Allgemeine Sonntagszeitung, 11.10.2009, S. 55

34 Zit. n. maj, Rammstein: „Wir hatten keinen Sex“, auf: 20 Minuten, 14.10.2009, https://www.20min.ch/story/rammstein-wir-hatten-keinen-sex-970577242160

35 Rammstein, „Feuer frei!“ (Text/Musik: Till Lindemann, Richard Z Kruspe-Bernstein, Paul Landers, Doktor Christian Lorenz, Oliver Riedel, Christian Doom Schneider), auf: *Mutter* (Motor Music 2001); https://www.youtube.com/watch?v=IxuEtL7gxoM

36 Zit. n. Katrin Riedl, Rammstein Zeitlos, in: Metal Hammer, 05/2022, S. 23

37 Zygmunt Bauman, *Moderne und Ambivalenz. Das Ende der Eindeutigkeit*, (Hamburger Edition/HIS) Hamburg 205, S. 409

38 Zit. n. Thomas Winkler, Achtung! Bratwurst. Interview mit Rammstein, in: Der Freitag, 22.10.2009, S. 23, https://www.freitag.de/autoren/thomas-winkler/achtung-bratwurst

39 Flake Lorenz zit. n. Julia Schaaf, „Wir wollen Ärger“. Rammstein im Interview, a.a.O.

40 Zit. n. Rudi Raschke/Mario Vigl, „Wir haben Grenzen überschritten“. Rammstein-Sänger Till Lindemann über Provokation und die Liebe seines Lebens, in: Playboy, 01/2006, S. 69

41 Zit. n. Rammstein – Amerika (Official Making Of), 2004, https://www.youtube.com/watch?v=76o5G56plAo

42 Rammstein, „Ein Lied“ (Text/Musik: Till Lindemann, Richard Z Kruspe-Bernstein, Paul Landers, Doktor Christian Lorenz, Oliver Riedel, Christian Doom Schneider), auf: *Rosenrot* (Universal Music 2005); https://www.youtube.com/watch?v=H7dV9VhThi8

43 Zit. n. Wolf-Rüdiger Mühlmann, All die krassen Sachen, in: Rock Hard, 06/2004, S. 52

44 Melanie Haack/Robert Dunker/Petra Schurer, Biedermann und Lindemann über Musik und Sport, in: Welt, 23.11.2009, https://www.welt.de/sport/article5212423/Biedermann-und-Lindemann-ueber-Musik-und-Sport.html

45 Flake, Heute hat die Welt Geburtstag, a.a.O., S. 316

46 Zit. n. Elke Hartmann, Klingelnde Herzklappen, in: Focus, 02.12.2002, S. 191

47 Zit. n. Michael Pilz, „Mein Vater wäre stolz auf meine Gedichte“, in: Die Welt, 01.10.2013, S. 23

48 Zit. n. Peter von Stahl, Rammstein Interview, in: Musikexpress/Sounds, 09/1997, S. 34

49 Zit. n. Rudi Raschke/Mario Vigl, „Wir haben Grenzen überschritten“. Rammstein-Sänger Till Lindemann über Provokation und die Liebe seines Lebens, a.a.O.

50 Zit. n. Katrin Riedl, Das Individuum im Kollektiv. Christian „Flake“ Lorenz, in: Metal Hammer, 05/2016, S. 19

51 Zit. n. Kai Müller, Interview mit Paul Landers: „Musiker wird man, um Komplexe zu kurieren“, a.a.O.

52 Stephan Maus, Auf ein Rammstein-Konzert zu gehen ist wie AfD wählen, in: Stern,

18.07.2023, https://www.stern.de/kultur/rammstein--auf-ein-konzert-der-band-zu-gehen-ist-wie-afd-waehlen-33658038.html
53 Andreas Meier, Der deutsche Klang der Merkel-Jahre, in: Frankfurter Allgemeine Zeitung, 15.07.2019, S. 11
54 Zit. n. Alexander Gorkow, Rammstein – Mit Deutschlands größtem Kulturexport auf Tour in Amerika, in: Süddeutsche Zeitung Magazin, 06.07.2012, S. 29
55 Torsten Rasch, Das ist Kunst, in: Rolling Stone, 12/2011, S. 102

„Wir hassen Nazis!" – Im Stechschritt gegen Rechts

1 Zit. n. Chris Glaub, Rammstein Made in Break Out 1995-2001, in: Break Out, 05/2011, S. 13
2 Zit. n. Sebastian Kessler, König von Deutschland. Interview mit Specter Berlin, in: Metal Hammer, 06/2019, S. 23
3 Burkhard Jellonnek, CONTRA: Tabubruch um jeden Preis – Die Krawallrocker von Rammstein lassen nichts aus, in: OPUS Kulturmagazin, Nr. 74, Sept./Okt. 2019, S. 96
4 gz, Deutscher Ramm-Rock, in: NEUE ZÜRCHER ZEITUNG, 13.10.1995, S. 54
5 Julian Weber, Rammstein, Punk und Männlichkeitswahn: Nie wieder 1984, in: taz, 04.06.2023 https://taz.de/Rammstein-Punk-und-Maennlichkeitswahn/!5935903/
6 Jens Balzer, Der Konkurs. Rammstein in der Volksbühne, in: Spiegel Kultur, 16.03.2017, https://www.spiegel.de/kultur/kino/rammstein-paris-an-der-volksbuehne-die-urszene-von-pegida-und-afd-a-1138891.html
7 Zit. n. Torsten Groß/Rainer Schmidt, Die große Oper. Exklusives Interview mit Rammstein, in: Rolling Stone, 12/2011, S. 102
8 Zit. n. Alexander Gorkow, Rammstein – Mit Deutschlands größtem Kulturexport auf Tour in Amerika, in: Süddeutsche Zeitung Magazin, 06.07.2012, S. 16
9 Zit. n. Kathrin Grosser, RAMMSTEIN. Botschafter Deutschlands oder Schande der Nation?, in: Rock Hard, 06/2001, S. 23
10 Rammstein, „Links 2 3 4", (Text/Musik: Till Lindemann, Richard Z Kruspe-Bernstein, Paul Landers, Doktor Christian Lorenz, Oliver Riedel, Christian Doom Schneider), auf: *Mutter* (Motor Music 2001); https://www.youtube.com/watch?v=Ph-CA_tu5KA
11 Zit. n. Torsten Groß/Rainer Schmidt, Die große Oper, a.a.O., S. 102
12 Zit. n. Chris Glaub, Rammstein Made in Break Out 1995-2001, a.a.O., S. 14
13 Zit. n. Making of Rammstein, Videos 1995-2012, DVD 1, (Universal Music 2012)
14 Zit. n. ebd.
15 Zit. n. Chris Glaub, Rammstein Made in Break Out 1995-2001, a.a.O., S. 14
16 Rudi Raschke/Mario Vigl, „Wir haben Grenzen überschritten". Rammstein-Sänger Till Lindemann über Provokation und die Liebe seines Lebens, in: Playboy, 01/2006, S. 70
17 Christoph Schneider, Wo liegt das Problem?, in: Gert Hof, Rammstein, (Die Gestalten Verlag) Berlin 1999, S. 26
18 Zit. n. Peter von Stahl, Rammstein Interview, in: Musikexpress/Sounds, 09/1997, S. 33
19 Slavoj Žižek, Über Disziplin: „Alles ist Fake", in: taz, 25.06.2010, https://taz.de/Slavoj-Zizek-ueber-Disziplin/!5140273/
20 Zit. n. Rammstein – Interview MTV Masters, 01.09.2012, Part 8/10, 1. September 2012, https://youtube.com/watch?v=rnsqg7Oj4cs

„Amerika war immer der Traum" – Auf dem Gipfel des Ruhms

1 Zit. n. Thomas Winkler, Rammstein-Keyboarder Christian Lorenz: „Was Sex angeht, war wenig los", in: taz, 03.05.2015, https://taz.de/!5010069/
2 Zit. n. Torsten Groß/Rainer Schmidt, Die große Oper. Exklusives Interview mit Rammstein, in: Rolling Stone, 12/2011, S 107
3 Zit. n. Rammstein – MTV Masters, Part 1/10, 1. September 2012, https://www.youtube.com/watch?v=seqwVYKHlFU
4 Zit. n. Torsten Groß/Rainer Schmidt, Die große Oper, a.a.O., S. 107

5 Richard Z Kruspe-Bernstein, Rammstein ist eine Katastrophe, in: Gert Hof, Rammstein, (Die Gestalten Verlag) Berlin 2001, S. 19

6 Paul Landers zit. n. Rammstein-Interview mit Nils Neumann (2001), VIVA Zwei, 2 Rock, Part 3/3; https://www.youtube.com/watch?v=LhJNwzzQ1nI

7 Flake Lorenz, Greetings from L.A. Rammstein entdecken den Wilden Westen, in: Rolling Stone, 09/2001, S. 52

8 Zit. n. Mike Möller, Rammstein weltweit, in: Break Out, 06/1998, S. 13

9 David Fricke, Wie die Amerikaner Rammstein sehen, in: Rolling Stone, 12/2011, S. 99

10 Zit. n. Mike Seifert, Rammstein. Die Ästhetik des Schmerzes, in: Break Out, 03/1999, S. 17

11 Rammstein, „Amerika“ (Text/Musik: Till Lindemann, Richard Z Kruspe-Bernstein, Paul Landers, Doktor Christian Lorenz, Oliver Riedel, Christian Doom Schneider), auf: *Reise, Reise* (2004); https://www.youtube.com/watch?v=Rr8ljRgcJNM

12 Flake Lorenz, Greetings from L.A. Rammstein entdecken den Wilden Westen, a.a.O., S. 53

13 Zit. n. Mike Möller, Rammstein weltweit, in: Break Out, 06/1998, S. 13

14 Flake Lorenz, Greetings from L.A. Rammstein entdecken den Wilden Westen, a.a.O., S. 52

15 Zit. n. David Segal, Heavy-Metal Rammstein Stakes Its Claim to Flame, in: The Washington Post, 29.7.2001, https://www.washingtonpost.com/archive/lifestyle/2001/07/30/heavy-metal-rammstein-stakes-its-claim-to-flame/390e2c05-ea45-4b18-a837-a16f511b5b32/ (Orig. Engl., Übers. Autor)

16 Zit. n. Rammstein – MTV Masters, Part 3/10, 1. September 2012, https://www.youtube.com/watch?v=87gMmP7_L68

17 Zit. n. Torsten Groß/Rainer Schmidt, Die große Oper, a.a.O., S. 107

18 Zit. n. ebd.

19 Rammstein, „Amerika“ (Text/Musik: Till Lindemann, Richard Z Kruspe-Bernstein, Paul Landers, Doktor Christian Lorenz, Oliver Riedel, Christian Doom Schneider), auf: *Reise, Reise* (Universal Music 2004); https://www.youtube.com/watch?v=Rr8ljRgcJNM

20 Zit. n. Rammstein – MTV Masters, Part 3/10, 1. September 2012, https://www.youtube.com/watch?v=87gMmP7_L68

21 Zit. n. ebd.

22 Zit. n. Rammstein – Amerika (Official Making Of), 2004, https://www.youtube.com/watch?v=76o5G56plAo

23 Zit. n. ebd.

24 Rammstein, „Zerstören“ (Text/Musik: Till Lindemann, Richard Z Kruspe-Bernstein, Paul Landers, Doktor Christian Lorenz, Oliver Riedel, Christian Doom Schneider), auf: *Rosenrot* (Universal Music 2005); https://www.youtube.com/watch?v=UJe9WSVi3Wc

25 Zit. n. Franz Gewessler, Reiseführer. Rammstein-Interview, in: Evolver. Die Netzzeitschrift, 27.09.2004, https://www.evolver.at/stories/Rammstein_Interview/

26 Zit. n. Rammstein – Amerika (Official Making Of), a.a.O.

27 Rammstein, „Amerika“ (Text/Musik: Till Lindemann, Richard Z Kruspe-Bernstein, Paul Landers, Doktor Christian Lorenz, Oliver Riedel, Christian Doom Schneider), auf: *Reise, Reise* (2004); https://www.youtube.com/watch?v=Rr8ljRgcJNM

28 Rammstein, „Amerika“ (Text/Musik: Till Lindemann, Richard Z Kruspe-Bernstein, Paul Landers, Doktor Christian Lorenz, Oliver Riedel, Christian Doom Schneider), auf: *Reise, Reise* (Universal Music 2004); https://www.youtube.com/watch?v=Rr8ljRgcJNM

29 Zit. n. Rammstein – Amerika (Official Making Of), a.a.O.

30 Zit. n. ebd.

„... verzerrte Gitarren und die Kraft eines geraden Drumbeats“ – Der Rammstein-Sound

1 Rammstein, „Mehr“ (Text/Musik: Till Lindemann, Richard Z Kruspe-Bernstein, Paul Landers, Doktor Christian Lorenz, Oliver Riedel, Christian Doom Schneider), auf: *Liebe ist für alle da* (Universal Music 2009); https://www.youtube.com/watch?v=08tRWJtDeuw

2 Zit. n. Mattix, Interview: Rammstein, auf: Soundsphere, 23.09.2009, https://www.soundspheremag.com/features/five-minutes-withrammstein/ (Orig. Engl., Übers. Autor)

3 Zit. n. Tillmania, Interview mit Paul, 02.11.2005, http://www.till-lindemann-fan-forum.de/t249f14-RE-Interviews.html

4 Zit. n. EventElevator, 23.08.2011, https://eventelevator.de/storys/es-ist-extrem-wichtig-dass-die-energie-der-musik-von-rammstein-moeglichst-gnadenlos-auf-das-publikum-hereinbricht/

5 Zit. n. Alexander Schölzel, Jacob Hellner – Interview, Teil 2, https://www.delamar.de/musikbusiness/jacob-hellner-52481/

6 Zit. n. Interview with Ronald Prent at Abbey Road Institute Berlin – January 2016, https://www.youtube.com/watch?v=Uu9deHCvwKE (Orig. Engl., Übers. Autor)

7 Zit. n. Alexander Schölzel, Jacob Hellner – Interview, Teil 2, a.a.O.

8 Zit. n. Rammstein – Interview MTV Masters, Part 4/10, 1. September 2012, https://www.youtube.com/watch?v=1mPFOR6-1BM

9 Zit. n. Łukasz Napora, Interview with Christoph Schneider (RAMMSTEIN), Rebel TV Katowice, November 2009, Part 1, https://www.youtube.com/watch?v=i9oJZR3R-VeE&t=209s (Orig. Engl., Übers. Autor)

10 Rammstein, „Du hast“ (Text/Musik: Rammstein), auf: *Sehnsucht* (Motor Music 1997); https://www.youtube.com/watch?v=W3q8Od5qJio

11 Rammstein, „Mutter“ (Text/Musik: Till Lindemann, Richard Z Kruspe-Bernstein, Paul Landers, Doktor Christian Lorenz, Oliver Riedel, Christian Doom Schneider), auf: *Mutter* (Motor Music 2001); https://www.youtube.com/watch?v=gNdnVVHfseA

12 Rammstein, „Sonne“ (Text/Musik: Till Lindemann, Richard Z Kruspe-Bernstein, Paul Landers, Doktor Christian Lorenz, Oliver Riedel, Christian Doom Schneider), auf: *Mutter* (Motor Music 2001); https://www.youtube.com/watch?v=StZcUAPRRac

13 Rammstein, „Engel“ (Text/Musik: Rammstein), auf: *Sehnsucht* (Motor Music 1997); https://www.youtube.com/watch?v=x2rQzv8OWEY

14 Rammstein, „Zeit“ (Text/Musik: Till Lindemann, Richard Z Kruspe-Bernstein, Paul Landers, Doktor Christian Lorenz, Oliver Riedel, Christian Doom Schneider), auf: *Zeit* (Universal Music 2022); https://www.youtube.com/watch?v=EbHGS_bVkXY

15 Zit. n. Rammstein – Interview MTV Masters, Part 5/10, 1. September 2012, https://www.youtube.com/watch?v=_j9GGY7W5_A

16 Richard Z Kruspe-Bernstein, Rammstein ist eine Katastrophe, in: Gert Hof, Rammstein, (Die Gestalten Verlag) Berlin 1999, S. 20

17 Zit. n. Alexander Schölzel, Jacob Hellner – Interview Teil 2, a.a.O.

18 Zit. n. Pierrick Dautrement, Interview with Ronald Prent, ramwiki/rammsteinworld, September 2000, https://herzeleid25.rammsteinworld.com/en/interviews (Orig. Engl., Übers. Autor)

19 Zit. n. Amit Sharna, Rammstein's Richard Z. Kruspe: „I can be such a geek when it comes to guitar sounds”, in: musicradar., 14.12.2018, https://www.musicradar.com/news/rammsteins-richard-z-kruspe-i-can-be-such-a-geek-when-it-comes-to-guitar-sounds (Orig. Engl., Übers. Autor)

20 Zit. n. Alexander Schölzel, Jacob Hellner – Interview, Teil 2, https://www.delamar.de/musikbusiness/jacob-hellner-5248/

21 Zit. n. Jacob Hellner – Behind „Ich tu dir weh“ and its production process, https://www.youtube.com/watch?v=GzngdYzCNkA (Orig. Engl., Übers. Autor]

22 Zit. n. Alexander Schölzel, Jacob Hellner – Interview, Teil 2, a.a.O.

23 Zit. n. drumheads, Christoph Schneider: Der Rammstein-Torwart. Drummer Christoph Schneider im Interview, in: Drumheads, 06/2013, S. 51

24 Zit. n. musotalk, Jacob Hellner (Produzent Rammstein) – Interview 2010, https://www.youtube.com/watch?v=SsVkao70EJ4 (Orig. Engl., Übers. Autor)

25 Zit. n. Clay Marshall, Germany's Rammstein Hopes ‚Mutter' Helps Cross Borders Via Republic, in: Billboard, 14.04.2001, S. 14 (Orig. Engl., Übers. Autor)

26 Zit. n. Making of Rammstein, Videos 1995–2012, DVD 1, (Universal Music 2012)

27 Zit. n. Rammstein – MTV Masters, Part 1/10, 1. September 2012, https://www.youtube.com/watch?v=seqwVYKHlFU

28 Franz Gewessler, Reiseführer – Rammstein Interview, in: Evolver. Die Netzzeitschrift, 27.09.2004, https://www.evolver.at/stories/Rammstein_Interview/

29 Zit. n. Thorsten Zahn, Auf Großer Flamme. Rammstein: Das Interview, in: Metal Hammer, 06/2019, S. 18

30 Zit. n. Making of Rammstein, Videos 1995–2012, DVD 1, a.a.O.

„Wir lassen Flammen für uns sprechen" – Zwischen großer Oper und Muppet Show

1 Zit. n. Torsten Groß/Rainer Schmidt, Die große Oper. Exklusives Interview mit Rammstein, in: Rolling Stone, 12/2011, S. 98

2 Zit. n. Andrea Nieradzik, Rammstein „Wir wollen nicht in Deutschland verstauben", in: Metal Hammer, 09/1997, S. 25

3 Katharina Wagner, Rammsteinkritik, in: B.Z. Die Stimme Berlins, 04.11.2009, S. 28

4 Zit. n. Henning Richter, Rammstein „Wir wollen anders sein!", in: Musikexpress/Sounds, 03/1997, S. 30

5 Walt Miller, Laibach, in: Industrialnation, #20 (2004), S. 29 (Orig. Engl., Übers. Autor)

6 Zit. n. Rammstein – 09.10.1997, VIVA JAM, Düsseldorf, a.a.O.

7 Zit. n. Torsten Groß/Rainer Schmidt, Die große Oper. Exklusives Interview mit Rammstein, a.a.O., S. 107

8 Zit. n. Mike Seifert, Rammstein. Die Ästhetik des Schmerzes, a.a.O.

9 Zit. n. Mathilde Bonnefoy (Regie), Rammstein: Völkerball The Documentary – Anakonda im Netz, (Universal Music 2006)

10 Zit. n. Mike Seifert, Rammstein. Die Ästhetik des Schmerzes. Interview mit Richard Kruspe, in: Break Out, 03/1999, S.17

11 Zit. n. Rudi Raschke/Mario Vigl, „Wir haben Grenzen überschritten". Rammstein-Sänger Till Lindemann über Provokation und die Liebe seines Lebens, in: Playboy, 01/2006, S. 70

12 Zit. n. Mathilde Bonnefoy (Regie), Rammstein: Völkerball The Documentary – Anakonda im Netz, a.a.O.

13 Zit. n. ebd.

14 Paul Landers, Rammstein hätte es im Westen nie gegeben, in: Gert Hof, Rammstein, (Die Gestalten Verlag) Berlin 1999, S. 37

15 Zit. n. Andrea Nieradzik, Rammstein „Wir wollen nicht in Deutschland verstauben", in: Metal Hammer, 09/1997, S. 25

16 Zit. n. Rammstein – 09.10.1997, VIVA JAM, Düsseldorf, https://www.youtube.com/watch?v=CpLLBneiaSQ

17 Zit. n. metal1.info, Interview mit Nicolai Sabottka – Pyrotechnics & Production Director von Rammstein, 24.07.2019, https://www.metal1.info/interviews/rammstein-nicolai-sabottka-pyrotechnics/

18 Zit. n. Mathilde Bonnefoy (Regie), Rammstein: Völkerball The Documentary – Anakonda im Netz, a.a.O.

19 Zit. n. Thomas Vogel, Rammstein – Die Legende wird fortgeschrieben, in: Sonic Seducer, 05/2017, S. 103f

20 Zit. n. David Ensikat, „Das Böse hat eine absolute Energie", in: Der Tagesspiegel, Sonntagsbeilage, 20.05.2018, S. 201

21 Flake Lorenz zit. n. Mathilde Bonnefoy (Regie), Rammstein: Völkerball The Documentary – Anakonda im Netz, a.a.O.

22 Zit. n. Kathrin Grosser, RAMMSTEIN. Botschafter Deutschlands oder Schande der Nation?, in: Rock Hard, 06/2001, S. 24
23 Zit. n. Steve Knopper, Meet the Pyrotechnics Guru Behind Live Music's Biggest Flames, in: Billboard, 11.03.2023, S. 76 (Orig, Engl., Übers. Autor)
24 Zit. n. Making of Rammstein, Videos 1995–2012, DVD 1, (Universal Music 2012)
25 Zit. n. Rammstein – Feuer Frei! (Official Making Of), 2002, https://www.youtube.com/watch?v=7zbzMNyinkk&list=PLVTLbc6i-h_jrBbbUSNu4CYnyjgY5J0gi
26 Zit. n. Rammstein – Feuer Frei! (Official Making Of), a.a.O.
27 Zit. n. Rammstein – Ich tu dir weh (Official Making Of), 2015, https://www.youtube.com/watch?v=VWBDNL71tJo
28 Flake Lorenz zit. n. Thomas Winkler, Rammstein-Keyboarder Christian Lorenz: „Was Sex angeht, war wenig los", in: taz, 03.05.2015, https://taz.de/!5010069/
29 Flake Lorenz zit. n. Torsten Groß/Rainer Schmidt, Die große Oper. Exklusives Interview mit Rammstein, a.a.O., S. 99
30 Zit. n. Mathilde Bonnefoy (Regie), Rammstein: Völkerball The Documentary – Anakonda im Netz, a.a.O.
31 Till Lindemann zit. n. Making of Rammstein, Videos 1995–2012, DVD 1, (Universal Music 2012)
32 Flake, Heute hat die Welt Geburtstag, (Fischer) Frankfurt am Main 2017, S. 147f
33 Zit. n. metal1.info, Interview mit Florian Wieder – Stage- und Production-Design von Rammstein, 10.07.2019, https://www.metal1.info/interviews/rammstein-florian-wieder-stage-design/
34 Zit. n. loudwire, Rammstein's Richard Kruspe on New Album, Fire, Musical Orgasms + More, 12.07.2017, https://www.youtube.com/watch?v=rxe_ae6-N4U (Orig. Engl., Übers. Autor)
35 Zit. n. ebd.
36 Zit. n. ebd.
37 Zit. n. metal1.info, Interview mit Nicolai Sabottka – Pyrotechnics & Production Director von Rammstein, a.a.O.
38 Zit. n. metal1.info, Interview mit Roland Greil – Light Design von Rammstein, 17.07.2019, https://www.metal1.info/interviews/rammstein-roland-greil-light-design/
39 Zit. n. metal1.info, Interview mit Florian Wieder – Stage- und Production-Design von Rammstein, a.a.O.
40 Zit. n. metal1.info, Interview mit Roland Greil – Light Design von Rammstein, a.a.O.
41 Roland Greil zit. n. ebd.
42 Zit. n. Rammstein, Making of Rammstein, Videos 1995–2012, DVD 1, a.a.O.
43 Zit. n. Wolf-Rüdiger Mühlmann, All die krassen Sachen, in: Rock Hard, 06/2004, S. 49f
44 Rammstein, „Ausländer" (Text/Musik: Till Lindemann, Richard Z Kruspe, Paul Landers, Doktor Christian Lorenz, Oliver Riedel, Christian Doom Schneider), auf: *Zeit* (Universal Music 2022); https://www.youtube.com/watch?v=pat2c33sbog
45 Zit. n. Rammstein – Ausländer (Official Making Of), 2019, https://www.youtube.com/watch?v=DOXpYc47Mb8
46 Zit. n. Rammstein – MTV Masters, Part 8/10, 1. September 2012, https://www.youtube.com/watch?v=rnsqg7Oj4cs
47 Zit. n. Thorsten Zahn, Auf Großer Flamme. Rammstein: Das Interview, in: Metal Hammer, 06/2019, S. 23
48 Richard Müller-Freienfels, Psychologie der Kunst, Bd. III, München 1937, S. 88

„Für uns sind das Liebeslieder" – Romantik auf die harte Tour

1 Zit. n. Tillmania, Interview mit Paul, 02.11.2005, https://www.till-lindemann-fan-forum.de/t249f14-RE-Interviews.html
2 Zit. n. Matthias Mineur, Sex ist eine Schlacht, Liebe ist Krieg, in: Metal Hammer, 11/1995, S. 109

3 Zit. n. Stefan Woldach, Für euch soll's rote Rosen regnen, in: WOM Magazin, 11/ 2005, S. 25
4 Zit. n. Rammstein, Making of Rammstein, Videos 1995-2012, DVD 1, (Universal Music 2012)
5 Rammstein, „Nebel" (Text/Musik: Till Lindemann, Richard Z Kruspe-Bernstein, Paul Landers, Doktor Christian Lorenz, Oliver Riedel, Christian Doom Schneider), auf: *Mutter* (Motor Music 2001); https://www.youtube.com/watch?v=E3hh37KbY18
6 Rammstein, „Mutter" (Text/Musik: Till Lindemann, Richard Z Kruspe-Bernstein, Paul Landers, Doktor Christian Lorenz, Oliver Riedel, Christian Doom Schneider), auf: *Mutter* (Motor Music 2001); https://www.youtube.com/watch?v=gNdnVVHfseA
7 Ebd.
8 Zit. n. Rammstein – Mutter (Official Making Of), 2002, https://www.youtube.com/watch?v=Knk2E5KwXSc
9 Rammstein, „Mein Herz brennt" (Text/Musik: Till Lindemann, Richard Z Kruspe-Bernstein, Paul Landers, Doktor Christian Lorenz, Oliver Riedel, Christian Doom Schneider), auf: *Mutter* (Motor Music 2001); https://www.youtube.com/watch?v=WXv31OmnKqQ
10 Zit. n. Wolf-Rüdiger Mühlmann, All die krassen Sachen, in: Rock Hard, 06/2004, S. 51
11 Zit. n. ebd., S. 50
12 Rammstein, „Amour" (Text/Musik: Till Lindemann, Richard Z Kruspe-Bernstein, Paul Landers, Doktor Christian Lorenz, Oliver Riedel, Christian Doom Schneider), auf: *Reise, Reise* (Universal Music 2004); https://www.youtube.com/watch?v=bIPCVaLHZng
13 Rammstein, „Ohne dich" (Text/Musik: Till Lindemann, Richard Z Kruspe-Bernstein, Paul Landers, Doktor Christian Lorenz, Oliver Riedel, Christian Doom Schneider), auf: *Reise, Reise* (Universal Music 2004); https://www.youtube.com/watch?v=LIPc1cfS-oQ
14 Rammstein, „Los" (Text/Musik: Till Lindemann, Richard Z Kruspe-Bernstein, Paul Landers, Doktor Christian Lorenz, Oliver Riedel, Christian Doom Schneider), auf: *Reise, Reise* (Universal Music 2004); https://www.youtube.com/watch?v=TXYFFXZWp24
15 Zit. n. Christoph Kutzer, Rammstein. Romantische Reise ins Rosenrot, in: Orkus, 11/2005, S. 39
16 Trio, „Da Da Da (Text/Musik: Stephan Remmler), (Mercury 1982)
17 Rammstein, „Wo bist du" (Text/Musik: Till Lindemann, Richard Z Kruspe-Bernstein, Paul Landers, Doktor Christian Lorenz, Oliver Riedel, Christian Doom Schneider), auf: *Rosenrot* (Universal Music 2005); https://www.youtube.com/watch?v=7Rd5ltFFQDI
18 Rammstein, „Frühling in Paris" (Text/Musik: Till Lindemann, Richard Z Kruspe-Bernstein, Paul Landers, Doktor Christian Lorenz, Oliver Riedel, Christian Doom Schneider), auf: *Liebe ist für alle da* (Universal Music 2009); https://www.youtube.com/watch?v=X5DY4y-xu7_8
19 Rammstein, „Diamant" (Text/Musik: Till Lindemann, Richard Z Kruspe-Bernstein, Paul Landers, Doktor Christian Lorenz, Oliver Riedel, Christian Doom Schneider), auf: *Rammstein Unbetitelt* (Universal Music 2019); https://www.youtube.com/watch?v=3s0w9d7oMwQ
20 Rammstein, „Zeit" (Text/Musik: Till Lindemann, Richard Z Kruspe-Bernstein, Paul Landers, Doktor Christian Lorenz, Oliver Riedel, Christian Doom Schneider), auf: *Zeit* (Universal Music 2022); https://www.youtube.com/watch?v=EbHGS_bVkXY

„Humor ist für uns wichtig" – Klamauk mit doppeltem Boden

1 Flake, Heute hat die Welt Geburtstag, (Fischer) Frankfurt am Main 2017, S. 223
2 Zit. n. Christoph Kutzer, Rammstein. Romantische Reise ins Rosenrot, in: Orkus, 11/2005, S. 39
3 Rammstein, „Engel" (Text:/Musik: Rammstein), auf: *Sehnsucht* (Motor Music 1997); https://www.youtube.com/watch?v=x2rQzv8OWEY
4 Rammstein, „Pussy" (Text/Musik: Till Lindemann, Richard Z Kruspe-Bernstein, Paul Landers, Doktor Christian Lorenz, Oliver Riedel, Christian Doom Schneider), auf: *Liebe ist für alle da* (Universal Music 2009); https://www.youtube.com/watch?v=vbX30rvBEQM

5 Rammstein, „Ich will“ (Text/Musik: Till Lindemann, Richard Z Kruspe-Bernstein, Paul Landers, Doktor Christian Lorenz, Oliver Riedel, Christian Doom Schneider), auf: *Mutter* (Motor Music 2001); https://www.youtube.com/watch?v=EOnSh3QlpbQ
6 Wolf-Rüdiger Mühlmann, All die krassen Sachen, in: Rock Hard, 06/2004, S. 51f
7 Dave Simpson, Rammstein – Review. Manchester Arena, in: The Guardian, 02.03.2012, S. 27 (Orig. Engl., Übers. Autor)
8 Rammstein, „Zick Zack“ (Text/Musik: Till Lindemann, Richard Z Kruspe-Bernstein, Paul Landers, Doktor Christian Lorenz, Oliver Riedel, Christian Doom Schneider), auf: *Zeit* (Universal Music 2022); https://www.youtube.com/watch?v=hBTNyJ33LWI
9 Rammstein, „OK“, (Text/Musik: Till Lindemann, Richard Z Kruspe, Paul Landers, Doktor Christian Lorenz, Oliver Riedel, Christian Doom Schneider), auf: *Zeit* (Universal Music 2022); https://www.youtube.com/watch?v=iuCWXN_YUN8
10 Rammstein, „Dicke Titten“, (Text/Musik: Till Lindemann, Richard Z Kruspe, Paul Landers, Doktor Christian Lorenz, Oliver Riedel, Christian Doom Schneider), auf: *Zeit* (Universal Music 2022); https://www.youtube.com/watch?v=thJgU9jkdU4
11 Zit. n. Rammstein – MTV Masters, Part 7/10, 1. September 2012, https://youtube.com/watch?v=Q-sDWPHWfD0
12 Zit. n. Roland Hinzepeter, Rammstein Interview: Von der weiblichen Seite und der Lust am Provozieren, in: Augsburger Allgemeine, 16.10.2009, https://www.augsburger-allgemeine.de/panorama/Rammstein-Interview-Von-der-weiblichen-Seite-und-der-Lust-am-Provozieren-id6675841.html
13 Zit. n. Ambros Waibel, Rammstein-Fans im Zeitgeist. Die Verwahrlosten, in: taz, 21.07.2023, https://taz.de/Rammstein-Fans-im-Zeitgeist/!5946772/
14 Sebastian Kessler, König von Deutschland. Interview mit Specter Berlin, in: Metal Hammer, 06/2019, S. 23

„Wir wollten eine deutsche Band sein“ – Suche nach der verlorenen Identität

1 Rammstein, „Mein Land“ (Text/Musik Till Lindemann, Richard Z Kruspe, Paul Landers, Doktor Christian Lorenz, Oliver Riedel, Christian Doom Schneider), auf: *Made in Germany* (Universal Music 2011); https://www.youtube.com/watch?v=6iaxDxHUWP8
2 Zit. n. Rammstein – Mein Land (Official Making Of), 2011, https://www.youtube.com/watch?v=jUp_RPddVzA
3 Zit. n. ebd.
4 Zit. n. ebd.
5 Christina Hoffmann, Rammstein zündeln mit braun eingefärbten Bildern, in: Welt, 15.11.2011, https://www.welt.de/kultur/musik/article13716797/Rammstein-zuendeln-mit-braun-eingefaerbten-Bildern.html
6 Zit. n. RAMMSTEIN TRACKS. Interview part 3, https://www.youtube.com/watch?v=QNsytXBeQNI
7 Zit. n. Kai Müller, Interview mit Paul Landers: „Musiker wird man, um Komplexe zu kurieren“, in: Der Tagesspiegel, 16.10.2009, https://www.tagesspiegel.de/kultur/pop/musiker-wird-man-um-komplexe-zu-kurieren-6794119.html
8 Zit. n. Julia Schaaf, Rammstein im Interview: „Wir wollen Ärger“, in: Frankfurter Allgemeine Zeitung, 13.10.2009, S. 55
9 Zit. n. Torsten Groß/Rainer Schmidt, Die große Oper. Exklusives Interview mit Rammstein, in: Rolling Stone, 12/2011, S. 104
10 Zit. n. Alexander Gorkow, Rammstein – Mit Deutschlands größtem Kulturexport auf Tour in Amerika, in: Süddeutsche Zeitung Magazin, 27/2012, 06.07.2012, S. 12
11 Rammstein, „Ohne dich“ (Text/Musik: Till Lindemann, Richard Z Kruspe-Bernstein, Paul Landers, Doktor Christian Lorenz, Oliver Riedel, Christian Doom Schneider), auf: *Reise, Reise* (2004); https://www.youtube.com/watch?v=LIPc1cfS-oQ
12 Paul Landers, Rammstein hätte es im Westen nie gegeben, in: Gert Hof, Rammstein, (Die Gestalten Verlag) Berlin 1999, S. 38

13 Zit. n. Julia Schaaf, Rammstein im Interview: „Wir wollen Ärger“, a.a.O.

14 Zit. n. Rammstein – Interview MTV Masters, 1. September 2012, Part 8/10, https://youtube.com/watch?v=rnsqg7Oj4cs

15 Zit. n. Rammstein – Interview MTV Masters, 1. September 2012, Part 7/10, https://www.youtube.com/watch?v=Q-sDWPHWfD0

16 Rammstein, „Deutschland“ (Text/Musik: Till Lindemann, Richard Z Kruspe, Paul Landers, Doktor Christian Lorenz, Oliver Riedel, Christian Doom Schneider), auf: *Rammstein Unbetitelt* (Universal Music 2019); https://www.youtube.com/watch?v=NeQM1c-XCDc

17 Zit. n. Thorsten Zahn, Auf großer Flamme. Rammstein. Das Interview, in: Metal Hammer, 06/2019, S. 20

18 Zit. n. ebd., S. 18f

19 Rammstein, „Deutschland“ (Text/Musik: Till Lindemann, Richard Z Kruspe, Paul Landers, Doktor Christian Lorenz, Oliver Riedel, Christian Doom Schneider), auf: *Rammstein Unbetitelt* (Universal Music 2019); https://www.youtube.com/watch?v=NeQM1c-XCDc

20 Zit. n. Rammstein provoziert mit KZ-Anspielungen, in: Jüdische Allgemeine, 28.03.2019, https://www.juedische-allgemeine.de/kultur/rammstein-provoziert-mit-kz-anspielungen/

21 Zit. n. Rammstein schockt mit KZ-Video. Historiker, Politiker und jüdische Verbände reagieren empört, in: BILD, 28.03.2019, https://www.bild.de/unterhaltung/leute/leute/rammstein-schockt-mit-kz-video-darf-man-die-nazi-zeit-fuer-pr-benutzen-60907904.bild.html

22 Zit. n. ebd.

23 Sebastian Kessler, König von Deutschland. Interview mit Specter Berlin, in: Metal Hammer, 06/2019, S. 23

24 https://www.facebook.com/anne.clark.music/posts/pfbid0X4DtLo23QEzKskipH-6TrwGucCFb3F5rU aKNWvCPEuvSfHPQUhUXaEZHwQwr4dXBPl (Orig. Engl., Übers. Autor)

25 Zit. n. ebd.

26 Christoph Schneider, Wo liegt das Problem?, in: Gert Hof, Rammstein, (Die Gestalten Verlag) Berlin 1999, S. 26

27 Rammstein, „Seemann“ (Text/Musik: Rammstein), auf: *Herzeleid* (Motor Music 1995); https://www.youtube.com/watch?v=srN1GsnBui8

28 Lale Andersen, „Lili Marleen“ (Text: Hans Leip/Musik: Norbert Schultze), (Electrola 1941)

29 Rammstein, „Die Spieluhr“ (Text/Musik: Till Lindemann, Richard Z Kruspe-Bernstein, Paul Landers, Doktor Christian Lorenz, Oliver Riedel, Christian Doom Schneider), auf: *Mutter* (Motor Music 2001); https://www.youtube.com/watch?v=bWtYzU40N-M

30 Rammstein, „Mein Herz brennt“ (Text/Musik: Till Lindemann, Richard Z Kruspe-Bernstein, Paul Landers, Doktor Christian Lorenz, Oliver Riedel, Christian Doom Schneider), auf: *Mutter* (Motor Music 2001); https://www.youtube.com/watch?v=WXv31OmnKqQ

31 Rammstein, „Sonne“ (Text/Musik: Till Lindemann, Richard Z Kruspe-Bernstein, Paul Landers, Doktor Christian Lorenz, Oliver Riedel, Christian Doom Schneider), auf: *Mutter* (Motor Music 2001); https://www.youtube.com/watch?v=StZcUAPRRac

32 Rammstein, „Dalai Lama“ (Text/Musik: Till Lindemann, Richard Z Kruspe-Bernstein, Paul Landers, Doktor Christian Lorenz, Oliver Riedel, Christian Doom Schneider), auf: *Reise, Reise* (Universal Music 2004); https://www.youtube.com/watch?v=LeEPvlARStw

33 Johann Wolfgang von Goethe, Gedichte, (hrsg. v. E. Trunz), (C. H. Beck) München 2007, S. 508

34 Rammstein, „Rosenrot“ (Text:/Musik: Till Lindemann, Richard Z Kruspe-Bernstein, Paul Landers, Doktor Christian Lorenz, Oliver Riedel, Christian Doom Schneider), auf: *Rosenrot* (Universal Music 2005); https://www.youtube.com/watch?v=af59U2BRRAU

35 Bertolt Brecht, Die Dreigroschenoper: Der Erstdruck 1928. Text und Kommentar, (Suhrkamp) Frankfurt am Main 2005, S. 10

36 Rammstein, „Haifisch“ (Text:/Musik: Till Lindemann, Richard Z Kruspe-Bernstein, Paul Landers, Doktor Christian Lorenz, Oliver Riedel, Christian Doom Schneider), auf: *Liebe ist für alle da* (Universal Music 2009); https://www.youtube.com/watch?v=GukNjYQZW8s
37 Bertolt Brecht, Ausgewählte Werke in 6 Bänden, Bd. 3, (Suhrkamp) Frankfurt/Main 1997, S. 472
38 Frank Wedekind, Der Tantenmörder, aus: ders., Die vier Jahreszeiten, (Albert Langen Verlag für Kunst und Literatur) München 1905, S. 141

Rammstein und kein Ende

1 Mark Pittelkau, Widerlich! Deutsche Rock-Band wirbt mit totem Baby auf dem Plattencover, in: Bild, 03.04.1997, S. 4
2 Rammstein, „Adieu“ (Text/Musik: Till Lindemann, Richard Z Kruspe, Paul Landers, Doktor Christian Lorenz, Oliver Riedel, Christian Doom Schneider), auf: *Zeit* (Universal Music 2022); https://www.youtube.com/watch?v=skl6N3zGv-s
3 Paul Landers, @paullanders_official (Orig. Engl., Übers. Autor)
4 Zit. n. Thorsten Zahn, Auf Großer Flamme. Rammstein: Das Interview, in: Metal Hammer, 06/2019, S. 18
5 Zit. n. loudwire, Rammstein's Richard Kruspe on New Album, Fire, Musical Orgasms + More, 12.07.2017, https://www.youtube.com/watch?v=rxe_ae6-N4U (Orig. Engl., Übers. Autor)
6 Zit. n. Thorsten Zahn, Auf Großer Flamme. Rammstein: Das Interview, a.a.O.
7 Zit. n. ebd.
8 Zit. n. Making of Rammstein, Videos 1995–2012, DVD 1, (Universal Music 2012)
9 Richard Kruspe@richard_von_rammstein (Orig. Engl., Übers. Autor)
10 Zit. n. Rammstein – MTV Masters, Part 10/10, 1. September 2012, https://www.youtube.com/watch?v=-FvjETwvMQw

hannibal DER VERLAG DER STARS!

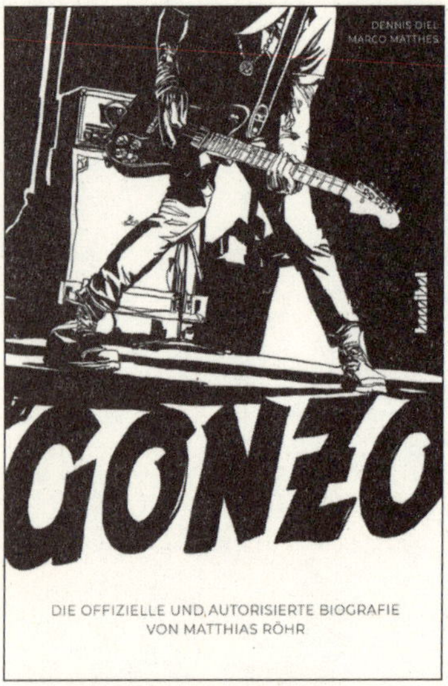

Dennis Diehl, Marco Matthes, Matthias Röhr
Gonzo
Die offizielle und autorisierte Biografie
Paperback, 392 Seiten
ISBN 978-3-85445-679-7

Gehasst, verdammt, vergöttert! Die Böhsen Onkelz spalteten die Öffentlichkeit wie kaum ein anderes musikalisches Phänomen: radikale Ablehnung auf der einen, bedingungslose Liebe und Treue auf der anderen Seite. Und immer mittendrin: Gitarrist und Co-Songwriter Matthias »Gonzo« Röhr. Dies ist seine Geschichte!

Mit GONZO liegt nun das faszinierende Porträt des Ausnahmemusikers und überzeugten Familienmenschen Matthias »Gonzo« Röhr vor, hautnah und ungefiltert erzählt. Ein begnadeter Künstler auf dem Weg zu sich selbst! Die selten so zu erlebenden authentischen Einblicke in die Welt des Punks und Hardrock machen das Buch zugleich aber auch zu einer bewegten und bewegenden Reise durch mehr als vier Jahrzehnte deutscher Musikgeschichte.

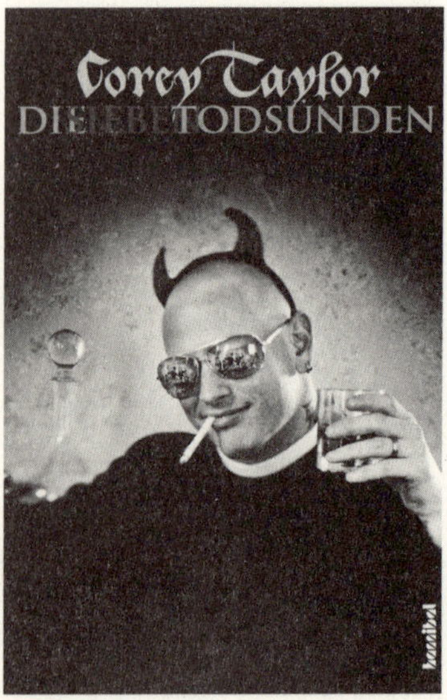

Corey Taylor
Die sieben Todsünden
Paperback, 256 Seiten
ISBN 978-3-85445-324-6

In Taylors erstem Buch geht es um die vom Christentum gefürchteten „sieben Todsünden". Hochmut, Geiz, Wollust, Zorn, Völlerei, Neid und Feigheit. Corey Taylor beschreibt, wie er selbst zu diesen Sünden steht und wie er sie alle begangen hat. Er selbst hält diese Sünden für eine menschliche Schwäche, die jeder einmal durchleben muss. Eine spannende autobiografische Geschichte, die durch das Prisma der sieben Todsünden erzählt wird.

Über kaum eine Band wird so kontrovers diskutiert wie über die US-amerikanische Nu-Metal- und Alternative-Metal-Formation Slipknot. Der Name ist Programm: „Slipknot" ist das englische Wort für den Henkersknoten. In der Öffentlichkeit tritt die Band in einheitlichen Overalls auf, nur die gruseligen Gesichtsmasken sind individuell gestaltet.